소통기계와 네트워크 인문학

〈테크노컬처 시리즈〉는 2007년 정부(교육과학기술부)의 재원으로 한국학술진흥재단의 지원을 받아 발간되었음. (KRF-2007-361-AM0074)

테크노컬처 6

소통기계와 네트워크 인문학

임정택 외 지음

연세대학교 출판부

머리말

지식통합의 향연 "테크노컬처" 시리즈

인문학적 상상력 + 첨단 테크놀로지 + 예술적 감각을 모토로 학문의 분리주의를 극복하고 초학제적 연구와 교육을 위해 출범한 연세대학교 미디어아트연구소가 2008년 창립 10주년을 맞이하였다. 그동안 미디어아트연구소는 영화, 문화콘텐츠, 미디어아트 등으로 인문학의 지평을 지속적으로 확장해오면서 21세기 급변하는 미디어환경에 적응할 수 있는 새로운 인문학을 개척하는데 앞장서왔다. 이러한 10년 동안의 활동을 기반으로 본 연구소는 2007년 11월 한국학술진흥재단의 인문한국(Humanities Korea) 연구소로 선정되어 향후 10년 동안 아젠다 "상상력과 테크놀로지-기계와 인간의 인문학"을 수행하게 되었다.

우리는 연구소 창립 10주년을 맞아 "테크네 인문학"을 연구소의 새로운 비전으로 선포하였다. "테크네"는 고대 그리스 시대 지식, 예술, 기술이 통합된 개념이다. 테크네 인문학은 인간과 기계, 상상력과 테크놀로지, 과학과 예술의 조화를 통해서 지식의 대통합을 추구하는 실천적 인문학이다. 우리는 테크네 인문학이 학문 간의 링크를 통하여 지식의 새로운 허브로 형성되기를 바란다. 나아가 우리는 테크놀로지 중심으로 진행되고 있는 디지털문명시대에 바이오인문학, 나노인문학, 생태인문학, 우주인문학 등 새로운 인문학을 개척하여 학문간 네트워크를 구축해나가고자 한다. "테크노컬처" 시리즈는 이러한 지식통합을 위한 학문적 담론의 장이다. 이 시리즈가 인문학의 새로운 장을 열기를 기대한다.

2008년 12월 15일

연세대학교 미디어아트연구소장 임정택

차 례

소통기계와 네트워크 인문학

•••

네트워크 인문학을 위하여

| 임정택 |

오래 동안 학계를 지배해왔던 인문학의 위기 담론이 최근 들어 인문학의 기회로 그 패러다임이 바뀌고 있다. 인문학 서적들이 베스트셀러가 되는가 하면 기업인들이 경영의 지혜를 인문학에서 배우기 위해 인문학 강좌를 수강하고 있다. IT산업에도 문화콘텐츠 산업에도 인문학적 상상력이 필요하다는 것을 모두가 공감하고 있다. 과연 인문학의 위기는 끝나고 인문학이 기회인 시대가 온 것일까? '인문학 열풍'의 배경은 과연 어디에서 찾을 수 있을까? 그것은 거시적으로 볼 때 계몽주의 이후 이성을 기반으로 한 과학기술 문명의 한계와 폐해로 인해 다시 인문주의에 대한 필요성이 전 세계적으로 대두되고 있는 데서 그 원인을 찾을 수 있을 것이다. 테크놀로지만으로 인간과 사회의 모든 문제들이 해결될 수는 없었던 것이며 테크놀로지는 또 다른 문제들을 지속적으로 배태하고 있기 때문이다.

이러한 문명사적 인식과 함께 인문학은 이제 오래 동안 안주해 오던 문자와 문헌 중심의 고유 영역으로부터 벗어나 타 문화 영역들과의 소통을 적극적으로 시작하고 있다. IT, BT, CT 등으로 대표되는 테크놀로지 중심의 문화 축과 함께, 이제 소통인문학, 통합인문학, 사회인문학, 테크네인문학, 응용인문학, 디지털인문학, 콘텐츠인문학 등으로 대표되는 인문학 중심의 문화축이 형성되고 있는 것이다.

이러한 인문학의 다변화는 그동안 폐쇄적이었던 인문학이 디지털 시대의 문화적 환경에 적극 대처함으로써 인문학의 새로운 정체성을 만들고 있음을 의미하며 이것이 또한 인문학 위기를 인문학의 기회로 더욱 더 전환시키는 요인이 될 것이다. 이 책은 인문학의 지평확장이라는 시대적 맥락에 부응하여 기획된 것으로 〈네트워크 인문학〉을 표방하고 있다. 〈네트워크 인문학〉은 네트워크를 단지 디지털 기술이 만들어낸 전지구적 인터넷망을 넘어 미래사회의 기본 구조로서 새로운 세계관, 새로운 인간관, 새로운 상상력이 구현되고 있는 포괄적인 개념으로 이해하는 것에서 출발하고 있다. 따라서 이 책의 기본 모토인 〈네트워크 인문학〉은 아래의 학술적 배경으로부터 배태된 것이다.

인터넷 갤럭시

『네트워크 사회의 도래』를 저술한 마뉴엘 카스텔은 디지털 기술이 공통의 디지털 언어를 통하여 전 지구를 통합시키고 있으며, 종전과는 다른 새로운 형태의 관계를 형성하고 다양한 결합구조를 형성하고 있음을 강조하였다.[1] 즉 오늘날의 사회는 지역적, 국가적, 전 지구적 차원에서 네트워크들을 중심으로 형성되어 있으며 이러한 강력하고 유연한 형태의 사회구조가 컴퓨터 네트워크에 기반을 둔 상호작용적인 전자적 소통들에 의해 가능하게 되었다는 것이다. 그는 컴퓨터의 발달과 함께 인류가 '구텐베르크 갤럭시'로부터 '인터넷 갤럭시'의 시대로 접어들었다고 선언한다. 디지털 커뮤니케이션은 단순한 기술일 뿐만 아니라 사회적, 경제적, 정치적, 문화적으로 작용하는 요소로서 실질적으로 세계를 움직이는 원동력인 것이다. 이러한 인터넷 갤럭시가 정보혁명을 통하여 인간의 존재 양상, 지식과 예술의 생산과 유통, 시공간의 개념, 경제적 재화의 분배, 정치적 조직 및 국가, 세계의 구조 등 인간과 사회를 둘러싼 모든 현상들의 본질을 획기적으로 변화시키고 있음은 우리 모두가 직접 체감하고 있는 바이다.

'인테넷 갤럭시'의 가장 핵심적인 키워드는 네트워크이다. '인터넷 갤럭시'는 모든 것을 모든 것과 연결시키고 있기 때문이다. 이제는 상호 연결되고 있는 개인, 상호 연결되고 있는 지식, 상호 연결되고 있는 문화가 사회의 모든 가치들을 규정하고 있는 네트워크 시대인 것이다. 세계는 인과율의 피라미드적 수직 구조로부터 연결성의 수평구조로 바뀌었으며 이제는 각 개체들이 어떻게 연결되어야 하는가가 중요한 시대가 되었다. 반 다이크 역시 21세기를 네트워크 사회로 정의하면서 네트워크는 우리의 미래 사회의 신경체계가 될 것이며, 이러한 하

1 마뉴엘 카스텔(김묵한, 박행웅, 오은주 옮김). 2003. 『네트워크 사회의 도래』,한울아카데미, 22.

부 구조가 과거 상품과 사람을 운반하기 위한 도로의 건설보다 더 큰 영향을 우리의 사회 전체와 개인의 삶에 미칠 것이라고 강조하고 있다. 네트워크 인문학은 바로 이 새로운 세계, 새로운 자연이라고 할 수 있는 '인터넷 갤럭시'를 대상으로 하는 디지털 시대의 새로운 인문학이다.

복잡계 과학

20세기까지 학문들은 전문화와 세분화의 과정을 거쳐왔다. 하지만 그렇게 세분화, 전문화된 지식으로는 이 복잡하게 얽혀있는 세계를 설명하는 데 한계가 있었다. 그 결과 20세기 후반부터는 어떻게 이 복잡한 세계를 이해할 수 있을 것인지가 최대의 관심으로 떠오르게 되었다. 이제까지 파편화된 지식과 시야로부터 벗어나 전체를 유기적으로 바라보고 통찰할 수 있는 새로운 시각과 방법이 필요하다는 인식이 확산된 것이다.

그것은 비단 어느 한 분야에만 국한되는 현상이 아니다. 과학, 인문학, 공학, 경영학, 예술, 종교 등 거의 모든 분야에서 이러한 필요성을 느끼고 있다. 바라바시 A. L. Barabasi는 "우리는 세계를 분해해 놓고 그것을 어떻게 결합해야 하는지 모르고 있다"고 하며, 오늘날 가장 중요한 것은 복잡계에 대한 이해의 열쇠를 줄 수 있는 공통의 방법을 개발하는 것이라고 한다.[2] 이것이 바로 복잡계 과학이 탄생하게 된

[2] 알버트 라즐로 바라바시(강병남, 김기훈 옮김). 2002. 『링크 : 21세기를 지배하는 네트워크 과학』. 동아시아, 358.

배경이다.

복잡계 과학은 이제 현실세계가 개별적인 것들이 단순히 합해져서 이루어진 것이 아니라, 개별적인 것, 주체적인 것들의 관계와 소통, 네트워크에 의해 얽히고 아우러진 복잡한 세계라는 것에서 출발한다. 그래서 복잡계는 현실세계를 보다 폭넓게 이해하기 위해서는 전통적인 사고체계, 이론들만으로는 부족하다고 인식한다. 복잡계 과학이 과거 200여 년간 자연과학뿐만 아니라 사회과학을 지배해왔던 뉴턴적 선형적 사고체계로부터 벗어난 것은 당연한 귀결이다. 뉴턴은 기계론적 세계관에 입각한 선형적 인과관계 법칙에 의해 세상을 이해해왔다. 모든 현상에는 원인과 결과가 존재하고 그 인과관계를 규명해내면 결과를 예측할 수 있다는 것이 뉴턴적 패러다임이다. 하지만 복잡계 과학에서는 우주 삼라만상에는 상호 인과적 순환고리가 작용한다고 본다. 그래서 복잡계 과학은 선형에서 비선형으로, 평형에서 비평형으로, 닫힌 체계에서 열린 체계로의 패러다임 전환을 이루었던 것이다.

복잡계 과학은 특히 이질적인 분야, 이질적인 것들 사이의 네트워크를 강조한다. 그래서 동질적인 영역에서의 네트워크가 타 분야에서의 네트워크와 동일한 구조로 상호연관성이 있음을 밝히는 연구들을 활발히 진행하고 있다. 세계는 더 이상 쪼개진 채로 존재하지 않고, 관계로 얽혀진 네트워크로 움직인다. 지구 반대편에 있는 두 사람과 우리 두뇌의 두 신경세포, 우리 몸속의 어떤 두 화학물질 간에도 연결경로는 반드시 존재한다고 한다. 이것이 바로 바라바시가 내세우는 복잡계 네트워크 이론인 'scale-free network'의 개념의 핵심이다.

그는 세포, 인터넷, 할리우드 영화배우 인적네트워크 등 분야를 초월하여 네트워크의 작용구조와 양상이 공통점을 보인다는 것을 밝혔다. 복잡계는 카오스를 포함하는 폭넓은 개념으로서 케이오플렉시티 chaoplexity라 할 수 있다. 이러한 복잡계는 무엇보다 이제까지 분리되어왔던 분야들 간의 융합과 지식의 통합을 필요로 한다. 복잡계는 구성요소들이 맺고 있는 전체적인 관계와 그 관계들의 네트워크를 중심으로 현상을 보는 것이다.

나아가 복잡계 과학은 세계가 기계론적으로 분석되는 것이 아니라, 자율과 참여로 새로운 질서를 창조한다는 것, 경영조직, 사회체계, 공학 분야의 체계가 끊임없이 변화하는 매우 역동적인 유기체라는 것, 그리고 자연의 생명을 비롯하여 사회조직이 일종의 유기체로서 서로의 복잡한 네트워크로 역동적으로 움직이고 있다고 본다. 네트워크 인문학이 복잡계 과학에 기댈 수 있는 이유가 바로 여기에 있는 것이다.

생태학

생태학은 지구를 형성하고 있는 모든 구성 요소들을 서로 연결지우는 관계에 대해 연구하는 학문이다. 독일의 헤켈은 생태학을 '유기체와 그 유기체를 둘러싼 외부 세계 사이의 관계에 대한 과학'이라고 정의내린 바 있다. 생태학은 자연을 연결망으로 파악하며 모든 것이 서로 관계를 맺고 있는 것으로 파악한다.

따라서 생태학의 가장 중요한 원리는 상호의존성이다. 생태적 공동체의 모든 구성원들은 거대하고 복잡한 관계들의 연결망, 즉 생명의 그물 속에 상호 연결되어 있다는 것이다.[3] 그리고 그 구성원들은 자신들의 본질적인 특성을 오로지 다른 것과의 관계를 통해서 획득한다는 것이다. 생태학 역시 세계를 네트워크로 바라본다는 점에서 복잡계 과학과 일맥상통하고 있다. 상호의존성을 바탕으로 하고 있는 생태학은 부분에서 전체로, 대상에서 관계로, 내용에서 패턴으로의 인식의 전환을 요구하고 있다.

중요한 것은 사물들 사이의 상호관계를 가능케 하고 있는 네트워크 자체가 일종의 생태계를 구성하고 있다는 인식이다. 자연의 진화에서 DNA가 물리적 법칙에 따라 자기복제를 하는 것처럼 컴퓨터가 만들어내고 있는 네트워크망 안의 정보들도 유기체처럼 진화의 과정을 겪고 있다는 것이다. 이점에서 네트워크와 정보도 '디지털생태계'를 형성하고 있는 것이다.

인터넷 갤럭시, 복잡계 과학, 생태학은 모두 세계를 네트워크로 파악하고 있다는 점에서 공통점을 가지고 있다. 이 책이 표방하고 있는 네트워크 인문학은 인문학과 타 학문과의 네트워크 뿐만 아니라 디지털 세계의 새로운 구조로서의 네트워크를 그 연구대상으로 하고 있는 점에서 위 세 가지의 학술적 배경을 근간으로 하고 있다.

---

3 프리초프 카프라(김용정, 김동광 옮김). 1998. 『생명의 그물』. 범양사출판부, 23.

네트워크 인문학

국내외를 막론하고 네트워크에 관한 연구는 다수 있으나 네트워크에 대한 인문학적 연구는 아직은 본격적으로 시작되지 않았다고 할 수 있다. 네트워크는 그 주제의 성격상 결코 어느 한 분야에만 국한될 수 없고 물리학 및 생물학을 위시한 자연과학, IT를 중심으로 한 공학, 그리고 사회학, 경영학, 커뮤니케이션학 등 여러 학문 영역에서 다루어지는 초학제적이고 복합학적인 특성을 지닐 수 밖에 없다. 따라서 네트워크를 순수 인문학적으로 연구한 결과물들은 찾아보기 힘들다. 인문학은 최근의 융합적 학문경향에서 네트워크와 같은 복합학적 주제에 관한 연구로부터 소외되어온 것이 사실이다. 그리하여 인문학은 융합이라는 이름하에 자신의 고유영역들을 타 학문 영역에 내어 주거나 융복합이라는 거대담론 속에 매몰되고 있다. 그것은 곧 인문학이 급변하는 디지털 환경에 적극 대처하지 못함으로써 스스로를 소외시켜 인문학의 위기를 자초한 결과이기도 하다.

네트워크 인문학은 디지털 시대 인문학의 연구 지평을 적극적으로 확대한다는 취지에서 기획된 것이기에 융복합적 주제에 대한 인문학적 연구를 통해서 인문학의 위상을 자리매김하고자 하는 목표를 의식하고 있다. 따라서 네트워크 인문학은 기존의 융합적 또는 비인문학적 연구들과 차별화된 창의적 연구결과를 낼 수 있는 기회를 제공할 수 있다.

네트워크에 관한 서구 학자들의 연구에서 드러나고 있듯이 네트워크는 그 주제적 복합성 때문에 복잡계 과학, 생태학, 디지털 미학 등 융합학문의 매력적인 연구대상이다. 네트워크 인문학이란 개념 자체는 아직은 매우 생소한 개념으로 다가오고 있다. 그러나 네트워크가 인간을 둘러싸고 있는 새로운 생태계라면, 그리고 그것이 제2의 자연으로서 인간과 사회에 문명사적 전환점을 가져다주고 있다면 네트워크 인문학은 반드시 필요한 것이다. 네트의 존재론, 네트의 윤리학, 네트의 지식학, 네트의 상상력이 새로운 시각에서 쓰여져야 하기 때문이다.

네트워크 연구는 이제까지 너무 기술중심주의적으로 편향되어 있었으며 기술과 사회와의 관계에 집중되어 있었다. 네트워크망 안에서 살아가고 있는 인간의 정체성과 본질에 관한 연구는 아직은 미진하며 네트워크 망에서 생산되고 있는 지식과 예술적 상상력에 관해서는 아직은 본격적인 성찰이 부족한 실정이다. 더구나 집단지성에 관한 개념적 연구는 전무한 실정이다. 인문학은 네트워크 안에서의 개체와 개체들의 연결을 통해서 형성되는 집단지성의 실체를 밝힐 책임과 사명이 있다. 무한히 생산되고 있는 지식정보에 메몰되어 새로운 인문학은 그동안 디지털생태계를 성찰할 여유를 가지지 못했다.

이 책이 지향하고 있는 네트워크 인문학은 인문학이 다시 이전의 고립성과 폐쇄성으로 복귀하자는 것이 결코 아니다. 복잡계 세계를 포착하기 위하여 학문간 네트워크는 필수적이다. 원래 통합적 학문이었던 인문학이 디지털 네트워크 시대에 다시 그 통합성을 회복하여 인문학의 올바른 위상을 찾자는 것이다. 여기에 네트워크 인문학의 의의가 있다 하겠다. 이러한 네트워크 인문학의 맥락에서 이 책은 지식, 인쇄매체, 네트문학, e-book, 젠더, 집단지성, 휴대폰, 넷아트, 트위터,

시스템생물학에 관한 인문학적 연구를 시도하고 있다.

유봉근의 논문 「지식의 네트워크 - 알렉산드리아 도서관에서 인터넷까지」는 문명의 역사를 진전시킨 지식을 수집하여 보관하고 전파하는 기술과 제도적 장치가 발전해온 역사와 그 의미를 탐구하고 있다. 이 논문은 특히 여러 민족의 삶과 정보를 기록한 두루마리 책과 역사서, 정신적 문화유산을 담은 문헌, 당대의 수학 및 과학 논문까지 수집하여 하나의 장소에 집결시켰던 고대 알렉산드리아의 도서관의 설립 이념과 운영 체계 분석에 집중하고 있다. 당시의 알렉산드리아 도서관은 지식의 집결뿐만 아니라 오늘날 박물관과 대학의 기능을 통합적으로 수행했던 기관이기 때문이다. 논문은 이후 중세의 수도원과 르네상스의 대학 도서관이 알렉산드리아 도서관의 역할을 이어받았으며, 활판 인쇄기술의 발명과 함께 백과전서와 같은 지식의 보관과 관리 체계로 발전하게 되었음을 밝히고 있다.

유봉근은 나아가 디지털 기술의 도입과 함께 백과사전과 도서관과 같은 지식 네트워크의 축적된 기술이 전환점을 맞이하게 되었음을 강조하면서 위키피디아를 비롯한 수많은 정보 사이트를 통하여 더욱 자유로운 지식의 유통이 가능해진 웹세상에서의 지식의 네트워크 체계가 지난날 알렉산드리아 도서관을 기획했던 '상상력'과 어느 정도 맞물려 있음을 발견하고 있다.

김면은 「인쇄매체와 디지털 다위니즘」에서 기술과 사회의 맥락에서 구텐베르크 시대로부터 디지털시대까지 인쇄매체의 주요 변화양상을 다루고 있다. 그는 구텐베르크가 도입한 인쇄술로 인해 시민층이 새로운 문화향유층으로 형성되었음을 고찰하면서 서양의 르네상스 사회에서 서적시장의 수요와 필요성이 어떠한 기술을 형성하고, 이러한 기술은 어떻게 공급시스템으로 진화하여 다시 사회에 대한 큰 모멘텀으로 작용하는지 인쇄술과 르네상스사회와의 상호작용 관계를 살펴보고 있다. 나아가 그는 디지털환경의 급속한 변화 속에서 전자책이 필사본, 인쇄본의 문자형태와 근본적인 차이를 보이면서 새로운 디지털 문화를 이끌고 있으며, 네트워크의 커다란 관계망 속에서 커뮤니케이션의 패러다임을 해체시키면서 하이퍼텍스트를 중심으로 멀티미디어의 이미지화면이 인쇄서적의 자리를 대신하도록 미래의 매체환경을 근원적으로 진화시키고 있음을 밝히고 있다.

김경희의 글 「네트 문학의 현재와 미래」는 네트 속의 문학의 여러 가지 새로운 기능들과 효과들을 소개하고 그 미학적 의미와 해석을 시도하고 있다. 김경희는 문학계에서 아직까지 보편화되지 않은, 네트 속에 새로이 등장하고 있는 다양한 문학형태 분석을 통하여 기존의 주류로 치부되어 오던 사고의 구조, 소통의 구조를 다시 한 번 반성적으로 성찰해 보는 장을 마련하고 있다.

나아가 이 논문은 독자의 적극적 참여와 선택의 자유를 제공하는 하이퍼픽션이 컴퓨터의 하이퍼텍스트 기능과 다매체적 기능을 통해 고정된 문학이 아닌 움직이는 문학, 열린 문학, 감각으로 느끼는 문학으로의 전환을 가져왔음을 보여주고 있다. 또한 컴퓨터로 인한 시공간 패러다임의 전환으로 공간이 떨어져 있어도 컴퓨터의 창작공간에서 서로 동시에 만나서 소통할 수 있으며, 문서 전달의 시간을 단축시켜 동시에 다른 사람의 글을 보면서 작업할 수 있게 된 공동창작의 문학을 소개하고 있다. 또한 문학의 정의를 다시금 생각하게 하는 문학의 변이형태로서 가상세계의 소통을 즐기는 게임세계를 만들어내면서 글로 소통을 한다는 점 때문에 '실시간 문학'이라고 불릴 수 있는 머드게임 문학을 논하고 있다.

오은경은 「멀티네트워크 인터페이스 - 소통네트워크의 다층적 확장」에서 모바일 기능을 강화시킨 태블릿 PC, iPad의 출시가 e-book의 본격적인 상용화를 촉발시키고 있는 2010년의 미디어 환경에 대한 분석을 출발점으로 삼고 있다. 모바일 기술과 컴퓨터 그리고 책 등 올드미디어와 뉴테크놀로지의 '혼종적 결합'이 관찰되는 iPad에서 오은경은 단순히 뉴미디어의 탄생보다는 올드미디어의 '재탄생'에 주목하고 있다. 이 글은 컨버전스 과정에서 파생된 현상 중 특히 책과 모바일기술의 결합을 다루고 있는데 e-book이 책과 문자라는 정보형태를 공유하면서 독서체험의 조건을 변화시킨 점을 고려하여 e-book을 '문자의 기술적 변형태'로 규정하고 그 계보학적 맥락을 추적하고 있다. 인쇄된 책, 무선전신, 하이퍼텍스트의 단계를 거쳐 e-book에서 문자가 획득한 것은 유비쿼터스 미디어의 특성임을 강조하면서 이 글은 e-book을 포함한 모바일기기가 발생시킨 새로운 소통 방식을 '멀티네트워크 인터페이스'로 설명하고 있다. 나아가 '문자의 기술적 변형태'를 소통과 테크놀로지가 상호 반응한 결과로 보는 한편, 미디어의 형태로 결정화되기 전 예술에서 그 선행 모델을 찾을 수 있다는 점에 주목하고 있다.

김혜련은 「네트워크 에이전트와 젠더분석」에서 네트워크 사회에서 정보 주체이자 정보 자체로 존재하는 개인들의 행위성의 면모들을 젠더분석의 관점에서 검토하고 있다. 논의의 목적은 해러웨이의 사이보그 선언에서 제시되었던 주체와 가치에 대한 이분법적 도식과 주체의 신체성의 한계를 극복하려던 소망이 어느 정도로 실현되었는지를 검토하는 것으로 이 목적을 위해 김혜련은 네트워크 에이전트의 젠더성, 자율성, 그리고 인공성의 관점에서 여성 주체의 자유의 수준을 고찰하고 있다. 네트워크 사회는 분명 추상적이고 무성적인 디지털 기호의 조합으로 구성되는 것이지만, 김혜련은 우리가 일상생활에서 접하는 네트워크와 프로그램들은 사회생물학과 문화를 모방하는 서사를 재생산하는 경향이 있음을 보이고자 했다. 그리고 접속과 웹에 의존하는 방식으로 네트워크 에이전트들이 존재하고 행동하는 과정에서 자유롭지 못한 일종의 강제 상태에 놓이고 심지어 병리적 증후까지 나타난다는 것을 지적하고 있다. 김혜련은 궁극적으로 인공생명의 도래를 경축하기 앞서 우리가 연결과 진화를 보완할 수 있는 대안적 모델을 구상함으로써 인공생명을 재개념화하는 시도를 해야 할 필요성을 지적하고 있다.

김은중의 논문 「네트워크와 집단적 지성」은 네트워크가 발달한 21세기 사회가 피에르 레비가 지향하고 있는 집단지성의 이상을 실현할 수 있는 훌륭한 물질적 토대를 이루고 있음을 전제로 하고 있다. 그러나 네트워크는 집단지성의 충분조건은 될 수 있겠으나 필요조건은 아니라고 주장한다. 네트워크의 발달로 인해 대중들이 지식과 정보에 접근할 수 있는 기회는 더 많이 주어졌지만 여전히 네트워크 안에서는 소수자들에 의해 지식과 정보가 독점적으로 생산되고 있기 때문이다. 따라서 네트워크 시대에도 대중은 여전히 지식과 정보의 수용자일 뿐이라고 한다. 그리고 조작된 지식과 정보를 토대로 대중은 때때로 동원될 수도 있다고 주장한다. 21세기 초반 한국사회를 혼란에 휩싸이게 했던 황우석 줄기세포 사건이나 미국산 쇠고기 사건은 대중들이 반응한 양태는 다르지만 그 틀은 대중들이 조작된 지식과 정보에 동원된 것이다. 이런 현상을 두고 볼 때 네트워크는 집단지성을 창출하는 공간이라기보다는 집단생존을 충동하는 공간으로서의 역할을 더 많이 가진다. 물론 이런 현상을 들어 네트워크의 사이버공간을 부정할 수는 없으나 적어도 피에르 레비가 주장하는 집단지성에 이르려면 새로운 필요조건이 필요하다는 것이다. 그것은 여전히 오프라인에서 펼쳐지는 전통적 방식의 교육과 이성에 대한 훈련임을 이 논문은 주장하고 있다.

강철은 그의 글 「호모 모빌리쿠스와 네트화」에서 21세기 새로운 인간형 호모 모빌리쿠스가 네트화 환경 속에서 어떻게 호모 커뮤니칸스로 확장되는지에 대해 문화생태학적으로 분석하고 있다. 열린 무한을 지향하는 네트화는 현대인에게 있어 제2의 자연이며, 이 자연은 호모 모빌리쿠스가 탄생할 수 있는 시공간을 창출했다는 논지를 바탕으로 필자는 호모 모빌리쿠스의 이동성과 네트화의 연결성을 주목하면서 이 두 가지의 속성이 휴대전화라는 모바일기기를 통해 현대사회에서 어떻게 새롭게 구현되는가에 대해 심도 있게 탐구한다. 이를 위해 다음의 네 가지 분야에서 휴대전화가 현대사회를 변모시키고 현대인을 새로운 인간형으로 확장시켰다는 것에 대해 집중적으로 논의한다. 첫째, 네트화 속에 존재하는 호모 모빌리쿠스에게 필요한 텍스트는 과연 어떤 형태로 된 것인가에 대한 질문을 통해 새로운 텍스트의 가능성을 타진한다. 필자는 그 가능성의 하나로서 디지-텍스트성을 제시하며 구술성과 문자성의 상호교차성에 대해 논의한다. 둘째, 휴대전화의 인터페이스 문제와 연관하여 재매개와 미디어의 융합, 즉 디지털 멀티미디어화에 대한 논의를 발전시킨다. 셋째는 휴대전화인의 일상성을 추적하여 신유목민의 오브제라고 할 수 있는 휴대전화가 어떻게 현대사회를 변형시키고 있으며 새로운 문화를 창출하는가에 대해 문화학적으로 분석한다. 넷째, 휴대전화인의 크로노토프(시공간)를 분석하면서 새로운 모바일 문화가 어떤 사회적, 문화적 문제점들을 야기하는지에 대해 다루고 있다.

허정아의 논문 「디지털 생태계와 넷아트」는 인터넷상의 네트워크와 소통 자체를 예술 창작의 재료이자 창작의 원천으로 삼고 있는 넷아트를 중심으로 현대 예술에서 나타나는 소통의 문제를 논하고 있다. 그를 위해 논문은 컴퓨터가 만드는 디지털 공간에서 비트라는 '이진수 DNA'가 번식과 선택, 변이라는 진화의 과정을 겪으면서 '디지털 생태계'를 형성하고 있다는 전제로부터 출발하고 있다. 필자는 넷아트를 인터넷상의 정보를 수집, 가공, 재조직하여 소통시키는 '정보의 예술'로 규정하고, 넷아트에서 중요한 것은 물질적인 구조가 아니라 연결능력임을 강조하고 있다. 또한 넷아트는 정보의 소통을 그 대상으로 하기 때문에 소통의 과정을 시각화하는 것이 관건임을 주장하고 있다. 정보는 살아있는 유기체와 같은 것이며 디지털 세계에서는 자연세계와 마찬가지로 적자생존, 돌연변이, 번식과 같은 진화의 법칙을 따르고 있다고 한다. 넷아트의 작품은 디지털 네트워크 환경 속에서 상호작용적 소통을 거치는 진화의 과정으로서 존재하고 있음을 보여주고 있다.

설혜심의 글 「트위터와 미시사」는 전 세계를 대상으로 하는 범지구적 틀을 가지면서도 동시에 각 개인이 중심이 되고 있는 소셜 네트워크 서비스 트위터의 운용원리가 역사학의 상반된 두 흐름인 거시사(metahistory)와 미시사(microhistory)의 속성을 함께 가지고 있다는 명제에서 출발하고 있다. 그러나 설혜심은 트위터가 특히 미시사의 속성을 더 많이 보여주고 있음을 강조하면서 그 둘의 유사성을 밝히는데 주력하고 있다. 논문은 트위터 데이터가 자정작용이 가능한 생태계와도 같은 것이기에 내용의 상호비교를 통해 정보의 진위 여부를 가려내기가 용이하다는 점, 변질되지 않은 생생한 정보를 확보함으로써 '즉각적인 반응'을 연구하기에 유리하다는 점, 그리고 개인의 정체성 연구를 위한 유용한 자료를 제공할 수 있다는 점에서 역사적인 사료로서의 가치가 충분하다는 점을 입증하고 있다. 나아가 설혜심은 정보통신 기술의 발전으로 인해 탈영토성이 가장 극대화된 트위터는 수평적 소통과 민주주의적 실천을 통해서 소수 독점적 매카니즘에 저항할 수 있음으로 해서 정치적 해방구로서의 가치를 지니고 있음을 주장하고 있다.

이정희의 논문 「네트워크 과학과 생명체 네트워크」는 생명 현상을 그 구성요소로서가 아니라 요소들의 네트워크로서 인식하는 생물학 이론들을 다루고 있다. 그를 위해 21세기 시스템생물학에서 시도하는 생명체 네트워크 연구의 현황과 의미를 짚어보고, 이어서 시스템생물학이 19세기 조직화이론과 20세기 후성유전학에 내포된 네트워크적 생명인식과 어떻게 유사하게 드러나는지를 살펴보고 있다. 포스트유전체 시대의 시스템생물학은 유전자 중심의 환원적 생명인식을 넘어서 유전자나 단백질, 세포, 나아가 환경과의 네트워크를 규명하고자 시도했다. 시스템생물학은 20세기 중반 유전적 결정론에 대응하여 환경과의 상호 네트워크 속에서 구성되어가는 생명체를 상정하면서 등장한 후성유전학이나 혹은 19세기 초 무기체와 구분되는 생명체의 고유한 본성으로 간주된 조직화를 통해 생명체를 부분이 아닌 전체의 상호 네트워크 관계로서 파악했던 조직화이론과는 물론 각기 서로 다른 시대적 인식론적 맥락 속에서 다르게 기능해왔다. 하지만 생명현상에 대한 환원론적 접근을 비판하고 네트워크를 이루는 전제로서의 생명체 인식을 시도한다는 점에서 이 이론들은 공통분모를 지니고 있음을 논문은 밝히고 있다.

네트워크 인문학은 융합의 시대에 인문학이 나아가야 할 새로운 방향이다. 그러나 융합의 필요성은 인식하고 있으나 정작 지식들을 어떻게 융합할 것인가에 대해서 아직 우리는 무지하다. 문제는 융합의 실천이다. 원래 공학적 개념이었던 네트워크라는 키워드는 이제 인간의 존재와 본질을 건드리는 인문학적 개념으로까지 확장되었다. 이 책은 네트워크를 중심으로 전개되고 있는 다양한 문화현상들을 인문학적으로 성찰함으로써 네트워크 인문학의 조그만 출발을 시도하고 있다. 인문학과 타학문간의 무한한 지식네트워크가 우리에게 너무 빨리 다가오는 미래를 준비할 수 있는 가능성을 열어주리라는 희망에서이다.

결론적으로 이 책이 지향하고 있는 네트워크 인문학의 잠정적인 기본 컨셉을 제시하면서 글을 맺고자 한다.

1. 기존의 전통적인 인문학이 인간과 자연을 확연히 분리해놓은 구조에서 움직였다면, 그래서 기존의 인문학이 인간과 자연을 연결시키는 역할을 하지 못하고 학문의 폐쇄적 구조에서 고립되어 있었다면 네트워크 인문학은 인간과 자연, 또는 학문과 현실, 이상과 실제, 인간과 기계의 경계를 넘나들면서 두 개의 분리된 세계를 이어주자는 데 그 목적이 있다. 따라서 네트워크 인문학은 순수와 응용의 경계도 인정하지 않으며 가장 순수한 인문학이 가장 응용적인 인문학일수 있다는 전제에서 출발하고 있다.

2. 네트워크 인문학은 그동안 분리되어 있었던 것들을, 즉 하늘과 땅, 과거와 미래, 인간과 비인간, 생명과 무생명, 과학과 예술, 순수와 응용, 객관과 주관의 세계를 이어준다는 점에서 일종의 미디어이다. 따라서 네트워크 인문학에서 모든 학문이 자연스럽게 통합될 수 있으며 과학과 기술까지도 이러한 융합인문학의 대상으로 편입되어야 한다.

3. 네트워크 인문학을 작동시키는 것이 바로 모든 지식을 연결시키는 능력인 상상력이며, 네트워크 인문학의 융합적 특성상, 이제 인문학은 혼자 하는 것이 아니라 집단적인 성격을 띠어야 한다는 것이 네트워크 인문학의 신조이다. 즉 네트워크 인문학의 방법론은 집단지성, 집단상상력인 것이다.

4. 네트워크 인문학은 인류 문명사에서 인간과 자연이 조화를 이루었던, 신과 인간이 연결되어 있었던 그래서 총체성이 구현되었다고 하는 그리스 시대, 인문학이 다시 융성했던 르네상스 시대를 이어받고 있다. 그리고 세계를 통합적으로 바라보고자 했던 괴테와 훔볼트

등의 총체적 세계관을 그 배경으로 하고 있다. 그래서 네트워크 인문학은 네오르네상스시대의 신인문학이며 잃어버린 총체성을 다시 부활시키고, 원래 융합적 학문이었던 인문학을 다시 회복시키자는 새로운 학문운동인 것이다.

| 참고문헌 |

마뉴엘 카스텔(김묵한, 박행웅, 오은주 옮김). 2003. 『네트워크 사회의 도래』. 한울아카데미.

알버트 라즐로 바라바시(강병남, 김기훈 옮김). 2002. 『링크 : 21세기를 지배하는 네트워크 과학』. 동아시아.

프리초프 카프라(김용정, 김동광 옮김). 1998. 『생명의 그물』. 범양사 출판부.

지식의 네트워크*

- 알렉산드리아 도서관에서 인터넷까지

| 유봉근 |

"누구나 접속해서 유용하게 사용할 수 있도록
전 세계의 정보를 조직한다." - 구글의 사명 선언문

1. 개인, 기억, 지식

인간은 그들의 삶을 영위하기 위하여 필요한 지식을 끊임없이 기록하고 저장해왔으며, 지식을 생산하고 보관하고 전파하는 기술의 발전을 통하여 문명의 역사를 진전시켜왔다. 지난날 박물관이나 도서관에 보관된 지식을 찾던 사람들은 오늘날 전자적으로 연결된 공간에

* 이 글은 『브레히트와 현대연극』 제21집(2010.08)에 실린 필자의 논문 "지식의 질서와 네트워크"를 수정하고 보완한 것이다.

서 컴퓨터를 켜고 인터넷에 접속하여 필요한 지식을 검색을 한다. 세상의 지식과 정보들은 역사적으로 특정한 공간에 모아지고 정리되고 분류되어 보관되거나 새로운 지식을 위해 재편집된다.[1] 이를 위하여 특별한 제도와 기관이 설립되고 효과적으로 이용하기 위한 기술을 발명하거나 개발한다. 고대로부터 지식의 기록과 보관을 위한 문자와 그림 기술이 발명되었고, 파피루스, 양피지, 종이와 같은 기록 매체가 제작되었으며 그 품질은 끊임없이 개선되었다. 금속활자가 발명되고, 도서목록이나 백과사전과 같은 지식 체계가 고안되었으며, 사진술과 영화, 텔레그라피, 라디오와 텔레비전과 같은 기술 매체의 발명이 뒤를 이었다. 오늘날 컴퓨터와 인공위성을 이용하는 네트워크 기술의 등장은 새로운 차원의 지식과 정보 체계가 펼쳐질 것을 알리며 문명사에 더욱 근본적인 변화가 올 것임을 예고하고 있다. 마이크로소프트(MS), 구글(Google), 위키피디아(Wikipedia)의 소란스러운 성취를 보며 우리는 지식의 제도와 기술 혁신 영역에서 인문학적 사유의 무기력함을 목도한다. 이들이 몰고 온 변화에 인문학은 어떤 역할을 수행하였는가 또는 컴퓨터와 결합한 네트워크 권력 앞에서 정신과학은 어떤 기여를 할 수 있을 것인가와 같은 질문에 명쾌한 답변을 하기 어렵기 때문이다. 지난날 책과 도서관 그리고 박물관이 인간의 정신과 지식을 담보

---

1 지식과 정보는 시대와 역사의 장소에 따라 상이한 가치와 기준으로 새롭게 규정되어왔다. 지식과 정보를 어떻게 구별하여 정의할 것인가는 이 글의 주된 목적이 아니다. 다만 인류의 역사는 지식의 '의미변화'와 그 '적용 변화' 과정의 기록이라는 피터 드러커의 인식을 염두에 두고, 지식을 기록하는 문자, 책 그리고 기록물을 보관하는 도서관과 같은 기관이 어떻게 지식을 생산하는 기능과 상호의존적인가를 검토하게 될 것이다. 이재규. 2009. 지식역사. 한국경제신문. 17.

하는 장소였다면 오늘날에는 전자 테크놀로지와 인터넷이 새로운 방식으로 그러한 기능을 대신하려 하기에, 기술미디어가 갖는 효과와 특성에 대한 문화학적 성찰이 절실한 상황인 것은 분명해 보인다.

도서관이나 박물관은 지식과 정보를 보관하는 기관으로서의 역사를 갖고 있다. 그들은 기록물들을 보관하는 창고의 기능만 수행하는 것이 아니라 인간의 삶에 유용한 지식을 생산하고 전달하는 기능의 기반을 제공해왔다. 고대의 지식 기관에 대한 매체학적 분석의 필요성이 대두되는 것도 그런 이유에서이다. 지식을 다루는 제도와 기관들은 학문의 발전은 물론 진리의 정당화를 좌우하는 도구적 또는 미디어적 기능을 수행한다. 문자 문화가 남긴 기록물들이 보존된 초기 도서관의 탄생과 운영 체계를 살펴보는 것은 인간이 삶을 영위하기 위해 필요한 지식과 정보를 어떻게 수집하고 분류해 왔는가를 이해하고, 이에 개입되는 기술과 권력과의 상호 관계를 함께 성찰할 수 있게 한다. 기록물들의 보관소는 지식의 (재)생산 메커니즘과 긴밀하게 관련할 뿐만 아니라 지식을 표준화하고 나아가 인간을 규격화하는 매체로 기능한다. 이 글에서는 서구 인문학의 토대를 만든 지식 기관 가운데 하나인 알렉산드리아 도서관의 문화사적 지형을 탐색하고자 한다. 전자기술의 발전과 함께 변화된 환경에서 지식의 관리와 조직은 또 한 번의 전환에 직면하고 있다. 여기서는 문자 문화와 도서관의 탄생, 도서관이 만든 지식의 네트워크와 학문의 조직화, 문헌학과 과학 발전에 기여한 내용을 살펴보며, 알렉산드리아 도서관의 문화적 유산이 지식·정보 사회의 체계에 어떻게 연결되고 계승되는지를 탐색하고자 한다.

2. 문자문화로의 전환

고대 그리스 이전의 문명에서 지식은 주로 자연의 질서에 대한 인간의 경험과 관련된 것이었다. 자연의 변화는 예측하기 어려웠으며, 변화하는 자연의 질서를 알아내려는 노력은 지난 경험들과의 상호작용 속에서 삶을 위한 지혜로 축적되었으며, 이들은 자연을 극복하고 변화에 대처하는 기술과 지식으로 전수되었다.[2] 마르크스는 자연을 가공하고 변화시키는 능력에서 인간과 동물의 차이를 보았다. 그런 인간의 능력을 마르크스는 '생산수단의 생산'이라고 했다. 삶의 경험 가운데 생겨난 지혜를 선별하고 보관하여 전수하려는 노력은 오늘날의 관점에서 학문의 중요한 영역이 된다. 지식을 추구하는 과정이 학문 행위이며, 확실한 지식을 확보하여 안정적이며 평화로운 인간의 삶을 도모하는 것은 학문의 목표가 된다. 확보된 확실한 지식은 체계적인 분류 과정을 거쳐 조직화된다. 이오니아의 자연학자들은 세계에 대한 확실한 지식에 이르고자 아르케를 탐구했던 반면에 고대 그리스인들은 자연을 떠난 언어세계 속에서 사고했다. 그리스인들의 철학적 사색은 그리하여 여러 가지 사물로부터 분리되어 언어의 세계 안에 머문다. 인간은

---

2 탈레스 이전의 지식이란 사냥, 작물을 기르는 것, 한 집안을 조직하는 것, 도시를 통치하는 것, 예술을 창조하는 것, 전쟁하는 것 등, 기획한 것을 성공적으로 완성하기 위한 실용적인 규칙들이 중요했다. 이를 통하여 그리스에서 농업, 포도 재배, 도기 제조법, 상업, 재정, 금속, 무기 그리고 전쟁에 관한 지식이 급성장하게 된다. 이러한 지식의 축적은 후에 세계의 기원이나 사물의 본질에 관한 철학적인 성찰로 이어지게 된다. 찰스 반도렌(오창호 옮김). 1996. 지식의 역사 (1). 고려문화사. 117.

문자를 발명하여 사용하기 시작하면서 새로운 문명사를 갖게 된다.

서구에서 구술 문화로부터 문자 문화로 넘어가는 변화는 기원전 8세기 중반에 일어난다. 그리스인들은 페니키아로부터 알파벳 문자를 받아들이는 문화 혁명을 감행했다. 알파벳 문자의 도입은 구술에 의해 전승된 것들을 기록하여 문자로 남기는 문화적 혁신을 가져오게 된다.[3] 그리스 문자는 페니키아의 문자를 변형시키고 모음의 도입을 통하여 개별적인 발음을 가질 수 있는 새로운 기호체계를 갖추게 된다. 셈족의 음절문자나 이집트의 상형문자가 전문적인 엘리트 집단의 소유물이었다면 그리스의 알파벳은 누구나 쉽게 이해할 수 있는 단순한 구조를 갖고 있었으며, 구술적이고 복잡한 이야기를 온전하게 기록할 수 있는 편의성과 대중성까지 갖추고 있었다. 알파벳 문자는 그리스의 민주적 사회를 구축하는 데 기여했으며, 추상적이고 합리적인 철학의 탄생에 기여했다는 해석을 가능케 한다.

기원전 6세기경 그리스는 알파벳 문자 도입의 효과가 드러나는 문화적 변화를 경험하게 된다. 변혁의 핵심은 비선형적인 사고에서 논리적이며 경험적인 선형적 사고로의 전환으로 요약된다. 요컨대 구술 전통에서 신화와 같은 집단적 삶의 경험이 응축된 내러티브가 중요한 기능을 떠맡게 된다. 이런 내러티브는 고대 여러 종족 집단들이 만들어

3 문자의 도입과 정착은 지식을 기록하고 전달하는 새로운 매체의 도입으로 단순화할 수 없다. 문자의 도입은 정신사적으로 더 중요한 변화를 가져왔는데, 즉 문자가 일반화되고 역사를 기록하기 시작하면서 역사가 공식화되고 역사의식이 형성되기 시작한다. 나아가 인간의 삶이 과거, 현재, 미래로 연결된다는 의식을 갖게 되었을 것이다. 남경희. 2007. 소크라테스와 학문의 발견. 서양고전학연구. 2007. 54 참조.

낸 전달 내용이 체계적으로 조직화된 것으로 볼 수 있다. 내러티브는 "집단의 역사이고, 집단적으로 공유된 삶의 지혜이며, 지배 계층의 지배를 정당화하는 이데올로기이고, 사회 통합의 수단이며 또한 노동과 여가에 함께하는 동반자"[4]로 사회적 기억의 총체가 된다. 문자의 도입과 함께 이런 기억은 두루마리 위에 문자로 기록되어 보관되는데, 이런 과정 가운데 지식의 기록과 저장하는 형식과 양식에 근본적인 변화가 일어나는 것이다. 인쇄기술 발명 이전의 기록물들은 보존에 대한 가치 판단에 따라 필사본이 제작되고, 이들을 보존하고 효과적으로 활용하기 위해 위하여 사적인 혹은 공적인 도서관과 같은 기관이 탄생하게 된다.

3. 기록된 지식과 도서관

학문과 과학의 탄생은 인간의 욕망과 자연의 무질서가 대결하며 상호작용한 결과물로 볼 수 있다. 인간이 문자를 만들어 사용하게 된 것 또한 지혜로운 삶을 영위하기 위해 필요한 지식을 오래 보전하기 위한 수단을 확보하려는 노력의 결과물이었을 것이다. 문자의 발명과 도입은 구술 문화와 대비되는 문자 문화를 탄생시켰으며, 이를 바탕으로 인간은 거대한 자연의 질서에 조직적으로 대처하는 체계를 마련하게 된다.

문자는 인간에 의해 창조된 발명품이지만, 문자가 도입된 이후

[4] 김남두. 2000. 매체의 변화와 삶의 변화. 백낙청/김남두 외: 현대 학문의 성격. 민음사. 150.

의 역사에서는 인간 삶의 여러 측면들을 변화시키는 효과를 발휘한다. 문자가 갖는 가장 두드러진 특징은 기록된 지식의 지속성과 반복적 검토 가능성이다. 쓰기가 시작되면서 인간의 정신은 기억의 짐으로부터 어느 정도는 벗어나게 된다. 쓰기는 소리를 정지된 공간에 고정시킨다. 문자를 이용하여 기억하기 이전에는 인간의 경험을 정리하여 보관하기 위하여 신화와 같은 내러티브를 이용했다. 신화는 자연이나 인간사의 사건들을 신이나 다른 초자연적인 존재를 통해 이해하게 한다. 초자연적인 존재들은 단순한 이해를 위한 수단을 넘어 경외와 숭배의 대상이 되기도 했으며, 이들에 대한 내러티브는 집단의 구성원들에게 삶의 질서를 부여하기도 했으며, 더 나아가 공동체의 규범과 유대감의 토대가 되며 권력을 정당화하는 구실을 하기도 했다. 이러한 내러티브들에서는 지식의 요소와 믿음의 요소가 구분되지 않고 입을 통해 전승되고 인간의 기억력에 의존한다. 영웅 설화를 암송하는 일은 구전문화 시대의 도덕 교육 또는 사회 교육의 일부가 되기도 했다. 그것은 또한 자연현상을 이해하는 토대가 되고, 인간의 정서를 순화시키는 예술이 되기도 했다. 문자 문화의 성립은 기억력을 바탕으로 암송을 통해 이루어지던 교육 형태에 변화를 가져온다. 수많은 변화 가운데 구술 문화에서 이루어지기 어려웠던 분과 학문으로의 세분화를 위한 기반이 형성되기 시작한다.

문자, 지식과 학문은 역사적으로 그 자체가 권력이며 강한 권력자가 약자를 쉽게 예속화할 수 있도록 돕는 도구로 자주 오용되어왔다. 문자는 기본적으로 지식과 정보의 유통과 인간의 소통을 위한 기술적 산물이다. 초기 인류에게 생산과 분배의 연계 속에서 산수와 기하학이 발달했고 그 산술적 정보를 기억하거나 보관해야 할 필요가 생겼는데, 이런 필요성을 지원하는 운영방식(modus operandi)이 문자의 발명을 촉진한 중요한 요인으로 볼 수 있다. 고대로부터 발굴된 자료에 의하면 점토 위의 문자가 나타나기 시작하던 시기의 상업문서가 제일 먼저 등장하며, 이어서 호칭이나 직업, 물체의 이름, 도자기, 섬유, 도시, 식물, 동물 등의 사물들을 기록한 어휘들 목록이 발견된다. 점토판에 새겨진 문자의 경우 신화, 서사시, 찬송가, 역사 기록과는 달리 당시 생활에 절실했던 회계 문제를 보충하는 기술의 필요성에서 점토 위에 기록하는 문자의 발명으로 발전되었을 가능성이 크다. 점토 위에 문자로 기록하던 메소포타미아와는 달리 이집트에서는 두루마리에 문자를 기록하게 된다. 이런 기록물들을 보관하기 위한 장소 또는 창고의 필요성에서 도서관 또는 박물관 건축에 대한 구상이 시작된 것으로 보인다. 도서관(Bibliothek)이라는 단어는 두루마리를 가리키는 비블리온(biblion)과 보관소를 가리키는 테케(theke)의 합성어로, 지식과 정보가 기록된 두루마리들이 보관된 장소를 말한다.[5] 개인 서재의 보편화, 공공 도서관이나 왕립 도서관이 탄생하게 되는 것은 문자 문화의 정착과 발전이 가져온 자연스러운 결과로 여겨진다. 두루마리라는 기록 공간은 시대를 지나면서 양피지, 코덱스, 종이책, 그리고 최근에는 디지털화된 텍스트 표면과 같은 공간으로 발전하면서 현대적 미디어 개념은 확장된다. 오늘날 도서관은 각종

[5] 스페인의 사제이며 학자인 이시도루스 Isidorus 는 도서관의 어원을 설명하면서 "서구 문화의 보관소 겸 상징물"이라 칭했다. 로이 매클라우드 외(이종인 옮김). 2004. 알렉산드리아 도서관. 시공사. 10.

미디어들을 통합적으로 보관하는 공간이자 장소가 된다. 중요한 것은 이런 기록물들을 보관하는 장소는 그 형태가 어떠하든 단순한 보관의 기능만을 수행하는 것이 아니라는 점이다. 도서관은 끊임없이 인간의 지적 사유를 확장하는 상상력의 근원이 된다. 서재의 소유자에게는 지적 자극제로, 공공 도서관의 이용자에게는 지혜로운 삶의 원천으로, 왕립이나 국립 도서관의 경우에는 국가의 통치와 권력의 유지를 위한 정보를 제공하는 기관으로 기능한다.

알렉산드리아 도서관은 고대 그리스의 문학적 자산과 이후의 문자 문화가 생산한 지식을 총체적으로 보관하는 기록물 관리 기관이자 문화적 연결 장소가 된다. 책의 저술가들이 글을 쓰는 대신에 자신의 입장과 주장을 각각 말로 설명한다면 격렬한 논쟁의 장관을 연출한다. 그러나 도서관에 진열된 책들은 서로 다른 진술 내용들이지만 상대방의 다른 입장을 묵묵히 감내하며 같은 공간 안에서 침묵하며 공존한다. 문자로 기록된 기록물들을 보관하는 도서관은 "새로운 단일성을 제안하는 방식이 (...) 아니라, 그 안에서 모든 학설이 적절한 자리를 차지하는 잘 짜인 지적 체계를 구성하는[6] 방식"을 취한다. 도서관은 어떠한 새로운 학설이라도 받아들일 수 있으며, 도서관에 출입하는 사람들을 관조하는 학문의 세계로 인도한다. 알렉산드리아 도서관의 건축은 동방의 문화를 수용할 수 있는 토대를 마련한 동시에, 그리스 학문과 정신적 유산이 그리스의 국경을 넘어 세계로 확산할 수 있는 물질적 근거지를 마련한 셈이 된 것이다.

---

6 이언 F. 맥닐리/리사 울버턴(채세진 옮김). 2009. 지식의 재탄생. 살림. 28.

4. 알렉산드리아의 도서관

도서관의 건축은 말하기보다는 글쓰기가 지식을 체계화하는 좋은 방법이라는 문화적 신념에 기초한다. 문자로 기록된 지식들은 학문의 탄생과 발전에 기반을 이룬다. 아리스토텔레스의 제자였던 알렉산더(B.C.356-323)는 그의 스승으로부터 철학, 의학 및 과학적 탐구에 대한 흥미를 이어받는다. 어린 나이(B.C.336)에 왕위에 오르게 되면서 전쟁을 진두지휘하는 정복왕으로 변하게 된 알렉산더는 짧은 기간 동안 그리스, 페르시아, 인도까지 영토를 확장하는데 성공한다. 그는 일찍 사망했지만 마케도니아 출신의 후계자들은 알렉산더가 꿈꾼 문화기획을 실현하고자 신도시 알렉산드리아에 박물관과 도서관을 건축한다. 알렉산드리아 도서관은 처음부터 구체적인 형태를 갖춘 공간으로 일시에 완성된 것이 아니라, 오랜 기간 동안 증축과 개축으로 이어지면서 복합적 문화 공간으로 발전하고 진화한 기관이다.

4.1 알렉산드리아 대 도서관[7]

알렉산드리아 도서관의 건축은 B.C. 290년에서 B.C. 240년까지 약 50년 사이로 추정된다. 아리스토텔레스의 제자였던 데메트리우스

---

[7] 알렉산더대왕의 이상에 따라 건축된 도서관을 우리는 일반적으로 '알렉산드리아 도서관'이라 부른다. 그러나 실제로 알렉산드리아 도서관 외에도 '분관 daughter library'에 해당하는 도서관이 왕궁에서 가까운 사라피스 성소에 세워진 것으로 전해진다. "주 도서관에는 총 49만 개의 두루마리 책들이 있었고, '딸

는 정치적 망명자의 신분으로 알렉산드리아에 정착하고자 했다.[8] 그는 아리스토텔레스의 이상에 따라 알렉산드리아에 도서관을 설계하고 도서관 운영에 주도적인 역할을 하게 된다. 알렉산드리아는 그 시대의 이름난 그리스 학자와 시인들이 높은 신분을 유지하고 그들의 경력을 계속하여 쌓아갈 수 있는 안식처를 제공한다. 알렉산드리아의 왕립 도서관에 속한 당대의 학자들은 왕의 명령에 따라 공무를 수행하는 공직자가 된다. 매클라우드는 그의 논문에서 알렉산드리아 도서관 소속의 지식인들의 연구 환경에 대해 다음과 같이 요약한다.

> 도서관 소속의 지식인들은 공무를 수행해야 했고 자신들 내부의 문제들보다는 외부에서 벌어지는 문제 때문에 고통을 당했다. 도서관의 일과는 정치적 동요와 학문적 논쟁 그리고 유배 온 방문자들 때문에 자주 중단되었다. 도서관은 상당히 포용력 있는 아카데미였지만 그것은 어디까지나 왕의 후원 범위 내에서 그러했다.[9]

도서관'에는 42,800개의 두루마리 책들이 있었다"는 기록이 이를 뒷받침한다. 그런 이유로 주 도서관을 '알렉산드리아 대 도서관'으로 구분하여 표기하기도 하지만, 일반적으로 '알렉산드리아 도서관'으로 '알렉산드리아 대 도서관'을 대신한다. 라이오넬 카슨(김양진 외 옮김). 2003. 고대 도서관의 역사. 르네상스. 87 참조.

8 키케로 Cicero에 의하면 데메트리우스 Demetrius는 테오프라스투스 Theophrastus의 가까운 벗이 되었고, 웅변술과 철학에 조예가 깊었다. 아테네의 연설가들이 권위를 잃어가던 B.C. 325년 데메트리우스가 정치계에 혜성처럼 등장하여 빠르게 명성과 지지 세력을 얻게 된다. 그런 지지를 바탕으로 아테네 민주주의자들의 반란을 자극했던 데메트리우스는 B.C. 307년 이후 아테네를 떠나 새로운 망명지인 알렉산드리아에 정착하게 된다.

도서관에 속한 학자들에 대한 왕궁의 배려는 문화발전을 기획한 국가적 정책의 발현이었으며, 학자들은 그들의 삶을 영위할 수 있게 배려한 왕궁에 대한 보답으로 주어진 과제에 충실해야 했다. 그리하여 프톨레마이오스 왕조에 속한 학자들은 자유로운 연구를 수행하기 어려웠으며, 도서관 내부보다는 외부로부터 받는 영향력 때문에 갈등하고 고통을 당했다. 알렉산드리아 도서관 설립, 운영과 학문 수행의 원칙에 대한 발상은 책을 사랑하는 방법과 부국강국을 강조한 아리스토텔레스에서 기원한다. 즉 "모든 것을 기록하는 것, 기록한 것을 도서관에 보관하는 것, 그리고 학문을 구술 논의보다는 텍스트의 분석과 종합으로 보는 것"[10]에서 아리스토텔레스의 생각을 계승하는 데메트리우스를 발견한다. 그는 조직화된 사회에서 독서를 장려하는 것에 대한 중요성을 신봉했으며, 지성과 문학에 대한 성실한 열정을 지닌 박식가로 후세에까지 이름을 남기게 된다.

알렉산드리아 무세이온(Museion)은 박물관과 도서관이라는 두 개의 주요 기관, 즉 학자를 위한 도서관과 뮤즈에게 헌정된 박물관으로 구성된다. 이와 함께 알렉산드리아 도서관은 제국 건설의 꿈에 상응하는 문화제국주의의 프로그램에 따라 공무를 수행하는 최초의 기관이 된다.[11] 이 도서관은 아리스토텔레스의 리케이온(Lykeion)과 플

9 로이 매클라우드 외(이종인 옮김). 2002. 알렉산드리아 도서관. 25.

10 이언 F. 맥닐리/리사 울버튼(채세진 옮김). 지식의 재탄생. 20 참조.

11 프톨레마이오스 왕조는 알렉산드리아에 도서관뿐만이 아니라 연무장, 공중목욕탕, 극장을 건축하였으며 그리스 최고의 학자들을 끌어들이고 그리스 이민들을 지배층으로 흡수하고자 했다.

라톤의 아카데미아(Academeia)를 모방한 대학이자 연구소 그리고 박물관의 기능을 한꺼번에 수행한다.[12] 왕은 사서를 임명하고 학자들을 초빙하여 수시로 면담하고 통치에 관한 정무에 조언을 받았다. 프톨레마이오스1세 때보다는 프톨레마이오스 2세와 그 후계자들 시대에 더 많은 학자, 과학자, 시인이 알렉산드리아로 이주해온다. 이것은 알렉산드리아 왕궁에서 수립하고 실행한 초기의 문화 정책이 어느 정도까지는 지속적이며 연속적이었다는 증거가 된다.

지식의 수집과 확산을 엄격하게 통제하고자 하는 것은 어느 시대의 권력이나 예외가 없다. 알렉산드리아 도서관 설립의 목적은 무엇보다도 지식의 수집과 통제에서 찾을 수 있을 것이다. 과학과 문학 연구로 후대에 높은 명성과 풍성한 결과를 남기게 되지만 알렉산드리아 밖에서 비판적인 평가를 받기도 한다. 당대의 풍자가였던 플리우스의 티몬은 "인구가 조밀한 이집트는 은둔한 책벌레들에게 모이를 주고 있다. 그들은 뮤즈의 조롱 안에서 쉴 새 없이 모이를 쪼고 있다."[13]고 서술한다. '모이를 쫀다'는 설명은 쓸데없는 논쟁이나 일삼으며 먹이를 축내고 있다는 부정적인 평가를 포함한다. 그러나 왕궁 소속의 학자들

---

12 알렉산드리아 도서관의 건립에 대하여 데메트리우스가 도서관 건립을 건의한 것을 프톨레마이오스가 받아들인 것인지, 반대로 프톨레마이오스의 지시를 데메트리우스가 이행한 것인지 분명하지 않다. 다만 데메트리우스가 도서관 건축을 제안한 이유에 대하여 다음과 같은 설명이 전해진다. 즉 왕의 친구들이 왕에게 말할 수 없는 것이 있지만, 책에 쓰여져 있는 내용은 왕에게 직접 전해질 수 있다는 이유에서였다. 문자 문화의 특성과 장점을 드러내는 예가 될 만한 진술이다. 로이 매클라우드(이종인 옮김). 2004. 알렉산드리아 도서관. 13 참조.

13 로이 매클라우드 외(이종인 옮김). 2004. 알렉산드리아 도서관. 97에서 재인용

이 수행한 또 다른 업적들은 도서관의 전체적인 영향을 제한적으로 평가하는 것을 어렵게 한다.

4.2 문헌학의 탄생

언어로 기록된 것은 경험하거나 관측한 사실과 다른 경우가 많으며, 책 속의 지식은 현실 속의 인간을 오도하거나 세상에 대한 정확한 이해를 방해하기도 한다. 문자로 기록된 책의 내용과 씨름하는 문자중심주의 방식의 학문이 갖게 되는 위험성은 다양한 관점에서 지적되었다. 플라톤은 글을 말의 저급한 대체물로 보았다. 말은 진리를 직접 전할 수 있지만 문자로 기록된 글은 그렇지 못하기 때문이다. 글은 그러나 파르마콘처럼 약과 독이라는 이중적 의미를 품고 있다. 플라톤은 글이 가진 이중성을 긍정하지만 진리를 직접 전할 수 있는 말의 중요성을 강조한다. 그에게 글은 말의 보충물일 뿐이다. 그러나 보충물이란 덜 중요하다거나 불필요하다는 의미로 받아들일 수는 없다. 글은 말의 규칙을 만드는 도구가 되거나 표준을 전파하는 수단이 되어 오히려 말의 질서를 세우는 기능을 담당하기도 한다. 문자의 도입은 수사학과 같은 학문의 체계를 정교하게 하여 웅변술의 발전에 기여할 수 있기에 상호 보완적으로 기능할 수 있다. 말과 글, 내용과 형식, 하드웨어와 소프트웨어, 경험과 지식을 보관하는 기관 등은 각각 상보적 기능을 수행하는 관계를 유지한다.

알렉산드리아 도서관은 이집트, 유대, 그리스 사상의 글로 된 기록물들을 집중적으로 수집하여 집대성하고 검증하며 체계화하는 장소가 된다. 알렉산드리아 도서관 소속 학자들은 (비록 그들이 스스로 깨닫지 못했다 하더라도) 텍스트의 새로운 읽기와 해석을 통하여 오늘날까지 이어지는 문헌학 연구 방법을 태동시킨다. 텍스트 중심 문화의 기반을 제공하는 문헌학은 방법론적인 장점에도 불구하고 실제의 대상을 떠나 텍스트의 기록에 의한 재현에 의존하는 단점을 갖는다. 그리하여 문헌학은 훗날 실제 세계에서의 경험과 실천 그리고 관측과 측정을 중시하는 르네상스의 자연철학자들에 의해 비판을 받게 된다.

알렉산드리아 도서관의 학자들이 수행한 문헌학적 연구의 중요한 내용으로는, 첫째로 텍스트로 기록된 이전의 학문적 연구 결과에 대한 집대성을 들 수 있다.[14] 이는 고대의 위대한 천문학자인 클라우디오스 프톨레마이오스(Klaudios Ptolemaeos, 별명은 톨레미)의 저작의 경우에서 잘 드러난다.[15] 톨레미는 알렉산드리아 학문의 전통에 머물지만 창조적인 선배 학자들과는 다른 전통에 속하는 학자였다. 자신의 13권짜리 천문학 저술인 『알마게스트 Almagest』는 알렉산드리아 천문학의 체계를 세웠고 약 천개의 별들을 목록으로 작성했다. 그러나 그의 천문학 저술에 서술된 것은 우주와 하늘을 실제로 관측한 것으로부터 얻은 지식이 아니라 아리스토텔레스의 저서에 나오는 천문 체계를 섭렵하고 정교하게 종합한 것으로, 톨레미의 또 다른 저술 『지리학 *Geographike Hyphegesis*』과 함께 의미 있는 저술로 후세에 영향력을 행사한다. 이 두 저술에는 사서인 동시에 학자였던 저자가 고전 텍스트를 체계적으로 수정하고 비판하는 알렉산드리아식 학문의 특징이

---

14 남태우. 2002. 알렉산드리아 대 도서관 성립사 연구. 260 참조.

15 로이 매클라우드 외(이종인 옮김): 2004. 알렉산드리아 도서관. 24 참조.

그대로 담겨 있으며, 후대 학자들에게 새로운 것을 탐험하고 질문하고 발견하는 방법을 안내한 저술로 평가받는다. 오늘날 대학에 해당하는 도서관에서 그리스의 수많은 문학작품이 복원되고 학문적 전성기를 꽃피울 수 있었으며 이를 기반으로 헬레니즘 문화의 전성기를 맞이할 수 있었다.[16]

둘째로는 칼리마코스의 '인물 겸 서지 목록'의 경우를 들 수 있다.[17] 알렉산드리아의 시인인 칼리마코스는 도서관장이었다는 주장이 있지만 분명한 증거가 없어 유보적이다. 칼리마코스는 그리스 문헌의 종합적인 서지 목록인 『피나케스 *pinakes*』의 저자이며, 그의 책은 모든 학문 분야에서 업적을 남긴 사람들과 그들의 저술들 120권을 분류한 목록이다. 『피나케스』에는 그리스 시가(詩歌)라는 장르 외에 역사, 수사학, 철학, 의학, 법학의 산문 그리고 기타 장르가 포함되었을 것으

---

16 헬레니즘 Hellenism 은 독일의 역사학자 드로이젠 Johann Gustav Droysen (1808-1884)에 의해 도입된 개념이다. 드로이젠은 그의 저술 『알렉산더 대왕 이야기 *Geschichte Alexanders des Grossen*』(1833)에서 지중해와 근동에 들어간 그리스 문화가 다시 동방 세계와 로마 세계로, 그리고 유럽의 기독교 세계로 퍼져나간 범세계적 그리스문화를 헬레니즘이라고 불렀다. 이 역사적 가교의 역할을 담당한 시대가 알렉산더 대왕의 헬레니즘 시대 the Hellenistic Period 이다. 이와 대립적으로 사용되는 헤브라이즘 Hebraism은 아놀드 Matthew Arnold가 그의 저술 『문화와 아나키의 헤브라이즘과 헬레니즘 *Hebraism and Hellenism in Culture and Anarchy*』(1867-8)에서 도입한 개념이다. 헤브라이즘은 일반적으로 모세 5경(토라)을 신봉하는 헤브라이인들뿐만 아니라 초대교회의 사도들과 예수 그리스도를 믿는 기독교인들까지를 포함하는 사람들의 사상 일반을 가리키는 말로 사용된다. 임희완. 2008. 서양문명의 정체성. 도서출판 그리심. 2008. 25 참조.

17 라이오넬 카슨(김양진/이희영 옮김). 2003. 고대 도서관의 역사. 97-100 참조.

로 보인다. "각 장르별로 저자의 이름이 알파벳순으로 기입되고 각 저자의 간단한 전기, 저자의 저서(알파벳 순), 각 저서의 첫 문장, 저서의 길이 등이 기록"[18] 된 이 저서를 통하여 칼리마코스의 도서 분류 방식을 알 수 있지만, 이것이 알렉산드리아 도서관의 도서 분류 체계와 같은 것인지 확인하기는 어렵다.

셋째로 외국어 기록물들의 그리스어 번역 작업이다. 알렉산드리아 도서관은 책을 수입하여 여러 언어로 번역하는 사업을 수행했다. 번역 사업은 상업적, 정치적 첩보는 물론 문학적 정보의 수단을 확보하기 위해 매우 중요했다. 데메트리우스는 그리스 지식을 담은 책뿐만 아니라 유대 세계의 지혜를 담고 있는 모든 기록물들을 수집할 것을 제안했다. 유대의 기록물들의 수집에서 멈추지 않고 유대 문학 작품들을 그리스어로 번역해야 한다고 생각했으며 그의 생각을 관철시킨다. 번역의 역사에서 성경만큼 수많은 언어로 번역되어 출간된 책은 찾아보기 어렵다. 아리스테아스에 의하면 모세 5경은 그리스인과 유대인 사이의 우정의 표시로 번역된 것으로 알려져 있다. 프톨레마이오스는 선의와 화의의 제스처로 예루살렘의 고위 성직자인 엘레아자르(Eleazar)에게 성서를 번역할 유대인 학자들을 보내달라고 요청하였으며, 엘레아자르는 이에 응하여 학자들을 모집한다. 프톨레마이오스는 그 과정을 보기 위해 예루살렘으로 특별한 여행을 했으며, 유대 고위 성직자는 이스라엘의 각 12부족에서 각각 여섯 명의 학자들을 추천하기에 이른다. 알렉산드리아에 온 유대인 학자들은 그들만의 특별한 숙소에서 최

---

18 로이 매클라우드 외(이종인 옮김). 2004. 알렉산드리아 도서관. 107.

고의 대접을 받으며 번역 작업을 수행했으며, 데메트리우스는 정기적으로 박물관을 방문하여 번역자들의 작업을 점검한 것으로 전해진다.[19] 이런 과정을 거치면서 고전 작품을 축적하기 위해 시작된 번역 작업은 도서관이 수행하는 다양한 기능 가운데 하나로 정착하게 된다. 이후 번역 작업은 인문학자들이 수행하는 중요한 영역으로 남게 되는 결과를 가져온다.

네 번째로는 주석 작업이다. 알렉산드리아 도서관에서 에페소스의 제노도토스, 비잔티온의 아리스토파네스, 사모트라케의 아리스타르코스 같은 학자들이 호머의 텍스트를 상세히 분석하는 과제를 수행했다. 체체스(Tzetzes)가 저술한 『입문서 Prolegomena』의 기록은 피시스트라투스(Pisistratus)가 호머의 서사시를 수집하고 새롭게 편집하는 프로그램을 제안했고, 그 작업을 효과적으로 수행하기 위해 4명의 학자를 고용한 것으로 전하고 있다.[20] 호머가 한 명인가 여러 명인가 하는 쟁점은 그들이 토론한 주제 가운데 하나였으며, 서사시의 역사적이며 지리적인 배경도 연구의 대상이 되었다. 그들의 연구는 텍스트에 주석을 달고 시 텍스트와 언어를 분석한 것으로 훗날 르네상스와 현대 학문의 기초를 이루게 된다. 페르가몬의 아탈로스 왕조도 예술가들과

---

19 셉투아긴타 Septuaginta 라는 이름이 붙은 이 성서는 프톨레마이오스 왕의 명령으로 72명의 유대인 학자들이 한곳에 모여 집단 번역 작업을 한 결과물이다. 라이오넬 카슨(김양진/이희영 옮김). 2003. 고대 도서관의 역사. 90 참조.

20 호머의 서사시 편집을 위해 아테네 출신인 4명의 학자들, 즉 오노마크리투스 Onomacritus, 에피콩길루스 Epicongylus, 조피루스 Zopyrus, 오르페우스 Orpheus가 알렉산드리아 도서관에 고용되었다. 남태우. 2002. 알렉산드리아 대 도서관 성립사. 264 참조.

학자들이 궁정에서 활약할 수 있도록 적극 후원했으며, 말로스의 크라테스와 같은 유명한 호머 연구가를 배출하기도 했다.

다섯 번째로는 입수한 책의 체계적인 분류작업이다. 갈레노스나 등의 사료에 의하면 책을 입수했을 때 어떻게 라벨(label)을 붙였는가를 알 수 있는데, 라벨에는 책의 출처, 획득 부수, 심지어 전 소유주의 이름까지 표기했던 것으로 보인다. 도서관 측에서 서적을 입수하면 텍스트에 대한 편집 작업 등을 통해 추가 정보를 첨부했을 것이며, 이것은 고전 작가들의 작품을 필사한 중세 원고의 난외주석(scholium)에서 그 면모를 찾아볼 수 있다. 예컨대 호머와 아르스토파네스 작품 필사본의 난외주석에는 정기적으로 알렉산드리아 도서관 사서들이 만든 판본이 언급되어 있다. 또한 호머 작품 필사본의 난외 주석에는 그리스의 키오스, 아르고스 등에서 나온 원고가 함께 다루어져 있다.[21] 이런 알렉산드리아 도서관의 도서 분류와 라벨 기록 방식은 헬레니즘 세계에서 사용되는 기록물의 분류 체계의 형성과 표준화를 결정짓는 데 기여했을 것으로 보인다.

4.3 과학의 발전

헬레니즘 시대의 교육은 주로 문학적이었지만 과학의 분야에서도 주목할 만한 진전이 있었다. 아테네가 철학의 근거지라면 과학은 알렉산드리아와 같은 새로운 도시에 거점을 두었다. 왕실의 후원으로

21 로이 매클라우드 외(이종인 옮김). 2002. 알렉산드리아 도서관. 102.

여가와 자원이 생겨난 덕분에 알렉산드리아는 교육 및 연구를 위하여 쾌적한 조건을 갖추었던 것으로 보인다. 그러나 헬레니즘의 세계는 과학적 발견을 인간 사회의 실용적인 방향으로 연결시키는 일에 적극적이지 않았다. 모든 과학자가 왕실의 후원을 받은 것은 아니었으며, 대다수는 의사, 건축가, 기술자 등의 직업으로 생계를 이어갔는데, 이들은 이론과 실제 사이의 간격을 좁히는 데에 어느 정도 기여했다고 볼 수 있다. 사모스의 아리스타르코스(Aristarchos)는 태양이 우주의 중심이라는 테제를 제기했으며, 아폴로니오스는 원추곡선에 관한 저술을 남겼고, 히파르코스는 관측과 방위설정을 위한 장치로 두 개의 가늠자가 달린 디옵트라(dioptra)라는 막대를 사용한 것으로 전해진다.[22] 그는 무모하다고 할 만한 행동, 즉 "별들의 숫자를 세고 성좌마다 이름을 붙여"[23] 후세의 학자들에게 전하고자 했다. 알렉산드리아에서 진전을 이룬 과학의 또 다른 분야로는 의학과 생물학이 있다. 의학분야에서는 3세기 초에 활약한 칼케돈의 헤로필로스와 케오스의 에라시스트라토스가 있다. 헤로필로스는 뇌, 눈, 십이지장, 간 그리고 생식기에 대한 지식을 넓혔으며, 연구방법으로 해부를 활용했다. 에라시스트라토스는 소화의 과정과 혈관계와 관련된 중요한 발견을 한 것으로 전해진다. 헬레니즘 시대에 기술분야의 발전은 펌프, 물시계, 개량 대포 등의 기계를 발명한 크테시비오스가 대표적으로 이름을 남기고 있다. 반면 『기계학 집성』을 저술한 필로, 『건축학』을 집필한 비트루비우스, 알렉산드리아의 헤로의 작품 『기학』, 『대포 제작론』, 『자동장치 제작

---

22 F.W. 월뱅크(김경현 옮김): 헬레니즘 세계. 아카넷. 2002. 226 참조.

23 위의 책. 227 참조.

론』 등이 대표적으로 헬레니즘 공학의 학문적 성과를 대변하고 있다.[24] 알렉산드리아 과학자들은 전쟁의 필요와 이를 위한 기계 제작을 기계학의 중심적인 기능으로 보았다는 점에서 문화적인 공감대를 형성하고 있었던 것이다.

5. 알렉산드리아 도서관의 문화적 유산

알렉산드리아 도서관의 몰락은 지식의 보관에 대한 필요성의 사라짐이 아니라 지식을 보존하고 정당화하는 문화와 패러다임 전환, 즉 지식에 대한 새로운 정의 또는 지식으로서의 가치 평가와 관련된 것으로 보아야 할 것이다. 서기 640년경 아랍의 한 장군이 알렉산드리아의 비잔틴 제국 사람들을 축출하는 과정에서 도서관을 발견하고 자신의 상관인 칼리프인 오마르(Omar)에게 도서관이 소장한 책들을 어떻게 처리할 것인지 질문한다. "지성보다는 군사적 열정"으로 유명한 오마르는 특유의 삼단논법으로 분명한 메시지를 전한다. "알렉산드리아에 있는 책들이 코란에 위배된다면 그것들은 이단이며, 그렇다면 불태워 버려야 한다. 코란에 위배되지 않는다면 그것들은 과잉이며, 그렇다면 역시 불태워 버려야 한다."[25] 지식이 보관되어야 하는 이유와 불태워져야 하는 이유는 언제나 동일한 수준의 정당성을 확보하고 있기에 지식의 가치 평가는 권력 의존적이다. 알렉산드리아 도서관에 소장된 기

---

24 위의 책. 231-239 참조.

25 이언 F. 맥닐리/리사 울버턴(채세진 옮김): 지식의 재탄생. 45 참조.

록물들은 사라졌지만, 중세의 수도원에 설립된 도서관, 대학의 탄생과 함께 생겨난 대학 도서관, 오늘날의 국립 도서관 또는 의회 도서관 그리고 수많은 종류의 박물관과 미술관에 풍성한 문화적 유산을 남긴다. 중세의 수도원은 성문화된 지식의 보존에 대한 근거를 유지해 주었으며, 수도사들은 기록된 지식들을 관리하고 필사하여 지식을 보존하는 임무를 종교적 믿음처럼 지켰다. 유럽에서 고대와 르네상스 시대를 연결하는 지식 기관으로서 수도원은 르네상스 이후 대학의 탄생과 함께 지식의 보관, 관리와 전파의 과제를 대학에 넘긴다. 수도원의 필사본들은 당시 활판 인쇄 기술의 발명과 함께 책으로 인쇄되어 대학의 도서관으로 옮겨지거나 지식인(대학의 연구자)들의 서재에 장서로 보관된다. 지식을 기록하는 매체의 형식과 기술에 따라 지식은 다시 분류되고 새롭게 배치된다. 두루마리가 사라지고 코덱스가 탄생하면서, 혹은 필사본에서 인쇄된 백과사전으로의 매체 전환을 겪는다. J.O. 워드는 지식의 재탄생에 대하여 다음과 같이 언급한다.

> 책의 형태가 두루마리에서 코덱스로 바뀌면서 전사할 가치가 없다고 여겨진 많은 논문들이 사라졌다. 당시에는 취미와 기호가 이교도주의에서 그리스도교 쪽으로 급속히 바뀌고 있었고 또 제정 로마 후기에 들어와서는 교육과 배움의 수준이 전반적으로 저하되어 있었다. 따라서 개별 논문들을 모아 놓은 거대한 도서관보다는 축약과 요약을 강조하는 백과사전적 방식이 더 선호되었다.[26]

---

[26] J.O. 워드: 『장미의 이름』의 도서관 VS 알렉산드리아의 도서관. 로이 매클아우드 외(이종인 옮김): 알렉산드리아 도서관. 252.

세상에 흩어진 지식을 한 곳에 모으려는 알렉산드리아 도서관의 이념은 18세기 프랑스의 계몽주의 철학자 드니 디드로(Denis Diderot, 1713-1784)에 의해 계승된다. 백과사전이란 낱권의 책이 담고 있는 단편적인 지식을 집대성하여 재편집한 것으로 정의할 수 있다. 달랑베르가 감수한 『백과전서 Encyclopédie』는 예술, 과학, 심지어 공예 기술에 이르는 지식을 71,818개의 항목으로 종합하고 세분화하여 수록한 백과사전이다.[27] 알렉산드리아 도서관이 남긴 유산의 영향과 효과는 백과사전이나 왕립 박물관이나 제국의 도서관으로 제한되는 것이 아니며, 넓은 의미에서 책들의 질서, 지식을 기록하고 보관하고 유통하는 체계를 포함한다. 작가이자 사서인 보르헤스의 소설에 묘사된 도서관과 그곳에 보관된 책들의 질서는 반복적이다.[28] 도서관이나 박물관에 보관된 기록물들 간의 논쟁과 토론, 그들의 발언 혹은 진술의 기록, 저술 또는 저작 행위를 푸코는 도서관 안에서의 '웅얼거림'으로 설명한다. 도서관에 보관된 기록물들은 끊임없이 지식을 재탄생시키고 새로운 저자를 만들어내고, 저자들이 생산한 책들은 다시 도서관의 한편

---

27 『백과전서』는 1751년에 제1권이 나왔고 21년이 지난 1772년에 본문 17권, 도판(圖版) 11권의 전서가 완성되었다. 이 『백과전서』의 내용은 교회의 비판, 중세적 편견의 타파, 전제정치의 비판 등을 반영한 것이어서 수많은 탄압과 발행정지 명령을 받기도 했으며, 1759년 이후에는 비밀리에 편집되고 인쇄되기도 했다.

28 "도서관은 무한정이며 주기적이다. 어느 영원한 여행자가 아무 방향으로나 도서관을 가로질러 여행한다면, 수십 세기 후에는 책들이 동일한 무질서로 반복되고 있음을 확인할 수 있을 것이다." J.L.보르헤스(박병규 옮김). 1992. 바벨의 도서관. 허구들. 녹진. 100.

으로 들어와 쌓인다. 푸코에게 도서관은 지식 생산의 근원 또는 맹아(萌芽)에 다름아니다.

> 동양의 과거가 유령처럼 달라붙은 이 이집트의 한밤의 공간에서 유럽의 전문명, 즉 신학의 중세, 박식의 르네상스, 세계와 생명에 대한 학문의 근대가 펼쳐지는 것이다. 밤의 태양처럼 '유혹'은 동에서 서로, 욕망에서 지식으로, 상상력에서 진리로, 가장 오래된 향수에서 근대 과학의 결정들로 움직여간다. 기독교화된 이집트, 그리고 알렉산드리아, 또한 앙뜨완, 이들은 아시아와 유럽 사이의 영점 지대에 시간의 겹쳐진 부분으로서 등장한다. 그 겹쳐진 부분에서 과거의 정상에 올라앉은 고대는, 흔들리고 이윽고 잊혀진 괴물들이 다시 살아오면서 스스로 무너져내린다. 그리고 거기에서 근대가 무한한 지식에의 약속과 함께 그 싹을 띄운다.[29]

근대가 탄생하는 역사적 지점을 서술하면서 푸코는 동양과 서양, 과거와 현재, 모든 지혜와 지식들, 종교와 과학들이 유령처럼 어우러져 새로운 괴물을 빚어내는 과정을 재구성해낸다. '도서관 환상' 가운데 생성되는 근대의 싹은 알렉산드리아 도서관 이념의 연장선에 위치한다. 오늘날 알렉산드리아 제국과 견줄만한 미국의 도처에서 알렉산드리아 도서관의 문화적 흔적들을 쉽게 발견할 수 있다. 현재 미국에는 약 12만 2천여 개의 도서관이 있으며, 그 가운데 공공도서관이

---

29 미셸 푸코(김현 편). 1989. 도서관 환상. 미셸 푸코의 문학비평. 문학과지성사. 230.

1만6,600여 개로 미국 내의 맥도널드 가게의 숫자(1만 2천여 개)보다 많다. 미국의 의회도서관은 1억4,200만점의 장서를 보유하고 있고, 서가의 길이는 1,046킬로미터에 이르며, 소장 자료의 언어는 470종이나 된다. 미국 도서관 체계의 특징은 행정부에 도서관이 없고 의회도서관이 모두를 관장하는 것으로, 이는 제퍼슨의 철학에서 비롯된다. "권력자들은 사실과 정보, 지식을 독점하고서 필요할 때 은폐하고 왜곡하고 조작하려는 속성이 있기 때문에 이를 다루는 도서관을 권력자의 품이 아니라 국민의 대표 기관인 의회 안에 두는 것이 좋다"고[30] 제퍼슨은 판단했다. 오늘날 미 의회도서관은 1897년에 지어진 건물을 1980년부터 재정비하여 1997년 오늘의 모습을 갖춘 도서관으로 다시 개관했다. 세계의 모든 지식 정보 자원을 수집한다는 미 의회도서관의 목표는 알렉산드리아의 도서관의 그것과 일치하며, 오늘날 4천명의 직원이 미국 의회도서관을 위해 일하고 있다.[31]

알렉산드리아 도서관이 파괴되고 천 오백년이 지난 후에 이집트 정부는 유네스코의 도움을 받아 알렉산드리아 도서관의 재건을 계획하게 된다. 1990년 유네스코 회의에서 18개국 국가원수와 고위 인사들이 서명한 국제 선언이 채택되어 각국 정부와 민간 기구, 학자, 작가 등이 이집트에 알렉산드리아 도서관 재건을 돕는다. 중동의 산유국들이 재정적으로 후원하였으며, 유럽의 여러 나라들도 물자를 지원하면

30 유종필. 2010. 세계 도서관 기행, 웅진 지식하우스. 222.

31 Congressional Research Service(CRS)를 비롯하여 법률도서관, 보존국, 디지털 도서관 업무를 주관하는 전략실, 아시아과, 그리고 장애인도서관 등을 운영하고 있다.

서 동참한다.[32] 새로운 건물이 완성된 2002년에 현대판 알렉산드리아 도서관이 다시 문을 열면서 불타버린 도서관의 오랜 공백을 극복한 것으로 보인다. 그러나 지난날 도서관의 진정한 문화적 이상은 오늘날 이집트에 복원된 새로운 도서관에 재현되지 못하고 있는 것으로 보아야 할 것이다. 근대에 발명된 문자, 영상, 음성 매체 기술과 최근의 전자적 테크놀로지가 만든 컴퓨터의 결합은 지식의 수집과 유통, 저장과 재생산, 전달과 수용에 새로운 패러다임을 요구하고 있기 때문이다.

6. 인터넷과 지식의 새로운 네트워크

1990년대 후반 인쇄된 자료를 디지털 형태로 바꾸는 기술이 보편화되기 시작하면서 수많은 문서, 사진 그리고 기타 자료들을 컴퓨터 파일로 전환하려는 작업이 구상된다. 세계에서 가장 큰 학술도서관으로 1,500만권의 장서를 보관하고 있는 하버드대학 도서관의 책들을 디지털화하는 프로젝트가 구체적으로 계획된다. 도서관은 그러나 책을 소유하고 있는 것이지 책들의 저작권을 소유하고 있지 않으며, 거의 모든 책들의 저작권은 출판사나 저자 또는 제3자가 소유하고 있다. 저작권이란 출판사나 저자가 창조적 작업을 통하여 수익을 창출하는 행

32 알렉산드리아 시에 건립된 새로운 도서관 건물은 전문 도서관, 3개의 박물관, 천문관, 영화관, 7개의 학문 연구 센터, 필사본 저장소, 4개의 아트 갤러리, 1천명을 수용할 수 있는 컨퍼런스센터 그리고 9개의 전시회가 늘 열린다. 유종필. 2010. 세계 도서관 기행. 30 참조.

위를 허용하고 보호하는 법적인 장치이다. 구글의 페이지(Larry Page)와 브린(Sergey Brin)은 도서관의 책들을 디지털화하여 가상도서관을 구축할 계획을 세우면서 저작권의 개념에 유연성을 요구한다. 인쇄된 자료의 디지털화 작업을 통하여 사람들은 도서관이 보유한 지식을 찾아 유명한 도서관을 방문하는 대신에 컴퓨터에 연결된 가상도서관에 접속할 수 있게 허용할 것을 요청한다. 디지털기술을 통하여 학자와 일반 사람들은 전세계 어디에서나 컴퓨터를 켜고 책 내용에 연결하여 필요한 지식과 소통을 하게 되는 세상을 지향하는 것이다. 막대한 데이터의 바다에서 필요한 정보를 추출하고 분석하는 일은 언제나 중요하며, 그 중요성을 기반으로 컴퓨터로 정보를 정제하는 데이터 마이닝(data mining)이라는 분야가 생겨나면서, 정보를 찾아주는 검색엔진은 자연스럽게 그 기능의 효율성을 척도로 경쟁하게 된다. 구글은 검색자가 찾으려는 의도와 관련성이 높은 정보의 링크를 맨 앞에 또는 상단에 제시한다는 점에서 경쟁력을 갖추게 된다. 구글의 알고리즘은 접속빈도가 잦고 연관성이 높은 링크를 상위에 올릴뿐만아니라, 신뢰성에도 가산점을 준다. 특정 링크의 클릭률이나 특정 링크가 얼마나 많이 사용되었는지를 기록해 '연관성' 점수를 부여한다. 이렇듯 정량화된 값은 창립자의 이름을 따라 페이지랭크(PageRank)라는 단어로 개념화된다. 구글의 검색은 객관적이면서도 비밀에 부쳐져 있는 알고리즘을 기반으로 작동되며, 아무리 많은 돈을 준다 해도 검색 결과에서 상위에 올라갈 수 없는 공정성을 무기로 삼는다.

전자미디어는 지식 저장을 위한 공간의 이동을 가져왔다. 이는 지식 보관과 전수에서 도서관이 가진 취약점을 보완함은 물론 도서관의 이상을 완벽하게 실현할 수 있다는 희망을 제시하기에 이르렀다. 누구나 필요한 정보와 지식을 쉽고 편안하게 제공하려는 꿈은 디지털 기술의 가능성을 기반으로 또다른 변화의 길을 펼쳐나가고 있다.

고대 알렉산드리아 도서관의 설립은 오늘날의 용어로 옮기자면 세상의 모든 지식을 집대성하여 데이터베이스화하는 작업과 비교할 수 있다. 알렉산드리아 도서관장은 그리스의 문화와 동방의 문화에 대한 기록물을 구별하지 않고 수집했고, 도서관에 속한 학자들은 수집된 지식을 분류하고 검토하여 주석을 달았으며, 타문화권의 지식들을 비판적 시각에서 편집하고 수용하는 작업을 수행했다. 알렉산드리아 도서관은 이질적인 주장과 담론이 공존하는 공간의 상징이며, 그리스와 동방을 문화적으로 결합하는 중요한 네트워킹 장치였다. 또한 인간의 삶에 유용한 지혜와 지식들을 체계화하고 지식을 재편집하는 작업의 기초를 세웠다. 재편집이 창조적인 과정이 될 수 있다는 평가는 포스트모던적 사유가 등장하여 통합과 융합의 의미까지도 창조의 개념으로 받아들여지면서 가능해졌다.

오늘날 우리는 세상의 모든 문자, 음성, 영상 자료를 인터넷에 올리는 것이 곧 가능하게 될 것이라는 믿음을 갖고 있다. 그러나 인터넷 세상은 지식과 정보들이 문화 전쟁을 치루는 격전장으로 변하여 아직은 어수선하며 그 미래는 매우 불투명한 것처럼 보인다. 그럼에도 군사적 목적으로 개발된 아르파넷에서 출발한 인터넷 기술에 관심이 모아지는 이유는 지식의 저장 장치가 지식의 보관 기능을 넘어 지식 융합의 새로운 형식을 구현할 수 있는 가능성 때문이며, 이것이 장차 개방적 종교, 보편적 학문, 글로벌 문화를 향한 문화 간 통합의 결과를 가져올 기반을 형성할 수 있을 것으로 기대되기 때문이다. 수많은 학자들이 교류하고 공동으로 연구하며 분과 학문간의 지식을 교류할 수 있는 장소의 상징이자 은유로서 알렉산드리아 도서관의 문화적 의미는 버너스 리(Tim Berners-Lee, 1955-)에 의한 월드와이드웹과 같은 체계의 발명에 모티브를 제공했으며, 또 다른 웹으로의 확대를 위한 연구는 아직도 현재 진행형이다.[33] 오늘날 우리는 인터넷에 접속하여 그리스의 아고라나 알렉산드리아의 도서관보다 풍요로운 지식이 넘쳐나는 광장에 입장하고, 구글에 접속하여 확장된 피나케스에서 지식을 검색하거나, 위키피디아를 비롯한 수많은 정보 사이트에 연결하여 디드로가 기획하고 달랑베르가 만든 백과사전의 세계보다 훨씬 광활한 지식의 바다를 항해할 수 있게 되었다. 전자시대의 공학적 기술과 함께 더 편안한 지식에의 접근, 더욱 자유로운 지식의 유통, 좀 더 유용한 지식의 네트워크를 구현하려는 '상상력'은 도처에서 아직도 불타오르고 있는 것이다.

---

33 버너스 리는 CERN 연구소의 연구원들 사이에 원활한 정보 교환을 위하여 1989년에 글로벌 하이퍼텍스트 공간 개념을 제시하였으며, 이는 후에 월드와이드웹으로 발전하게 된다. 버너스 리의 아이디어 공개를 통해 전 세계를 통신망으로 연결하는 인터넷 시대가 시작되었고, 이후 월드와이드웹은 지식 정보사회의 소통을 선도하는 체계로 발전하고 있다.

| 참고문헌 |

남경희. 2007. 소크라테스와 학문의 발견. 서양고전학연구. Vol.28. 47-78.

남태우. 2002. 알렉산드리아 대 도서관 성립사 연구. 한국문헌정보학회지. 제36권. 259-296.

백낙청/김남두 외. 2000. 현대 학문의 성격. 민음사.

이광주. 2009. 교양의 탄생, 한길사.

이재규. 2009. 지식역사. 한국경제신문.

로이 매클라우드 외(이종인 옮김). 2004. 에코의 서재 알렉산드리아 도서관, 시공사.

존 맥닐/윌리엄 맥닐(유정희 · 김우영 옮김). 2009. 휴먼 웹. 세계화의 세계사. 이산.

이언 F. 맥닐리/리사 울버턴(채세진 옮김). 2009. 지식의 재탄생. 공간으로 보는 지식의 역사.

찰스 반도렌(오창호 옮김). 1996. 지식의 역사 (1). 고려문화사.

데이비드 A. 바이스/마크 맬시드(우병현 옮김). 2006. 구글, 성공 신화의 비밀. 황금부엉이.

다이엘 벨(이동만 옮김). 1984. 정보화사회의 사회적 구조. 한울.

J.L.보르헤스(박병규 옮김). 1992. 허구들. 녹진.

F.W. 월뱅크(김경현 옮김). 2002. 헬레니즘 세계. 아카넷.

라이오넬 카슨(김양진/이희영 옮김). 2003. 고대 도서관의 역사. 수메르에서 로마까지. 르네상스.

미셸 푸코(김용기 옮김). 1989. 도서관 환상. 미셸 푸코의 문학비평(김 현 편). 문학과지성사. 216-237.

커크 해리엇(정기문 옮김). 2009. 지식의 재발견. 이마고.

Jürgen Barkhoff/Hartmut Böhme/Jeanne Riou(Hg.). 2004. *Netzwerke. Eine Kulturtechnik der Moderne*. Köln.

Olfa Breidbach. 2008. *Neue Ordnungen. Wie aus Informationen und Nachrichten kulturelles Wissen entsteht*. Frankfurt/M.

인쇄매체와 디지털 다위니즘(Digital Darwinism)

| 김 면 |

1. 머리말: 인쇄매체에서 본 기술과 사회의 관계

지난 2,000년을 되돌아보면서 세계 각국의 언론사들(타임, 라이프, A&E Network 등)은 인류사 최고의 발명품으로 '직지(直指)'가 아닌 구텐베르크의 활판인쇄술을 뽑았다. 사실 인쇄술과 사회변동의 관계를 다루면서 구텐베르크로 대표되는 서양 인쇄술의 파급효과와 공헌도가 근대사회를 형성하는 데 있어서 큰 업적을 이루었다고 보았을 것이다. 당시의 우리 사회 환경은 서적의 발행과 유통에서 정보생산력을 확대하지 못하며 인쇄술의 업적을 발전적으로 계승시키지 못한 아쉬운 측면을 보였다. 이 연구는 과거 서양과 동양의 기술적 우위를 서로 비교하기보다는 인쇄매체문화의 성격을 올바로 이해하고 미래 커뮤니케이션 기술의 향방을 예측하기 위해서 기술과 사회라는 맥락을 통해 인쇄매체의 변화양상을 다루고자 한다.

본문에서 중세유럽사회에서 인쇄문화가 생성되었던 서적시장과 독자층의 의미를 살펴보면서 새로운 매체를 배태한 사회적 배경을 탐구할 것이다. 구체적인 내용으로 구텐베르크의 인쇄술을 검토하고 당시 서적시장의 발전사에서 중요한 위상을 보이는 민중본(Volksbuch)에 주목하면서 기술과 사회변동의 관계를 고찰할 것이다. 서양사회 안에서 수요와 필요성이 어떠한 기술을 형성하고, 이러한 기술은 어떻게 소통시스템으로 진화하여 다시 사회에 대한 큰 모멘텀으로 작용하는지 인쇄술과 르네상스사회의 상호작용의 관계를 이해하고자 한다.

다음 장에서는 현재 정보사회의 인쇄매체를 고찰하고 전자매체의 패러다임을 통시적으로 살피고자 한다. 인쇄매체는 사회의 기술과 밀접하게 연결되면서 그 모습을 변천하여 왔다. 기존의 인쇄매체는 디지털기술을 기반으로 전자화하면서 미디어양식 자체의 변화를 가져왔을 뿐만 아니라 네트워크사회와 밀접한 관련성을 갖으면서 인간의 생활과 사회구조를 새롭게 형성하고 있다. 이 장에서는 전자매체의 모습과 특성을 규명해보면서 인쇄매체가 정보사회와 어떤 관련을 가지면서 지속되고 변화되고 있는 지를 밝히고자 한다. 뉴미디어로서 무장한 인쇄매체가 주변 환경에 초래한 사회적 영향과 파급된 문제점을 살펴보고자 한다.

2. 구텐베르크의 인쇄술과 민중본[1]

1) 중세말의 서적과 독자층의 변천

중세유럽사회를 모든 면에서 대변하고 이끌어온 것은 귀족 및 성직자 중심의 문화라고 할 수 있다. 물론 일반 평민들의 생활양식과 기층문화가 사회 저변에 면면히 흐르고 있었지만 국가 전반의 문화적 헤게모니를 장악하고 있었던 것은 상류계급의 문화였다. 문지관은 철저히 차별적이었고, 신분에 따라 문자기록 및 활용영역도 명확히 구분되었다. 귀족 상류층은 배타적이고 자기 충족적인 문예활동에 라틴어를 활용하였고, 이들의 서책은 주로 종교와 관련되거나 고전지식을 담은 필사본이었다. 보통 서민이 일상적으로 쓰는 독일어는 서적에 거의 쓰이지 않았다. 따라서 상류층이 지향하는 미적체험의 영역과 이념중심적인 중세세계관은 시민층과 서로 다를 수밖에 없었다.

중세말에 이르러 신분적 질서가 점차 흔들리기 시작하고 각 계급에 따른 고착화된 세계관이 변화 되면서 소수 상류계급이 전통적으로 향유해왔던 문화 영역에서도 큰 변화가 생기게 되었다. 점차 중세의 시기가 밀려나며 상류 귀족들이 지녔던 경제적으로 우월 했던 지위가 꺾이면서 이들의 문학적 창작력 또한 줄어들게 되었다. 이전 중세의 이상적인 도덕적 기풍은 새로운 르네상스기의 척박한 현실과 맞지 않게 됨에 따라[2] 귀족들은 문화적 고유영역을 질적으로 계승 발전시키

---

[1] 이 논고의 2장은 "독일인쇄술과 민중본"(영남대 인문연구 59호, 2010.9)의 글을 수정 보완한 것임.

지 못했고, 새로운 문화영역을 개척하지도 못한 채 위축되었다. 중세 고전작품들에 담겨 있던 정신적 자세와 비현실성은 독자층을 더 이상 찾을 수 없었다.

중세서술문화의 전통이 해체되고 전대의 서사문학이 특권적인 지위를 서서히 잃어가는 과정에서 서적시장은 형성되기 시작한다. 중세미학의 쇠퇴와 관련하여 주목할 만한 것은 문체양식의 산문화(散文化) 현상이다. 문체가 산문화되는 현상은 13세기 이래로 종교분야에서 전도와 설교를 위해서, 혹은 공공문서분야에서 행정적 문서, 법률상의 기록을 위해 시작되었음을 확인할 수 있다.[3] 이시기에 앞선 고전작품이 나타냈던 운문양식이 과도기적 산문문체로 바뀌고 있음을 서적에서 확인할 수 있다.[4] 중세 귀족 상층부가 보여 왔던 이념성과 고차원적 유희성의 경향을 좇는 대신에 이러한 외형적 규범과 경직성에서 벗어나와 세상의 현실과 실용적인 사회로 점차 시각을 돌린 사실주의적 정신이 산문스타일과 맞아 떨어졌던 것으로 롤로프 Roloff교수 등은 보고 있다.[5] 중세말 사회정치적 동요속에서 유럽문화의 중심추가 점차 하향이동하면서 궁정사회내 소수 식자층을 위한 필사문화와 상류층의 향유방식이 점차 쇠퇴하였다.

---

2 Peter Suchsland. Deutsche Volksbücher in drei Bänden(Bibliothek Deutscher Klassiker), Berlin 1968, p.Ⅶ.

3 같은 책 p.XIV.

4 호이징가는 탈운율이 문학에서의 새로운 정신으로의 이행으로 본다. cf.호이징가, 최홍숙 역, 『중세의 가을』, 1997, 358.

5 Hans-Gert Roloff, Anfänge des deutschen Prosaromans, In: Handbuch des deutschen Romans, Helmut Koopmann(Eds.), Düsseldorf 1983, 57-58.

2) 민중본의 출현과 서적시장의 형성: 필사본의 확산

봉건적 신분제를 비롯한 사회전반 변화의 물결을 타고 사회중간층의 시민문화가 귀족계급의 전유물로 여겨졌던 문화 영역을 잠식하며 성장하게 된다. 중세말 문학시장에서 민중본이 출현하게 되었다. 민중본이 서적시장에서 팔리고 폭넓은 독자계층에 읽혔다는 사실은 서적을 통해 일반시민계층이 처음으로 서적문화를 향유하였음을 보여주는 것이다. 그러나 15세기 전후에 공급된 초기 민중본은 중세의 화려한 필사본의 외형과 장식을 따르려고 하는 고가의 도서였다. 이 책들은 귀족과 부유한 시민상층의 고급독자를 대상으로 한 사치품의 성격을 지니고 있었다.

내용에 있어서도 초기 민중본은 중세시절 궁정독자로부터 사랑받았던 이야기에서 그 소재의 원천을 많이 취했으며, 또한 선진외국으로부터 들여오거나 이미 있어온 여러 서책 중 검증된 제재들을 모아 개작한 것이다. 예를 들어 프랑스어의 중세 로망스의 번역, 라틴어 운문창작의 산문번역, 중고독어운문창작의 산문해석, 이탈리아 르네상스의 개작품, 동양에서 전래된 영웅모험소설이 있었다.[6] 이 제작물은 기존의 중세작품을 적극적으로 변모시킴으로써 보다 흥미로운 작품으로 재생산된 것이라고 할 수 있다. 주목할 것은 시민부호층들이 문학세계의 독자로 새로이 합류한 점이다. 이들은 도시와 상업경제권을 기반으로 자신들의 여가를 채워줄 문학작품에 눈을 돌리게 되었다. 그러나

---

[6] 참조.Hans-Gert Roloff, 같은 글, 59/ Albert Classen, "Das deutsche Volksbuch als Irritationsobjekt der Germanistik", Wirkendes Wort 96/1, 11.

시민독자층은 탈중세적 이념을 선택하기 보다는 오히려 기존 중세궁정사회에서 오랜 기간에 걸쳐 많이 읽혔던 텍스트를 선호하였다. 이들은 쉽게 접근하기 어려웠던 상층부의 문화를 수용화하고자 하였다.[7]

증가하는 독서수요로 15세기에 새로운 일자리가 생기기도 하였다.[8] 그중 도서제작업자들은 필경사와 독자를 매개시키는 서적유통의 역할을 담당했다. 일부 서적중개업자과 판매상들은 고급독자층이 원하는 서적을 예상하여 이들의 수요에 맞는 서책들을 여러 명의 필경사를 통해 생산 판매하고자 하였다. 이제 시장을 겨냥하여 서적을 하나의 상품으로 다루게 된 것이었다. 이 필사본 제작업자중 하나는 엘사스지역 하게나우의 라우버 Diebold Lauber를 들 수 있다. 그는 1427-67년 필사본 공방을 운영했고, 한때 전체인원이 16명에 이르렀다. 책제작시 빠른 생산을 위해 분업화를 도입하여 여러 필경사와 6명의 삽화가를 고용하기도 하였다. 그는 주요 고객으로 지위 높은 영주, 공작, 귀족에서 학자, 종교인과 도시부유층들을 두고 있었으며, 반경 200㎞까지 서책을 판매하였던 기록을 남겼다.[9] 라우버가 제공한 서책의 목록표가 아직도 전해지고 있다. 성경, 성시집, 기도서를 비롯한 종교서와 궁정서사시, 영웅서사시, 궁정서정시, 성담문학, 연대기 같은 서사

---

7 앞의 글, 17.

8 Reinhard Wittmann, Geschichte des deutschen Buchhandels, München 1999, 21 종이제작공, 필사본 삽화채식장, 삽화가, 제본가, 세밀화가, 표지 인장사 등을 예로 볼 수 있다.

9 Hans-Friedrich u Helmut Rosenfeld, Deutsche Kultur im spätmittelalter 1250-1500, In: Handbuch der Kulturgeschichte, Eugen Thurnher(Eds), Wiesbaden 1978, 192.

적 작품들이 포함되었고 방대하게 흩어져있던 많은 고서들도 정리과정을 거쳐 필사본으로 만들었다.

3) 구텐베르크와 인쇄술의 발명

15세기 중엽은 시대적으로 문화적, 관념적인 변혁의 시기로, 책에 대한 수요가 점차 증가하여 필사에 의존한 책의 공급이 일정한 한계에 다다르자 책의 새로운 공급방식을 고민하는 때였다. 책을 사사로이 빌려 보며 베끼기도 하고 개인적 혹은 소그룹에서 제작하여 거래하는 재래의 유통방식은 한계에 이른 것이다. 그 사이 동아시아로부터 전해진 목판술이 일부 도입되어 성화(聖畵)제작에 사용되기도 하였다.[10] 그러나 많은 문헌을 복사할 시 목판은 쉽게 닳는 마모의 문제가 있었고 가끔 발생하는 오자로 전체 판을 다시 만들어야 하는 어려움이 있었다. 이런 배경 하에 구텐베르크는 활판인쇄술을 개발하게 된다. 구텐베르크는 1450년경 성경을 금속활자로 처음 인쇄한다. 인쇄본 성경은 1282쪽에 이르며, 35만 활자가 찍혀있다.[11]

기술적인 측면에서 살피면 그는 목판과 달리 정교하면서도 많은 부수의 제작을 감당할 수 있는 금속활자와 조판 틀을 생산하였다. 앞서 중세 필사본에도 일부 제본업자들이 표지에 금속활자를 사용하여 형을 찍어 인쇄하기는 하였다. 그러나 구텐베르크는 강철펀치로 여러

---

10 Reinhard Wittmann, 앞의 책, 21.

11 구텐베르크 전기(傳記)관련 참고서적; 존 맨, 남경태 역: 구텐베르크 혁명, 예지, 2003.

구텐베르크 인쇄기

문자와 표식을 연식의 구리나 청동금속을 두들겨서 주형을 생산하고, 고온의 주석, 안티몬 합금을 부어서 주조기구안에서 짧은 시간에 같은 모양의 활자를 대량으로 생산하였고 나아가 이렇게 생산된 것 중 균일하지 않은 활자가 생기는 걸 막고 책의 행간에 균일화된 틀을 유지하기 위해서 봉조판을 제작하였다.[12] 특히 나무판에서 글자를 인쇄할 경우에 선명성이나 균일성에서 어려움을 보였기에 그는 인쇄프레스를 개발하여 이 문제를 해결하였다. 이동케리어를 갖춘 압력프레스는 손잡이를 통해 종이를 균형있게 누르게 되어 선명한 인쇄를 가능하도록 하였다. 더욱이 활자에 적합한 인쇄염료를 아마인유에서 추출하여 인쇄 후 신속히 건조되어 퇴색되지 않도록 하였다.[13]

당시 르네상스시기 수공업조합인 길드는 자본주의의 경제적 맥락에서 부(富)를 창출할 수 있는 새로운 기술혁신을 추구하였다. 구텐베르크의 인쇄실험도 개인적인 금전적 어려움을 극복하고 큰 돈을 벌고자 당시 부유한 교회측의 금전적 지원을 겨냥하였고 상등품의 성경

12 Hans-Friedrich u Helmut Rosenfeld, 앞의 글, 198.

13 Brigitte Beier(Eds.): Chronik der Deutschen, Dortmund, 1983, 286.

을 찍어내기 위해 인쇄기를 발명하게 된다.[14] 수익성과 사적이윤이 결정적으로 구텐베르크의 기술혁신을 이끄는 요소로 볼 수 있다.

르네상스기에 접어드는 시장환경과 문화적 요인은 새로운 인쇄기술의 혁신을 가능케 하는 형성요소로 볼 수 있다. 물론 결과적으로 그의 사업은 출간된 성경을 제대로 판매하지 못하고 투자금문제로 요한 푸스트에게 인쇄기마저 회수당한 채 파산하게 된다. 이후 구텐베르크의 조수들이 인쇄술을 생계를 위해 활용하면서 세상에 인쇄기술이 알려졌다. 그 결과로 인쇄후계자들은 유럽지역 여기저기에 경쟁적으로 인쇄작업소와 공방을 차렸고 활판인쇄술은 급속도로 전파되었다.[15] 구텐베르크는 개인적으로 불행한 발명가였지만, 그에 의해 발명된 인쇄술은 중세를 끝내고 새로운 근세로 이끄는 중요한 전환점을 이끌게 된다. 인쇄술의 발명으로 인하여 책의 대중 보급판이 생겨나고 수천의 잠재독자들이 값싸게 민중본을 공급받을 수 있을 때야 비로소 본격적인 민중의 책역사가 시작했다고 볼 수 있다.

---

14 양피지본 45권 권당 50길더로 2250길더, 종이본 150권 권당 20길더로 3000길더를 수입금으로 추정하였다. 따라서 최초의 성경을 인쇄하여 얻고자한 총금액은 5,250길더로 예상하여 채무를 포함해서 출판 사업을 위해 들어간 비용인 4400길더를 빼도 손익분기점을 훨씬 넘기는 상당한 돈이었다. 존맨, 같은 책, 385-387.

15 쾰른 1465년, 스트라스부르와 밤베르크 1466년, 아우구스부르크 1468년, 뉘른베르크 1470년, 울름 1472년, 1500년까지 2천만부를 찍어내는데 그중 1/3이 독일지역에서 인쇄되었다. Reinhard Wittmann, 앞의 책, 27.

4) 인쇄술 확산과 민중본

(1) 지식의 출판유통과 민중본의 성장: 필사에서 인쇄로

인쇄술은 유럽대륙에서 독일을 시작으로 이탈리아, 프랑스, 네델란드로 급속히 확산되었다. 1500년까지 250여개이상의 도시에 27,000여개의 인쇄소가 설치되었고[16] 새로운 매스미디어시대를 열게 된다. 15세기 폭증한 서적의 수요에 맞추어 인쇄술은 서적의 대량생산이 가능하도록 하였으며 새로운 유통방식과 상업적 출판이란 새 길을 열었다. 이러한 상업유통은 이전과 다른 시장의 성격을 전제하고 있었다. 중세의 서적문화는 패트론의 생산주문과 대면적 방식의 상품거래에 한정되어 있었다. 반면에 새로운 출판양식은 달라진 독자층을 겨냥하며 소수만의 주문생산이 아닌 불특정 다수를 향한 텍스트를 발간하여 좀 더 확장된 시장을 개척하였고 이들의 수요를 충족시킬 필요가 있었다.

서적은 당시의 물가에 비해 상대적으로 높은 책값이었다. 1450년에서 1500년까지 기간에 출판된 서적은 '요람기'(搖籃期)를 의미하는 라틴어 '인쿠나불라 incunabula'로 불리는데, 이시기 인쇄된 서적

[16] 독일이외 지역으로 인쇄소가 확산되었다. 바젤 1466년, 로마 1467년, 베네치아 1469년, 파리, 위트레흐트 1470년, 밀라노, 나폴리, 피렌체 1471년, 리옹, 발렌시아, 부다페스트 1473년, 브로추아프 1475년, 웨스트민스터와 로스토크 1476년, 제네바, 팔레르모, 메시나 1478년, 런던 1480년, 안트웨르펜1481년, 스톡홀름 1483년. 제임스 버크, 장석봉 역, 『우주가 바뀌던 날』, 지호, 2000. 146-147.

들에 관한 가격은 우선 필사본 보다 높았으며 필사하는 것이 인쇄한 것보다도 여전히 수지가 맞았다. 초기 인쇄업자는 자신의 비용을 담보로 책을 찍어내었고 판매부수를 너무 높게 설정할 경우 책이 팔리지 않는 큰 위험을 감수해야 했다. 많은 이들에게 인쇄업은 이윤이 보장되지 않는 손실사업이었다. 출판업자들은 책의 시장 동향을 예측하면서 새로운 독자와 주문하는 사람을 찾아 인쇄 장소를 바꿔가며 이동해야 했다.[17] 인쇄술 발명 초기에 발간된 텍스트들은 성서, 기도서와 교리문답서를 포함한 종교책, 도나투스의 문법서, 학술서적, 행정문서와 교황의 면죄부가 큰 비중을 차지하고 있다.[18] 요람기때 출판업자들은 새로이 창작한 문예작품보다는 널리 알려져 잘 팔릴 수 있는 중세서적을 민중본으로 선택하는 것이 보통이었다. 필사본의 형태로 유통되던 운문소설 중에서 업자들이 특별히 선정하여 이를 부분적으로 변형하여 간행하는 것이 가장 일반적이고 초기적인 모습이라 하겠다.[19] 아직도 상당수의 중세소설이 상류 독자층 기호와 욕구를 충족시켜 주고 있었다. 그들은 시장에 내놓을 작품에 내용적 쇄신을 가하지 않고 필사과정을 자동화하여 생산비용을 절감하려고 했다.

당시 몇몇 인쇄업자중 상업적으로 성공한 이들이 있었다. 뉘른베르크의 코베르거 Anton Koberger(1445-1513)는 1458년 100명의 식자공, 교정인, 인쇄공, 삽화공과 제본공을 고용할 정도로 큰 업체를 운

---

17 Hans-Friedrich u Helmut Rosenfeld, 앞의 책. 200.

18 제임스 버크, 같은 책, 149.

19 Reinhard Wittmann, op.cit,, p.41. 비트만의 조사는 이 요람기때 출판된 서적의 반이상이 창작품보다 재판본임을 확인하고 있음.

영했다.[20] 그는 인쇄용 전지를 통으로 운송시켰으며, 서적 상인을 많은 중개인으로 고용했고 유럽내 여러 도시에 지점을 개설하고 기업식 경영을 선보이기도 하였다.[21] 중세시절 서책은 디자인에 있어서 화려한 장식을 위해 삽화와 그림이 그려지고 채색되었다. 이러한 전통을 쫓아 삽화와 그림이 인쇄된 민중본에도 많이 묘사되었다. 삽화는 라틴어에 익숙하지 않은 독자들에게 책 내용을 잘 이해하도록 하기 위한 시각보조물로서 활용된 것으로 보인다. 필사본과 인쇄술 개발 직후의 서책은 상류층 주요 고급독자에게 익숙한 형태인 값비싼 2절지 크기로 주로 제작이 되었으나, 이후 민중본 출판 시 점차 축소되어 8절지 이하로 만들어졌다.[22]

민중본의 발전 흐름은 상층문화의 "하향화과정"이라고 볼 수 있다.[23] 궁정과 교회만의 전유물로 여겨졌던 상층부의 정신적 교양인 문예작품이 근대적인 인쇄기술 도입과 함께 대량생산과 대중화를 통해 사회기층부의 문화영역으로 하향 이동시키는 것으로 볼 수 있다. 배타적이었던 서책들이 인쇄된 형태로 보다 낮은 계층에 풍족히 조달되었고 대단위적으로 새로운 독서문화를 형성시키게 된 것이다.[24]

---

20 Hans-Friedrich u Helmut Rosenfeld, 앞의 책. 200.

21 니콜 하워드, 송대범 역, 『책, 문명과 지식의 진화사』, 플래닛미디어, 2007. 101.

22 Hildegard Beyer, Die deutschen Volksbücher und ihr Lesepublikum, Diss, Frankfurt a.M. 1961. 53.

23 Ingeborg Spirewald, Vom 》Eulenspiegel《 zum 》Simpliccismus《. Zur Genesis des Realismus in den Anfängen der deutschen Prosaerzählung, Berlin 1974. 21.

민중본이 본격적인 베스트셀러로 자리 잡을 때 이러한 문화적 흐름을 주도한 작가들은 다양한 신분의 상이한 문화적 배경을 가진 사람들로 구성되어있었다.[25] 『아름다운 막겔로나 *Schöne Magelonna*』의 저자는 시민출신의 궁정추밀고문관인 바이트 바르벡 Veit Warbeck이며, 『틸 오일렌쉬피겔 Dill Ulenspiegel』은 브라운슈바이크의 관세공무원인 헤르만 보테 Hermann Bote가 썼을 것으로 판단되고, 『포르투나투스 · *Fortunatus*』는 무역업을 잘 알고 경험했던 아우크스부르크시의 시민 하이블러 Heybler가 저술했을 것으로 추정하고, 『소화집 · *Lalebuch*』의 저자는 시민계층 출신의 교육자로 보고 있다. 그리고 베스트셀러화된 민중본 작품은 작가의 여러 입장에서 서로 다른 주제의식을 표현하고 있음을 확인할 수 있다. 따라서 민중본의 형성과 발전은 전근대에서 근대로의 역사적 이행과정이라는 독특한 환경 속에서 만들어진 부산물임을 보이는 것이다.

민중본 Volksbuch

---

24 이를 서적문화의 "시민화" 및 "통속화"의 과정으로 해석하기도 하며, 한스 나우만(Hans Naumann)의 침강문화재론은 상층에서 하층으로의 문화하향화 "Absinken"으로 정의한다. 참조. Hans Naumann, Grundzüge der deutschen Volkskunde, Jena 1921, 2.

25 P. Suchsland, 앞의 책, p.X.

(2) 민중본의 발전과 대중화양상: 인쇄술의 광범위한 보급

16세기 전후 무렵 기존 상류층과는 달리 사회전반 자본주의적 변화의 물결을 타고 시민내 식자층이 확대됨에 따라 변화된 이데올로기를 찾으려는 욕구와 기호가 확산되었다. 출판된 내용은 급속도로 다양해졌다. 지리서, 외국어 관용구집, 환율표, 가이드북, ABC책, 교리문답집, 달력, 사전 등 우리생활에 필요한 온갖 종류의 책들도 모습을 나타냈다. 출판업자들은 이제 도시의 시민독자들의 반응과 요구에 민감한 문학양식을 만들게 되고 전파에 관여함으로써 민중문학형식을 발전시키는 데에 지대한 공헌을 하게 된다. 제작자는 독자의 흥미를 유발할 수 있는 민중본을 독서시장에서 내놓게 되었다.[26] 민중본은 점차 번성하는 도시를 중심 무대로 새로운 사회 경제적 생활영역들과 변화된 이데올로기를 현실 지향적 서술형식으로 전달하려고 하였다. 유통된 민중본 텍스트이 지닌 경향을 분석해 보면 동시대의 일상적인 삶을 자유로운 산문체의 어투로 형상화하려는 특징을 보인다. 작품에 민중기저의 흥미와 정서적 위안을 주는 제재를 선택하고 보통시민들의 일상어와 여러 신분의 전문어를 사실적으로 표현하고 나타냄으로써[27] 구체적으로 근세 초기의 새로운 세계상과 인간상을 솔직히 드러내고 있다.

1568년 파이어아벤트 Sigmund Feyerabend는 프랑크푸르트 견본시의 서적판매 실적을 기록하였다. 이에 따르면 139종의 갖가지 다

---

[26] Hans-Friedrich u Helmut Rosenfeld, 앞의 책, 200.

[27] 참조. Hannes Kästner, Fortunatus-Peregrinator mundi, Freiburg 1990, 221-229.

양한 민중본 서책들이 봄에 8000권, 가을에 4882권 판매되었다.[28] 1569년엔 프랑크푸르트의 책판매상 하르더 Michael Harder는 사순절 장에서 민중본이 2,400권 판매되는 상업적 성공을 적고 있다.[29] 당시의 시대 상황을 고려할 때 이러한 기록은 서적시장 내에서 상당한 독자층을 얻었음을 보인다고 하겠다. 민중본은 당대 독자층에 대한 욕구를 작품에 충실히 반영하면서 중하층을 겨냥하여 서적상품화의 길을 새롭게 열게 된 것이다. 대표적인 작품을 보면 민중본과 독자층의 밀착성을 확인할 수 있다.[30] 『포르투나투스』는 1509년 아우크스부르크에서 처음 출판되어 16세기에만 20판이 넘게 출간되고 외국의 번역출판도 잇달은 성공을 거두었다.[31] 작가는 상인신분의 주인공을 등장시

---

28 봄시장때 판매 부수의 목록은 다음과 같다. 『오일렌슈피겔Eulenspiegel』481권, 『훅 샤플러 Hug Schapler』158권, 『포르투나투스 Fortunatus』224권, 『마겔로네 Magelone』142권, 『멜루지네 Melusine』192권, 『옥타비아누스 Oktavianus』260권, 『기사 폰투스 Ritter Pontus』68권, 『트리스트란트 Tristrant』146권 등이다. 참조. Hildegard Beyer, 앞의 글, 54.

29 앞의 글., 『7인의 현명한 장인 Die sieben weisen Meister』233권, 『포르투나투스 Fortunatus』 196권, 『마겔로네 Magelone』176권, 『멜루지네 Melusine』158권, 『폰투스 Pontus』147권, 『옥타비안 Oktavian』135권, 『훅 샤플러 Hug Schapler』97권, 『오일렌슈피겔 Eulenspiegel』77권, 『헤르핀 Herpin』77권, 『로헤어 Loher』64권, 『트리스트란트 Tristrant』56권.

30 Joseph Szöveréffz, Das Volksbuch. Geschichte und Problematik, Deutschunterricht 14 (Heft2), p.19. 아래 작품들을 3대 민중본으로 뽑고있다. 아래 서술된 작품의 상세한 분석은 다음 논고를 참조 바람; 졸고, 「독일산문소설의 형성과 전개양상연구」, 『독일어문학』 20집(2003), 92-99.

31 참조. Dieter Kartschoke, Weisheit oder Reichtum? Zum Volksbuch von Fortunatus u. seinen Söhnen, Literatur im Feudalismus, D.Richter (Eds),

키며, 후추로 거부가 되었지만 자식들이 몰락을 경험하는 한 시민가문의 전설적인 삶을 생생히 드러내고 있다. 『틸 오일렌슈피겔』은 스트라스부르크의 인쇄업자 그리닝거 Johannes Grieninger에 의해 1510년 처음 출간되었으며, 16세기에만 25판이 출간되었다.[32] 작가는 교황, 추기경, 주교, 주임사제, 대학교수에서 여인숙 주인, 수공업자에 이르는 인간 군상들을 소재로 다루고 성유물 거래, 로마순례여행, 장례식 절차, 중세부활절예식 등 부조리한 세태에 관해 거침없는 비판을 하고 자본추구성향의 세태를 꼬집는다.[33] 민중본 『요한 파우스트박사 이야기』는 중세에 금기해왔던 영역을 다루며, 한 지식인의 인식한계를 벗어나 세상견문과정을 통해 터부시된 지적 호기심을 풀고자 하는 자아인식을 보이고 있다.

이처럼 민중본의 발전된 모습은 전대의 형태와 분명히 다른 것이다. 민중본은 전개 과정에서 내용적으로 근대지향적 주제의식을 새로운 테마로 선보이게 되었으며, 유통적 측면에서는 대규모의 상업적 유통방식을 통해 독서욕구를 지닌 여러 계층에게로 그 파장을 넓히는 기틀을 놓고 있음을 확인할 수 있다. 성장된 민중본은 탈중세적 의식의 확대와 자아의식의 태동 같은 정신사적으로 의미 있는 전환을 보여준다. 물론 민중본의 출간이 르네상스기 시민의식의 급격한 변화를 초

Stuttgart 1975, 213-259.

[32] John van Cleve, The problem of wealth in the literature of Luther's german, Columbis S.C. 1991, 86.

[33] 참조. Hans Hagen Hildebrandt, Sozialkritik in der List Till Eulenspiegels: Sozialgeschichtliches zum Verständnis der Historien von Till Eulenspiegel, Eulenspiegel-Interpretationen, W. Werner(Eds), München 1979, 188-189.

래했다고 볼 수는 없다. 그러나 민중본은 향후 종교개혁과 근대 시민사회로 이행하는 길목에서 다가오는 새로운 시대에 적합한 이데올로기의 중요한 단서를 제공해주고 있는 것은 분명하다고 볼 수 있다. 인쇄술은 이러한 민중본의 발전과정과 사상적 변화에 중요한 기반을 제공하고 밑거름이 되고 있는 것이다.

3. 디지털혁명과 인쇄매체

인쇄술의 출현은 중세 사회에서 일부의 특권적 소수계층에게만 돌아갔던 문자문화의 혜택의 폭을 넓혀 서민대중에까지 확대시켰고 근대의 동적인 사회로 전환시키기 위한 강력한 요인으로 작용하였다. 이후 이 매체는 서양사회의 발전과정에서 근대자유주의를 태동시키며 개인 간 소통의 중심을 이루어왔다. 인쇄매체는 21세기 정보기술을 기반으로 디지털미디어와 연계되어 기술적 혁신을 이루면서 인간의 삶과 양식을 새롭게 형성하고 있다.

인쇄매체는 수백 년간 전통적으로 문자에 의존하며 종이에 메시지를 전달하는 출판물의 형태를 보여 왔었다. 그러나 이제 정보를 복제, 분배, 전송함에 있어 신속하고, 광범위하게 정확히 전달하는 양식의 디지털 매체로서의 모습을 형성하고 있다. 따라서 이 장에서는 전자책을 중심으로 커뮤니케이션 테크놀로지가 가져온 인쇄매체의 특성과 의미를 살피고자 한다.

1) 정보사회와 전자책(electronic Book)의 생성

1960년대부터 전통적인 인쇄매체는 방송과 통신 산업과 경쟁하는 가운데 구조적인 문제에 봉착하게 된다. 구체적으로 스미스(Anthony Smith)는 당시의 신문 산업이 마주한 어려움 요인들을 다음과 같이 나열하였다. 텔레비전에 의한 독자의 잠식, 젊은 세대의 활자 이탈 현상, 방대한 부피를 차지하는 기계설비와 공장부지 가격, 배달 인력의 감소 및 신문수송의 어려움, 신문용지가격의 상승 그리고 값비싼 노동력에 의존하는 신문사업의 경영구조를 들었다. 이러한 위기상황을 극복하고 비용을 절감하기 위해서 인쇄매체는 컴퓨터 테크놀로지를 활용하는 방안을 적극 모색하기 시작한다.[34]

새로운 전자매체의 출판은 신문의 제작과정의 기술혁신에서 출발하고 있다. 1962년 'LA타임즈'는 신문제작과정에 컴퓨터를 이용한 전산사식방식으로 조판을 시작했으며, 1964년 미국 국립의학도서관이 색인지 '인덱스 메디커스(Index Medicus)'의 편집을 전산사식기를 사용하여 편집되었고, 동시에 정보검색이 가능한 데이터베이스로 구축되었다.[35]

서적의 영역에서는 1971년 미국의 일리노이대학에서 구텐베르크 프로젝트를 통해서 종이책을 전자화하는 것에서 출발하였다고 볼 수 있는데, 구체적으로 미국독립선언서 등 2천여 권의 도서를 데이터

[34] 이용준: 컴퓨터 커뮤니케이션시대에 인쇄매체의 변화양상 고찰, 출판문화학회보, 제4권 1호. 81.

[35] 같은 글. 82.

베이스화하였다. 종이책이 세월이 지나가면서 손상되는 단점이 있기에, 이러한 전자파일화 작업은 종이재료의 수명을 영구적으로 유지 보존하는 가능성을 열게 되었다. 이후 보다 발전된 단계는 1976년 미국 뉴저지 공과대학에서 ELES(Electronic Information Exchange System)라는 시스템을 만들어 원고작성, 교정, 본문 편집뿐만 아니라, 온라인을 통하여 본문내용의 전송과 검색을 가능하게 하였던 것에서 찾을 수 있다.[36]

전자출판이라는 말은 1977년 미국의 그래픽커뮤니케이션학회에서 윌리엄 딕키스가 한 연설에서 처음 사용하였으며, '컴퓨터를 이용한 출판행위'라고 정의하였다.[37]

실용화되는 과정을 살피면 1972년 뉴욕타임즈가 신문기사 데어터베이스를 NYTIS(New York Times Information Service)를 구축하여 세계최초로 1974년 상용서비스를 시작함으로써 전자신문을 가능하도록 하였다. 일본에서는 1980년대 중반 朝日新聞이 HIASK를, 讀賣新聞이 YOMIDAS를 구축하여 시작하였다.[38] 인쇄매체는 신문제작과정에서 전산 사식 조판방식의 개발을 통하여 컴퓨터 기술을 도입하며 식자비용을 줄이고 제작과정을 단축시키는 효과를 가져왔다. 1975년 '비즈니스위크'의 한 논설은 1990년까지 사업의 대부분이 전자방식으로 이루어지게 될 것이라고 예견하였으며, 이상적으로 IT는 모든 자료를 전자방식으로 저장 및 복구가 가능하도록 할 것으로 보았다.[39]

---

36 성대훈: 디지털 혁명, 전자책, 서울(이채출판사), 29.

37 같은 책, 28.

38 이용준: 앞의 글. 90.

1985년에는 미국에서 탁상출판(Desk Top Publishing)시스템이 개발되어 출판사와 소형신문사를 중심으로 보급되었고, '글로리아백과사전'이 CD-Rom으로 개발되어 효용성을 인정받아 본격적인 전자출판이 시작되었다.[40] 1990년대 중반부터 전자책 시장이 형성되기 시작하였다. 1998년 10월에 누보미디어(NuvoMedia)의 '로켓eBook'과 소프트북 프레스의 '소프트북'이 전자책 시장을 개척하였다. 로켓eBook은 4,000쪽 정도의 책을 저장할 수 있고, 소프트북은 50,000쪽 정도의 책을 저장할 수 있었다.[41]

전자책은 백과사전적인 의미로 '문자나 화상과 같은 정보를 전자 매체에 기록하여 서적처럼 이용할 수 있는 디지털 도서'를 총칭한다.[42] 깁슨(Matthew Gibson)은 다음과 같이 전자책의 개념을 나타내었다.

> "전통적인 웹 내용과 구별하기 위해 전자 텍스트센터는 전자책을 다음과 같이 정의하였다. 웹 브라우저와 다른 어떠한 것으로 스크린에서 읽히기 위해 기획된, 온갖 종류의 글을 전자화한 자원이다. 전자책은 PC, 휴대용 컴퓨터, PDA 또는 전용단말기에서, 계속 늘고 있는 이용 가능한 형식과 소프트웨어 프로그램으로 읽힐 수 있는 것이다."[43]

---

39 Jan L. Harrington: 기술과 사회, 김태훈 외 역, 2009, 서울(한티미디어) 120.

40 이용준: 앞의 글, 83.

41 손원성 외: 전자책 관련 기술과 발전동향, 한국멀티미디어학회지 5권 1호, 26.

42 네이버 백과사전 http://100.naver.com/100.nhn?docid=717417

43 "To distinguish it from traditional web content, the Electronic Text Center defines the "ebook" as any full-text electronic resource designed to be read

위에서 살펴 볼 수 있듯이 전자책은 독자에게 텍스트의 내용을 전달하는 과정에서 종이책을 전자매체로 디지털화하는 변환과정을 수반한다는 점이며, 또 다른 측면은 활판인쇄와 책제본의 전통적인 단일 형태가 아니라 전달도구로서 PC, 휴대폰 기기, PDA와 전용단말기 등의 다양한 커뮤니케이션 매체가 쓰이고 여러 가지 형태의 컴퓨터 파일로 기록, 유통하며 사용된다는 점이다.

전자책은 발전초기에는 필요한 콘텐츠가 수록된 CD이나 DVD 같은 전자 기록매체 · 저장장치를 통해서 내용을 보고 읽는 형태였다. 현재에는 디지털시대의 수요를 담아 인터넷 유무선 정보통신망과 연계되어 콘텐츠의 취득이 실시간 가능하고 문자이외에 다양한 텍스트를 사용할 수 있을 뿐만 아니라 영상물 및 오디오의 시청각기능이 첨가되어 감성적인 독서를 유도하고 있다.

2) 뉴미디어환경과 전자책의 유형

전자책은 컴퓨터 네트워크를 통해서 연결된 인터넷을 기반으로 진화하고 있다. 전자책은 크게 두 유형으로 나누어진다. 하나는 '전자종이'나 PDA 전자책 같은 전용단말기를 이용한 하드웨어 형태의 전자

on a screen, in something other than a web browser. Ebook content can be read on a PC, a laptop, a PDA, or a dedicated reading device, in one or more of a growing number of available formats and software applications." Matthew Gibson and Christine Ruotolo, Beyond the Web: TEI, the Digital Library, and the Ebook, in: Computers and the Humanities, Vol. 37, No. 1, 2001 (Feb., 2003), 58.

책으로 콘텐츠를 내려 받아서 사용하게 된다. 또 다른 유형은 휴대용 컴퓨터, 넷북 이나 터블렛 PC 등에서 다운로드를 받고 전용뷰어를 설치한 후 읽게 되는 소프트웨어 형태의 전자책으로 분류할 수 있다.

(1) 전자종이책

오늘날 전자책시장은 종이에서 진화한 이 페이퍼(e Paper)의 전자종이가 큰 흐름을 이루고 있다. 전자종이책은 실제 종이책을 읽는 듯이 느낄 수 있도록 만든 흑백 인쇄물의 전자매체로 무엇보다 편안한 독서를 위한 가독성에 초점을 맞추고 있다. 기존의 액정디스플레이 LCD, PDP, PMP등 평판 디스플레이가 사용하는 빛을 발하는 방식의 백라이트 기술을 활용하기에 눈을 쉽게 피로하게 하고 대낮 야외공간에서 태양빛에 의해 전자책을 읽기 어려운 단점이 있었다. 그러나 전자종이책은 오랜 독서시간을 갖는다 해도 눈의 피로를 종이로 된 책을 읽을 때와 같은 느낌을 가능한 주도록 제작되었고 밝은 곳에서도 잘 보일 수 있도록 반사광을 사용한다. 이러한 전자종이는 전기영동디스플레이(electrophoretic display)방식을 채택하고 있다.[44]

기존 전자책과 달리 전자종이는 마이크로캡슐을 이용한 전자잉크(E Ink)를 사용함으로써 해상도를 높이면서도 독서 시에만 전력소모가 적게 이루어져서 일반건전지를 사용할 수 있다는 장점을 지니고 있다. 그리고 휘거나 접기까지도 가능하며 컬러구현을 위해서는 별도

---

[44] 참조, 위키백과 http://ko.wikipedia.org.

이잉크사는 미세입자를 마이크로 캡슐 안에 넣어, 상하 전극의 +, - 극성변화에 따라

백색, 흑색 입자를 표면에 각각 부상시켜 이미지를 표시하는 방법입니다.

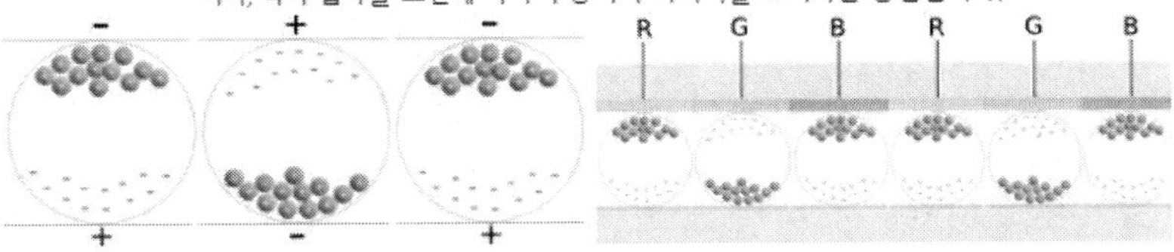

전자종이의 원리 (출처 : 위키백과 http://ko.wikipedia.org)

의 필터를 준비하도록 되어있다.

전자종이는 1970년대 제록스의 팰러앨토 연구소가 개발하였으며 현재 많이 쓰이는 전자종이책 형태는 2004년 소니가 Phillips와 합작해서 리브리에(Sony Librie)를 시장에 내놓는 것에서 유래를 찾을 수 있다.[45] 전자종이를 활용한 기술로 2006년 12월 아이렉스 일리어드, 2007년 가을 한국 네오럭스사 전자책 누트, 2007년 말 아마존닷컴의 전자종이 디스플레이기반 '킨들', 2009년 가을 한국 아이리버 스토리가 발매되었다. 2007년부터 프랑스 일간신문 Les Echos는 전자종이를 기반 한 신문을 출범시켰다.

다른 디스플레이보다 저렴한 가격대를 유지할 수 있고 아날로그 시대의 종이에 익숙한 독자들에게 눈이 편안한 장점은 전자잉크의 매체서적을 꾸준히 선호할 것으로 보인다. 특히 여러 권의 무거운 책을 갖고 다녀야 하는 학생들에게 전자종이로 된 디지털 교과서는 보다 많은 활용이 가능할 것으로 본다. 그러나 전자정보를 읽기위하여 각기

45 이용준: e-Book 콘텐츠의 수익구조 개선방안에 대한 연구, 한국출판학연구 48호, 278.

다른 전자기기의 호환성에 문제가 발생하여 국내용과 국외용 리더기를 따로 구입해야하는 불편한 점은 앞으로 개선될 사항으로 보인다. 현재 전자종이책도 다양한 디지털세대의 수요를 반영하며 진화하고 있는 가운데, 아이리버 '커버스토리'는 터치스크린과 와이파이 기능을 탑재하며 출시되기도 하였다.

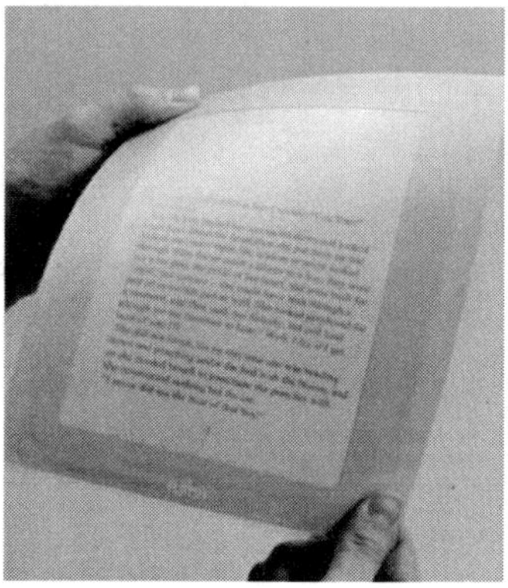
E-paper형태의 전자책

(2) 유비쿼터스형 전자책

온라인 전자책은 인터넷망을 기반으로 휴대용 컴퓨터로 전용뷰어를 내려 받아 콘텐츠를 이용하게 된다. 따라서 소프트웨어형태의 전자책은 인터넷이 지닌 커뮤니케이션 매체로서의 미디어적 특성을 그대로 지니고 있다. 독자의 입장에서 전자책은 서적상품과 신문, 잡지의 유통과 공급에서 시공간을 단축시키는 기술적인 변혁을 이루었다. 전자책은 인터넷 온라인을 통하여 거리의 제한을 받지 않을 뿐 아니라, 서점을 방문하지 않고 단 시간 안에 원하는 서적을 내려 받는 것이 가능하다. 외국소재의 서적, 신문도 언제 어디서나 이용이 가능하도록 만들었으며, 생산 및 유통단계의 생략으로 전자책은 종이책보다 40% 정도의 저렴한 가격을 통해 보급이 용이하게 이루어질 수 있다.

디지털미디어는 영상, 음성, 데이터 등 서로 다른 정보유형을 디지털 신호라는 단일한 신호처리방식에 따라 통합적으로 처리하고 전송하고 표시하는 매체이다. 네트워크 공간의 전자책은 멀티미디어가 첨부되어서, 텍스트, 오디오와 비디오 기능을 통해 독자에게 영상물과 사운드가 포함된 콘텐츠를 즐길 수 있으며, 하이퍼링크가 가능하도록 되어있어서 문서의 내용을 검색하거나 관련 자료를 찾을 경우 온라인 통신망을 이용해서 각종정보를 취득하고 호환이 이루어지도록 구성되어있다.

문제점으로[46] PC용 전자책은 종이책과 비교하여 가독성이 좋지 못하다. 컴퓨터모니터가 빛을 발하는 방식이기에 눈의 피로감을 쉽게 느끼듯이 장시간의 독서를 위해 적절하지 않은 단점을 보인다. 이 때문에 다기능의 애플리케이션의 설치보다는 전용 전자종이형태가 선택되기도 한다. 그리고 미디어환경의 진화에 따라 여러 컴퓨터 파일(HTML, PDF, XML)이나 리더기의 종류에 따라서 해당 파일을 계속 관리해주거나 새로운 형태의 포맷에 맞추어 변화를 주어야 한다. 새로운 형태로 생산되는 단말기는 사용에 따라 필요한 소프트웨어를 설치하여야하는 경우가 발생하고 경우에 따라 신속한 업그레이드가 요구되는 사례가 있어서 디지털 정보에 민감하지 못한 사람들에게는 접근이 제한될 수 있다.

세계 전자책 시장은 3년간 연평균 40% 이상 고속성장을 했지만 반면에 국내에선 고전을 보이고 있는데 이는 전자책 콘텐트가 부족하고 전용단말기가 활성화되지 못한 환경으로 볼 수 있다. 특히 디지털

46 참조, 성대훈: 앞의 책, 51-52.

문서정보는 무한복제가 가능하기에 때에 따라서 콘텐츠의 불법복제가 생기는 경우 무단도용과 불법정보취득이 이루어질 수 있다. 따라서 디지털 콘텐츠와 관련하여 '저작권'문제와 콘텐츠를 처음으로 디지털화한 자에게 주어지는 '디지털화권'의 문제는 향후 전자책의 수익성 구조의 문제와 직결되어 있어서 향후 공공도서관과 학교도서관을 포함한 전자책 시장의 인프라 구축에 크게 영향을 미칠 것으로 보인다.

(3) 터블렛(Tablet) PC의 전자책

터블렛 PC는 키보드 없이 앞면 전체가 터치 입력방식의 액정화면이며 일반적인 무선 랜 기능을 갖고 있기 때문에 인터넷망에 연결해 애플리케이션(응용프로그램)을 사용할 수 있는 모바일 인터넷 기기이다. 전자책 기능은 터블렛 PC에 들어가는 하나의 애플리케이션으로 자리 잡고 있다. 터블렛 PC는 전자종이책과 일반 PC의 중간 영역제품으로 휴대성은 물론 펜 기반의 인터페이스를 사용함으로써 기존의 테스크탑 PC보다 다양한 학습활동을 지원해줄 수 있는 장점을 보인다.[47] 터블렛 PC는 정보접근성과 함께 노트필기 하듯이 펜을 사용하여 화면 위에서 직접적으로 정보를 입력할 수 있기 때문에 직관적인 인터페이스를 갖고 있으며 기존의 PC환경에서는 구현 할 수 없었던 다양한 상호작용이 가능하다.[48] 따라서 터블렛 PC의 디지털 잉크기능을 활용함으로써 사용자는 능동적으로 의견개진이 가능하여단순한 장치의 차원

---

[47] 류지헌: 태블릿 PC기반의 디지털교과서 수업에 대한 교실생태학적 분석, 274.
[48] 같은 글, 275.

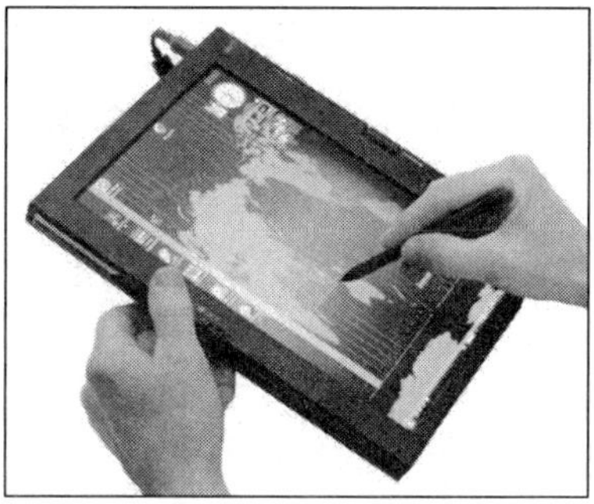
터블렛 PC

을 넘어서 지식과 경험의 매개자 역할을 수행하게 되며, 노트북 컴퓨터가 "나"를 위한 정보장치의 기능을 했다면 터블렛 PC는 "우리"를 위한 협력적 자원공유체제를 구축하게 된다.[49] 이와 함께 뛰어난 멀티미디어 기능과 웹서빙이나 메일, SNS(소셜네트워크서비스)등의 다양한 애플리케이션은 디지털 미디어사용자의 큰 수요를 충족시킬 수 있다. 실제로 애플은 2010년 출시한 터블렛 PC '아이북스'로 전자책 시장에 변화를 몰고 왔다. 흑백 종이책을 있는 그대로 전자책 단말기에서 볼 수 있도록 한 아마존의 '킨들'과 달리 화려한 그래픽과 동영상 및 다양한 정보기술로 아이패드(iPad)용 전자책 콘텐츠는 두 달 만에 500만권, 6000달러가량 팔리는 기록을 세웠다. 세계최대 전자책 서비스업체인 아마존도 아이패드용 앱으로 46만권의 책을 서비스하고 있다. 2010년 2월 삼성전자는 전용 단말기인 'e리더'의 생산을 중단하고 태블릿 PC 갤럭시 탭에 집중하는 모습을 보이고 있다. 이는 인쇄매체위주의 단순한 콘텐츠보다 화려한 멀티 디스플레이기능과 부수적인 프로그램을 선호하는 국내시장의 선호도를 반영하는 것으로 볼 수 있다. 현재 미국 뷰소닉이 '뷰패드7'을, 일본 도시바와 대만 에이서, 아수스 등이 갤럭시 탭처럼 구글 안드로이드 운영체

---

[49] 같은 글, 291-292.

제(OS)를 갖춘 터블렛 PC 출시를 발표하였다.[50]

터블렛 PC는 학교교실에서 교육용 디지털교과서로서 협력적 학술활동을 촉진시키는 데 특히 효과적인 것으로 연구결과는 보이고 있다. 디지털잉크가 도입되어 화면위에서 펜을 통한 입력기능이 자연스럽게 이루어져서 인터페이스를 활용한 상호작용성이 가능하고 여러 명이 화면을 함께 공유할 수 있어 공동학습의 장을 이룰 수 있고 멀티미디어와 웹자료의 연계성은 능동적인 학습을 유도할 수 있다고 보고 있다.[51]

3) 하이퍼텍스트와 독서패러다임의 변화

뉴미디어시대에는 책의 형태가 바뀌어가듯이 독서의 개념과 방식도 크게 달라지고 있다. 전통적으로 책 한권을 선택하고 집중하여 읽던 독서방식에서 디지털환경에 맞추어 '유목민의 방랑'을 연상시키는 검색습관으로 바뀌었다. 샤리티에와 카발로는 오늘날의 독서방식을 인류사에서 세 번째 독서혁명으로 정의한다.

> "모니터 스크린을 읽는 것은 책을 읽는 것과 같을 수 없다. 새로운 문서표현 방식이 많은 것을 변화시키고 있다.[...] 데이터베이스, 전자파일, 정보에 접근할 수 있게 하는 검색 시스템과 키워드는 바로 이 컴퓨터적인 논리체계로 제어된다. 새로운 문서표현 방식은 인쇄물과

---

50 참조, 중앙일보 2010.9.29.

51 류지헌: 앞의 글, 281-282.

인쇄물이 품고 있는 텍스트 또는 텍스트사이에 존재하던 물리적 결합을 파괴함으로써, 그리고 독자들에게 스크린에 나타나는 텍스트 체재와 외관을 제어하게 함으로써 작품의 물질적 성격을 재규정 짓고 있다. 텍스트의 신원을 밝히고 처리하는 전반적인 시스템이 근본적으로 바뀐 것이다."[52]

매일 무수히 많이 제공되는 정보를 접하고 짧은 시간 안에 이것들을 섭렵하고 표피적으로 습득하는 검색형태의 독서를 취하게 된 것이다. 전통적으로 독자는 저자가 쓴 글을 하나하나 쫓아가며 집중하고 읽는 과정을 거쳤었다. 그러나 디지털시대의 독서는 무엇보다 빠르고 복잡한 세상에서 산출되는 정보의 속도를 이겨내는 힘을 요구받게 된다. 출간된 책에 몰입하여 인쇄된 내용이 담은 진실이나 지혜를 음미하던 과거의 독서양식이 아니며,[53] 오늘날 독자들은 디지털 인쇄매체의 서핑을 통해서 얻게 되는 파편적인 정보를 살피고 하이퍼링크를 통해 다른 사이트와 정보로 이동을 자유롭게 하면서 검색과 복제, 편집의 능력을 보다 우선하게 되었다.

디지털 네트워크안의 텍스트는 기존 책이 보여 왔던 선형성을 벗어나게 하며, 독자의 자유로운 선택에 의해서 비연속적인 글 읽기로 맥락을 전환하였다. 디지털 텍스트는 역동적이며 개방적인 특성을 보이며 독서에 관한 개념을 바꾸어 놓은 것이다.

---

52 로제 샤르티에, 굴리엘모 카발로 저, 이종삼역: "읽는다는 것의 역사", 서울 한국출판마케팅연구소, 2006. 48-49.

53 참조, 이남호: 전자시대의 문화와 독서, 문화교육학 제10호. 18-19.

전자책은 네트워크와 디지털로 대표되는 정보기술혁명을 기반으로 하고 있다. 전통적인 독서는 인쇄된 글을 통해 독자가 자신만의 상상력을 그려보고 세상에 대한 꿈을 키우는 기회를 가져왔다. 그러나 전자책은 문자텍스트와 함께 스크린에 영상, 음향, 사진의 멀티미디어를 동반하여 보여줌으로써 독자에게 정신적인 활동에서 수동적인 자세를 취하게 한다.

> "묘사가 진행되면 독자들은 자신의 체험을 바탕으로 묘사부분이 그리려 한 장면을 머릿속에 환기시켜야 한다는 점에서 매우 복잡한 정신적 과정을 거치게 된다. 영상매체를 감상하는 경우 이러한 정신적인 노력 없이도 장면 장면이 시각적으로 주어진다는 점에서 글보다는 매우 소극적인 정신활동을 요구하기도 한다."[54]

부수적인 자료로서 보조역할이 아니라 영상매체의 이미지는 독자를 리드하게 된다. 하이퍼텍스트가 노드와 링크방식으로 텍스트와 텍스트를 연결이라면 하이퍼픽처는 사운드, 이미지, 동영상으로 연결될 수 있는 구조를 갖추고 있는 텍스를 말한다.[55] 다양하고 이질적인 양식들을 융합시키는 미디어융합(media convergence)의 디지털기술은 텍스트의 구성에 있어서 문자의 비중을 감소시키고 하이브리드 미디어와의 연계성을 강화시키는 것을 볼 수 있다.

---

[54] 최병우: 전자매체시대의 독자, 독서연구 제16호(2006), 65.

[55] 노병성: 아날로그와 디지털 텍스트의 독서 패러다임에 관한 고찰, 한국출판학연구 34권 1호, 176.

또한 전자책은 저자와 독자가 차지하는 전통적인 입장과 역할을 정보제공자와 정보수용자의 상호적 관계로 바꾸어 놓았다. 일찍이 앨빈 토플러는 생비자(Prosumer)로 능동적인 정보추구적인 수용자의 특성을 언급했던 것처럼, 디지털시대의 독서는 일방적인 수동형의 글 읽기에 머무르지 않고 네트워크를 통해서 텍스트의 내용을 작가가 의도한 방향과 다르게 읽을 수 있으며 어떠한 순서로 받아들이는 지를 스스로 결정하게 된다. 네트워크의 하이퍼텍스트는 독자와 작가에게 동일한 환경을 제공하는 것이다. 일부학자는 더 이상 저자의 독창성을 담보하지 않으며 이러한 환경을 '저자의 죽음'으로 단정하기도 한다. 전자책의 독자는 저자와 쌍방향인 유기적인 관계를 이루고 텍스트의 재구성을 통해 직접적으로 참여하기도 하며 자신과 작가의 견해를 주고받을 수 있는 사이버 커뮤니티를 형성하도록 근본적인 변화를 가져온 것을 확인 할 수 있다.

4. 인쇄매체의 오늘과 미래

본 연구는 인쇄매체를 중심으로 사회의 변화와 테크놀로지의 발달 사이에 어떠한 관계가 있었는지 확인하고자 변천된 상황에 따른 인쇄매체의 특성과 기술요소를 파악하였다. 본문의 앞선 장에서 구텐베르크가 인쇄술을 발명하게 된 동인을 분석하고 르네상스기 인쇄술이 시민층의 매체로서 어떠한 사회를 형성하였는지 살펴보았다. 근대사회로의 이행과정에서 인쇄술이 가져온 사회적 변화 그리고 상층문화의 하향화과정을 관찰하였다. 특히 15세기 후반 '인쿠나블라'라는 과도기적 환경 속에서 나타난 새로운 유통방식과 상업적 출판 및 민중본 서적류의 거래양상을 연구하였다.

이후 논의의 중점으로 정보사회 안에서 인쇄매체를 고찰하였다. 정보와 지식의 유통에서인쇄매체는 혁신적인 변화를 맞이하며 진화하고 있다. 필사본, 인쇄본의 문자 형태와 근본적인 차이를 보이면서 전자책은 급격한 디지털 환경 변화 속에서 새로운 디지털문화를 이끌고 있다. 인쇄물에 기초했던 서적은 확고했던 지위를 잃기 시작했으며 결과적으로 존재 자체를 위협받기에 이르렀다. 네트워크의 커다란 관계망 속에서 책을 읽는 능력이 사라지고 하이퍼텍스트를 중심으로 멀티미디어의 이미지화면이 인쇄서적의 자리를 대신하고 있다. 디지털시대의 책은 종전의 종이책을 그대로 PC로 옮긴 것에서 그치지 않고 커뮤니케이션의 패러다임을 해체시키면서 미래의 매체환경을 근원적으로 진화시키고 있다.

따라서 오늘날의 인쇄매체는 독서방식의 변화에서도 전통적인 양식의 변화를 초래하고 있다. 독자는 매일 쏟아져 나오는 많은 디지털 책들로부터 내면적인 수용을 위한 성찰이나 지혜를 기대하기보다는 단편적인 정보를 쉽게 접촉만하는 실정도 이러한 시대적 흐름의 반영일 것이다. 인쇄매체는 앞으로도 지속적으로 디지털 진화를 이루면서 문화적인 충격과 함께 테크놀로지의 새로움을 사회시스템 안으로 가져 올 것으로 본다.

| 참고문헌 |

노병성: 『아날로그와 디지털 텍스트의 독서 패러다임에 관한 고찰』, 한국출판학연구 34권 1호, 151-188.

니콜 하워드, 송대범 역: 『책, 문명과 지식의 진화사』, 플래닛미디어, 2007.

로제 샤르티에, 굴리엘모 카발로 저, 이종삼 역: 『읽는다는 것의 역사』, 서울 한국출판마케팅연구소, 2006.

류지헌: 태블릿 PC기반의 디지털교과서 수업에 대한 교실생태학적 분석, 교육공학연구 24권 2호, 271-297.

마샬 맥루한, 임상원 역: 『구텐베르크 은하계』, 커뮤니케이션 북스, 2001.

배식한: 『인터넷, 하이퍼텍스트 그리고 책의 종말』, 서울: 책세상, 2000.

성대훈: 『디지털 혁명, 전자책』, 서울:이채출판사, 2004.

손원성 외: 「전자책 관련 기술과 발전동향」, 한국멀티미디어학회지 5권 1호, 26-40.

엘리자베스 L. 아이젠슈타인, 전영표 역, 『인쇄미디어 혁명』, 커뮤니케이션 북스, 2008.

유재천 외: 『디지털 컨버전스』, 서울:커뮤니케이션북스, 2005.

윤준수: 『커뮤니케이션 패러다임의 대전환』, 서울: 커뮤니케이션북스, 1998.

이기성: 『유비쿼터스와 출판』, 경기: 한국학술정보 2007.

이남호: 「전자시대의 문화와 독서」, 문화교육학 제10호. 11-23.

이용준: 「e-Book 콘텐츠의 수익구조 개선방안에 대한 연구」, 한국출판학연구 48호, 275-307.

이종수 외: 『현대사회와 출판』, 서울:말길 1993.

제임스 버크, 장석봉 역: 『우주가 바뀌던 날』, 지호, 2000.

제임스 버크, 구자현 역: 『커넥션』, 살림, 2009.

존 맨, 남경태 역: 『구텐베르크 혁명』, 예지, 2003.

최낙진: 『인터넷신문-정보화사회의 저널리즘과 인터넷신문의 생존전략』, 서울:세계사, 2000.

최병우: 「전자매체시대의 독자」, 독서연구 제16호(2006), 55-75.

한기호: 『디지로그 시대 책의 향방』, 서울:한국출판마케팅연구소, 2006.

호이징가, 최홍숙 역: 『중세의 가을』, 문학과 지성사, 1997.

Sven Birkerts: The Gutenberg Elegies-The fate of reading in an eletric age, Fawcett Columbine 1994.

Beyer, Hildegard: Die deutschen Volksbücher und ihr Lesepublikum, Diss, Frankfurt a.M. 1961.

Classen, Albert: Das deutsche Volksbuch als Irritationsobjekt der Germanistik, Wirkendes Wort 96/1, pp.1-19.

Kästner Hannes: Fortunatus-Peregrinator mundi, Freiburg 1990.

Roloff, Hans-Gert: Anfänge des deutschen Prosaromans, in: Handbuch des deutschen Romans, Helmut Koopmann (Eds), Düsseldorf 1983, pp.54-79.

Schweikle G. u I.(Eds.): Metzler Literatur Lexikon, Stuttgart 1984,

Spirewald, Ingeborg: Vom 》Eulenspiegel《 zum 》Simpliccismus

《. Zur Genesis des Realismus in den Anfängen der deutschen Prosaerzählung, Berlin 1974

Suchsland, Peter: Deutsche Volksbücher in drei Bänden(Bibliothek Deutscher Klassiker), Berlin 1968.

Szöveréffz, Joseph: Das Volksbuch. Geschichte und Problematik, Deutschunterricht 14(Heft2), pp.5-28.

Wittmann, Reinhard: Geschichte des deutschen Buchhandels, München 1999.

네트 문학의 현재와 미래

| 김경희 |

네트 공간: 매체의 '도구론'에서 '존재론'으로

네트화와 문학이라는 두 가지 분야를 직접적으로 연결 짓는 논의를 시작하기 전에 네트화의 문화적 양상을 다각적으로 분석하는 것은 문학의 변이형태를 이해하는 데에 있어서는 지나칠 수 없는 숲을 보는 과정이다. 따라서 본 연구의 서론 부분에서는 최근에 논의되고 있는 매체, 디지털 혁명, 시공간 패러다임 변화의 양상을 개괄적으로 살펴보고자 한다.

"매체"는 그 시원을 거슬러 올라가면 현대의 물질화에 바탕을 둔 테크놀로지와 결부된 매체의 의미보다 훨씬 더 함축적이고 폭넓은 의미를 지닌다. 이는 물, 공기, 불 등의 원초적인 매체에 대한 철학적 의미 뿐 아니라 인간과 신의 간극을 이어주는 신비주의적 영성까지도 포함하는 심오한 개념이다. 그러나 20세기에 들어서 급격히 발전한 테크놀로지는 이 매체의 의미를 그 원래의 범위와는 다르게 제한적 의미로 사용하게 하였다. 첫째는 보이지 않는 세계보다는 보이는 물질적 세계에 종속시켰으며, 둘째는 매체 자체의 존재론적 의미보다는 그것이 가져다줄 기능적인 역할에 더 관심을 기울이게 되었다. 즉 매체는 이전의 시공간의 제약을 뛰어넘어 정보를 저장하고, 전달하고, 재생하고, 작업하는 기능을 수행하는 필수불가결한 '도구'가 된 것이다. 특히 컴퓨터라는 매체의 등장은 아날로그 시대에서 디지털 시대로 패러다임을 변화시키는 '유니버설 미디어'로서 삶의 전반에 획기적인 변혁을 일으켰다. 기존의 여러 매체의 기능을 통합하는 매체가 탄생한 것이며, 최근 20, 30년간의 많은 연구에서 보여지듯이 디지털문화의 특징으로 일컬어지는 '다선형성, 상호작용성, 다매체성'은 바로 컴퓨터 매체의 핵심적인 특징을 요약해 놓은 것이라고 해도 과언이 아니다.

인류문명사의 획을 긋는 문자의 탄생이 문자의 중립적 '정보'의 형태를 강화하고 맥루언을 비롯한 많은 매체학자들이 언급했듯이 '선형적 사고형태'를 형성시키는 데에 기여하였다는 분석은 이미 널리 알려져 있다. 이러한 분석은 매체의 문화학적 관점에서 시작된 것으로 매체의 도구적, 기능적 관점에서 탈피하여 곳곳에서 비쳐오는 매체의 흔적에 관심을 돌린 것이다. 이와 유사한 사고를 뉴미디어 혁명에도 적용한다면, 첫째, 과거와 현재, 미래를 잇는 역사적, 시간적 소통의 흐름을 횡적 흐름으로 전환시켰다. 과거에서 현재로, 현재에서 미래로 흘러가는 일차적 차원이 뉴미디어로 인해 과거가 현재에 존재하고, 미래를 현재에 가져올 수 있는 현재 중심의 차원으로 변화된 것이다. '지금 그리고 여기 here and now'는 현시대를 특징짓는 키워드가 되었다. 따라서 이 시대는 과거, 현재, 미래를 동시에 사는 세대이다. 둘째로, 물리적 공간의 제약으로부터 탈피하게 되면서 매체를 통해 전달된 정보는 마치 여러 공간을 감각적으로 체험하는 것을 가능하게 하여, 동시에 여러 공간을 넘나들 수 있는 시대가 되었다. 인구에 회자되는 사이버공간도 그 용어의 정의에 대한 분분한 의견이 있을 수 있으나 그 중심에는 전통적인 물리적 공간의 패러다임이 변화했음을 알 수 있다.

정보통신분야 또는 신문, 방송, 언론 사회학에서 주로 바라보는 뉴미디어는 삶을 편리하게 해주고 새로운 감각적 경험지평을 가능하게 해주는 매체의 기술적 발전, 기능적 개선, 효과적 소통을 위한 관점으로 이해된다. 여기에서는 매체기술을 만들어 내는 인간의 역량, 인간의 주체적 위치와 도구의 객체적 위치라는 사고가 기저에 깔려 있으며, 그 통제 가능성의 여부가 중요한 기능을 하게 된다. 그러나 윗 단락에서 언급했듯이 본 연구는 매체의 도구적 성격을 넘어서 주체와 객체의 명확한 구분, 창조자와 피조물의 주종관계를 비판적으로 바라보고 '궁극적으로 구체화되지 않으면서 어디에나 존재하는' 매체의 존재론적 측면을 중심으로 매체와 그 문화적 변이를 분석한다.

디지털 혁명의 중심은 다름 아닌 인터넷의 구축에 있다. 'inter'와 'net'가 합쳐진 이 단어는 일차적인 의미만을 유추해 보아도 '상호연결망'이라는 의미를 추출해낼 수 있다. 즉 서로 다른 부분을 연결시켜주는 현상 그리고 그 복잡한 연결들이 이루고 있는 망의 형태가 이전과 다르게 새롭게 형성된 삶의 형태로 등장했다. 인터넷의 기술적 기반은 인간이 만들어내고 통제하기도 하지만 이미 형성된 소통망의 특징은 생산자와 수용자가 구분되지 않고, 단선적이고 일방적 소통형태가 아닌 쌍방향의 비선형적 소통형태이면서, 점조직 형태의 노드들이 이루고 있는 불규칙적 결합망이라고 볼 수 있다. 이 망의 형태는 물리학과 사회학 분야에서 연구되고 있는 '복잡계이론'과도 밀접한 관계가 있고, 생물조직의 형태와도 유사하다. 마치 생물조직처럼 자가생성 발전하는 독자적인 구조가 된다. 따라서 디지털 시대의 소통구조를 가장 잘 대변해 주고 있는 인터넷은 더 이상 중앙통제장치가 없는, '실제로 존재하는 가상세계'라는 모순적 현실세계를 대변해 주고 있는 매체의 '존재'를 보여준다. 인간이 매체를 소유하여 환경을 위해 매체를 도구로 사용하는 것이 아니라 매체와 인간은 그 구분 자체가 불분명하며, 상호종속적 관계를 지닌다.

이러한 네트화의 현상 속에서 전통적인 문학의 형태는 어떠한 변이를 겪게 되었는가 하는 부분을 다음 장에서 논의해 보고자 한다.

네트화의 기술적 전제: 시작과 끝이 없는 가상 구조

문학이 전통적으로 종이로 이루어진 책의 형태를 바탕으로 하던 시대에서 전세계적인 디지털 혁명과 더불어 새로운 문학의 형태들이 등장했다. 우후죽순으로 떠오른 이러한 문학들은 디지털 문학, 사이버 문학, 온라인 문학, 네트문학, 하이퍼텍스트문학, 전자문학 등으로 불린다. 위에 나열한 새로운 문학의 형태들 또한 용어사용자의 입장에 따라서, 그리고 그것이 사용되는 맥락에 따라서 때로는 유사하게, 때로는 약간의 차이점을 지니면서 쓰이고 있다.

일차적으로는 종이에 쓰여 졌던 문학이 종이 대신에 전자매체로 변화되었다는 것이 첫 단계이다. 종이책의 형태로 읽던 문학을 모니터를 통해 보고, 쓰는 것이다. 컴퓨터가 등장하기 전에도 오디오북을 통해 듣는 책으로의 매체전환이 일어나기도 하였다. 인쇄 기반 종이 텍스트가 전자 텍스트로 변화되었을 때 여타의 다른 기능의 추가 없이 단지 재료만 바뀌었다면, 이 경우는 다른 곳으로 쉽게 파일의 형태로 전송하고, 받아볼 수 있기에 접근가능성이 증대된 것을 제외하고는 기존의 문학과 큰 차이점을 지니지 않는다고 볼 수 있다. 이 같은 문학 형태는 단선적인 전통적인 독서의 형태를 유지하고, 작가 또한 예전의 방식대로 작업한 결과이며 예전의 종이책의 형태와 비교해 보았을 때 의미의 손실은 거의 일어나지 않는다.

그러나 이것은 일차적인 차이이고 이에 더 나아가 네트화가 지닌 새로운 기능들이 접목되면서 다양한 문학의 형태가 등장하게 되었다. 여기에서 문학의 본질, 서사방법의 차이, 다매체 문학의 특징을 언급하기 이전에 기본적으로 기술적인 몇 가지 전제가 설명되어야 한다. 이 기술적 기초가 문학형태변이의 기본 요소가 된다.

인터넷은 전 세계적으로 연결된 네트워크이다. 이는 통제하는 중심이 없는 비중심적 구조이며 대등한 노드들로 이루어져 있다. 데이터베이스, 뉴스그룹, 다대다 소통, 토론방, 글을 통한 실시간 대화(Internet Replay Chat, IRC), 다자간 통화는 인터넷이 가능케 해준 가상 공간의 형태이다. 인터넷의 기능 중 텔넷(Telnet)은 자기 자신의 컴퓨터를 통해 다른 사람의 허락 하에 그 사람의 컴퓨터를 실시간 사용할 수 있도록 해준다. 이는 MUDs(Multiple User Dungeons, Multiple User Dimension 또는 User dialogue)라는 프로그램의 기반이 되었고, 이를 통하여 여러 사람이 동시에 가상의 캐릭터로 가상공간에서 서로 소통할 수 있게 되었다. 또한 인터넷과 일상적으로 혼용되어 사용되는 경우가 많은 WWW(World Wide Web)은 사실 인터넷의 여러 기능 중 하나의 종류이다. 이는 전세계 컴퓨터 서버에 저장되어 있는 하이퍼텍스트 자료들이 서로 연결된 네트를 의미하며, 익히 알려진 네트스케이프 Netscape, 마이크로소프트 인터넷 익스플로러 Microsoft Internet Explorer 등과 같은 브라우저를 통해 가시화되었다. 이 외에도 FTP (File Transfer Protocol)과 같은 기능은 하이퍼텍스트 자료와 각자의 컴퓨터에 있는 자료들도 다른 컴퓨터에 복사할 수 있도록 하였으며 쌍방 간의 업로드, 다운로드를 가능케 하였다.

여기에 등장하는 하이퍼텍스트의 대한 아이디어는 바네바 부쉬 Vannevar Bush가 창안한 것으로 그는 1945년에 "우리가 생각하는 대로 As We May Think"[1]라는 글을 발표하면서 갈수록 복잡해져가고 늘어가는 연구결과들을 어떻게 압축하고, 선별하고, 이에 대한 의견을 교환하는 장치를 만들어 여기에 효과적으로 손쉽게 접근할 수 있을 것인가에 대한 의견을 제시하였다. 그는 메멕스 Memex라는 장치에 대한 생각을 하게 되었는데, 이 장치는 여러 자료들을 연상적으로 서로 연결시키는 기능을 하는 것으로서 단추 하나를 누르면 하나의 자료에

1 Bush, Vannevar. Juli. 1945. "As we may think". Atlantic monthly. 101 이하

서 다른 자료도 넘어갈 수 있었고, 이 연상기능을 통해 만들어지는 인덱스는 인간의 뇌 기능과도 유사했다. 그러나 이 메멕스는 현실로 구현되지 못했다. 이는 비로소 1960년대에 들어서 테드 넬슨 Ted Nelson이 하이퍼텍스트 Hypertext라는 개념을 사용하면서 현실화되기 시작했다. 하이퍼텍스트는 텍스트 단락, 노드, 연결(링크 links)로 이루어진 일종의 텍스트 직조물이다. 이를 통해 비선형적이고, 연상적인 글쓰기 작업과 독서를 할 수 있다. 독자는 어떤 링크를 통해 연결을 할 것인가를 자신이 직접 선택하며 개인이 선택한 경로를 통하여 자신만의 텍스트 연결을 만들어간다.[2] 이 같은 기능은 CD-ROM 사전 및 교육자료에서도 쉽게 경험할 수 있다.

WWW의 창시자인 팀 버너스 리 Tim Berners-Lee는 1989년 글로벌 하이퍼텍스트 시스템을 개발할 것을 제안하였다. 이 시스템의 특징은 다음과 같다. 원거리 접근이 가능하고, 탈중심적으로 조직된 정보조직이며, 개인적으로 정보를 추가하고 연결시키는 것이 가능하고, 그래픽 자료들을 전송할 수 있다.[3] 여기에서 출발하여 1990년에 WWW이 탄생하게 되었다. 이 시스템의 혁명적인 변화는 중심통제기관이 없

---

2 1999. Hyperfiction. Hyperliterarisches Lesebuch: Internet und Literatur, edited by Beat Suter and Michael Böhler. Basel, Frankfurt am Main 참조. 그 외에도 Suter, Beat. 2000. Hyperfiktion und interaktive Narration im frühen Entwicklungsstadium zu einem Genre. Zürich, 1999. Zur Geschichte deutschsprachiger Hyperfictions. Dichtung-Digital, edited by Roberto Simanowski. 〈http://www.dichtung-digital.de/Autoren/Suter/26-Nov-99/index.htm〉.

3 Berners-Lee, Tim. 1989. Information Management. A Proposal 〈http://www.w3.org/History/1989/proposal.html〉.

고 누구의 소유도 되지 않는다는 것이다. 누구나 인터넷 접속을 할 수 있으며 언제나 자신만의 사이트를 만들고, 자료를 수정하고 첨삭할 수 있으므로 시작과 끝이 없는 '구조 없는 구조'가 되었다. WWW의 또 하나의 큰 특징은 텍스트 자료 이외에도 다른 매체, 즉 그래픽, 사진, 소리, 영화, 애니메이션 등을 동시에 제공한다는 것이다. 따라서 하이퍼텍스트를 넘어 하이퍼미디어가 가능하게 되었다.

인터넷이 컴퓨터와 컴퓨터를 서로 연결시키는 물리적인 네트를 특징을 강조하는 데에 반하여 WWW는 링크와 링크를 연결시키는 가상의 네트를 형성한다는 것이 차이점이라고 할 수 있다. 지금까지 언급한 컴퓨터의 기술적 기반의 특징을 바탕으로 문학은 전통적인 형태에서 탈피하여 다각화를 시도하기 시작했다.

네트 속의 문학 형태

인터넷에 존재하고 있는 문학을 통틀어 살펴보았을 때, 두 가지 종류로 나누어 볼 수 있다. 하나는 선형적인 전통적인 문학으로서 책이라는 물리적 소재 대신 인터넷이라는 비물질적 매체를 통해 전달되는 문학이다. 반면 2장에서 언급한 컴퓨터의 기술적 조건을 필수적으로 사용하여 만들어진 새로운 문학 형태들이 등장하였다. 전자의 문학을 '네트 속의 문학', 후자를 '네트문학'이라고 부르는 시도들이 있기는 하였으나 네트문학 자체도 다양화 되어 가면서 그 개념상의 구분은 통일적이지도 않고, 그 구분의 정도가 모호하다. 또한 전통적인 문학의 형태가 인터넷 상에 올라와 있는 경우에도 이는 독자의 독서태도의 변화를 가져오고, 배급과 수용형태가 변화하게 됨으로써 종이에 씌여져 책의 형태로 접하던 문학과는 차이가 있다. 따라서 인터넷과 관련된 문학은 통칭하여 '네트 속의 문학'이라고 하고, 그 문학의 특징에 따라서 하위단계로 분류하는 것이 타당할 것이다. 쾰러러 Köllerer의 네트문학 정의에 따르면,

> 인터넷에 있는 작품은 네트문학 종류에 속한다. 그 문학이 언어를 주로하고, 복잡한 구조로 이루어진 미학적 대상을 다루는 경우에 있어서 그러하다. 그 대상은 부수적으로 다음에 해당하는 특징, 즉 하이퍼텍스트, 멀티미디어 또는 인터렉티브의 특징에 해당된다.[4]

슈뢰더 Schröder는 '디지털화 된 문학'과 '디지털 문학'을 구분하면서 디지털 문학을 다음의 네 그룹으로 구분하였다.

> 첫째, 다매체적이지 않은 하이퍼텍스트 문학, 둘째, 컴퓨터에 의해 생성된 다매체적이지 않은 문학, 셋째, 공동저술작업과 독서 프로젝트, 복합형태의 문학, 넷째, 다매체적 문학이다.[5]

---

[4] Köllerer, Christian. November 1999. Die feinen Unterschiede. Über das Verhältnis von Literatur und Netzliteratur. 〈http://www.koellerer.de/ unterschiede.html〉.

[5] Schröder, Dirk. 1999. "Der Link als Herme und Seitensprung". Hyperfiction. Hyperliterarisches Lesebuch: Internet und Literatur, edited by Beat Suter and Michael Böhler. Frankfurt am Main. 43-60. 여기서는 46.

반면 그가 말하는 '디지털화 된 문학'의 대표적인 형태는 주로 괴테, 쉴러, 카프카 등의 고전들이 디지털화 되어 있는 경우이다. 또한 아우어 Auer의 주장에 따르면 네트문학은 인터넷에서 작가와 독자 사이에 이루어지는 토론을 통해서 생성되는, "과정 중에 있는 작품 Work in Progress"이다.[6]

이 같은 네트문학 형태의 구분에서 눈에 띄는 것은 이미 물리적 원본이 있는 사진, 음악, 텍스트 등을 디지털화하여 문학의 형태로 컴퓨터에 존재하고 있는 작품들 또는 전자책 E-Book, 작가들의 홈페이지, 문학잡지 그리고 이메일 문학, 공동작업 문학, 문학뉴스그룹, 하이퍼픽션, 다매체문학, 컴퓨터문학 등의 구분은 전통적인 문학의 장르구분이 아닌 문학의 '연출' 형태에 초점이 맞춰져 있다는 것이다. 종이책의 형태인가 전자매체에 담겨진 형태인가, 온라인 문학인가 또는 오프라인 문학인가, 디지털화 된 문학인가 또는 한 작가가 전통적인 선형적인 방법으로 쓴 문학이 HTML 또는 전자책의 형태로 인터넷에 출판되어 있는 경우인가에 대한 논의가 있고, 한 단계 하부로 내려가면 네트화의 특성을 적극적으로 이용하는 문학의 형태로, 하이퍼픽션, 인터렉티브 문학, 컴퓨터문학, 다매체/하이퍼미디어 문학, 공동창작 프로젝트 등이 있다.

---

[6] Auer, Johannes. 2000. "7 Thesen zur Literatur". 1996-2000 Als Stuttgart Schule machte. Ein Internet-Reader, edited by Reinhard Döhl and Johannes Auer.

1. 하이퍼픽션 / 다매체 문학

수터 Suter가 내린 하이퍼픽션의 정의는 다음과 같다.

> 하이퍼픽션의 개념은 하이퍼텍스트로 만들어져 전자 자료로서 다른 매체(서버, 컴퓨터, 데이터저장소 등)에 저장되어 있으면서 모니터와 같은 독서기계(컴퓨터 또는 소프트웨어)를 수단으로 읽을 수 있게 되어 있는 허구의 텍스트이다. (Suter, 1999, 27)

사실상 하이퍼픽션은 WWW의 발명 전에 이미 탄생되었으며, 이야기공간 Storyspace라는 작가 소프트웨어를 수단으로 만들어지고 디스켓에 옮겨졌다. 최초의 하이퍼픽션은 마이클 조이스 Michael Joyce의 『오후-하나의 이야기 *Afternoon - A Story*』[7]로서 1987년에 출판되었다. 이 작품은 인터넷에 의존하고 있는 복합적인 하이퍼픽션으로서 539개의 텍스트 조각과 910개의 링크로 이루어진 분량이 매우 큰 작품이다.[8] 또한 다매체적인 요소가 없이도 많은 작가들은 하이퍼픽션을 창작하였다. 하나의 주된 이야기에 다양한 이야기들을 끼워넣어 독자가 다양한 독서의 길을 선택하고 여기저기를 둘러보게 하는 것이다.[9] 또 다른 하이퍼픽션들은 마르티나 키닝어 Martina Kieninger

---

[7] Joyce, Michael. 1987. Afternoon - A Story. Cambridge.

[8] Köhler, Doris. "Den Link übersetzen - aus Afternoon wird nachmittags". 위의 책 editied by Beat Suter and Michael Böhler. 149-158. 여기서는 157 참조.

[9] Idensen, Heiko. 1995. Die Poesie soll von allen geamcht werden! Von

의 『장, 장들. 생각의 탱크 속에 있는 한 명의 사상가를 위한 하나의 연극 *Der Schrank. Die Schranke. 1 Stück Theater für 1 Denker im Denktank*』(1996)으로 텍스트와 링크 그리고 아스키 그래픽으로 이루어져 있으며 하이퍼링크의 원리를 바탕으로 독자가 선택을 해나간다. 이 작품에서는 특히 장소의 변환이 자주 이루어진다.

수잔네 볼프 Susanne Wolf의 『내 목소리는 하얗다 *Meine Stimme ist weiss*』(2000)는 탐정소설로서 동시에 벌어진 사건을 다루거나 같은 사건을 다른 관점에서 바라보는 식으로 구성되어 있다. 즉 이 작품에서는 전화대화를 통해 여자와 남자의 입장에서 바라본 이야기가 그려진다. 도입부는 주로 언어기호로 이루어져 있지만 그 외의 부분은 애니메이션과 같은 시청각 요소가 제공되며 색깔로 의미를 표현하기도 하고, 줄거리의 중간쯤부터는 독자가 소설의 등장인물의 역할을 선택하여 맡게 되기도 한다. 이 작품은 앞에서 언급한 하이퍼텍스트와 하이퍼미디어, 상호작용성의 특징을 모두 포함한 작품이며, 나누어져 있는 줄거리의 조각들이 내용과 표현형식의 상호작용에 의하여 전개되고 독자는 끊임없이 내비게이션을 통하여 대답을 해주면서 픽션을 경험한다.

마르틴 아우어 Martin Auer의 『시기계 *Lyrikmaschine*』(1996)는 소설이 아닌 시 장르 문학으로서 시작의 가능성은 여러 개이나 어떤 출구도 없다. 이는 소설처럼 줄거리를 이끌어 나가기보다는 단어에 연결된 링크를 통하여 연상작용을 결합시키는 것이다. 하나의 시를 이루

---

literarischen Hypertexten zu virtuellen Schreibräumen der Netzwerkkultur. 〈http://www.filmladen.de/dokfest/1995/utopie.htm〉.

고 있는 여러 단어 중에 한 단어를 클릭하면 다른 시로 연결된다. 예를 들어 '가족 Familie'이라는 단어를 클릭하면 성적피해를 당한 희생자를 다루고 있는 시로 연결이 되고, '말할 수 없는 unnennbar'라는 단어를 클릭하면 그 인물의 과거의 기억을 주제로 하는 시로 연결된다. 따라서 독자는 링크가 걸린 단어들에 대해 서로 상이한 연상을 하게 되고 각각의 시에 대해서도 다양한 관점으로 주목하게 된다. 이 각각 연결된 연상이 모이면 이 하이퍼픽션은 다름 아닌 여러 시로 이루어진 시집이 되는 것이다. 이렇게 단어와 시가 만나고, 시와 시가 만나서 이루어지는 하이퍼픽션은 추가적인 연상작용을 자극하고 끊임없는 의미의 연속성을 만들어낸다.

2. 네트 속의 공동창작문학

앞 장에서는 문학의 선형적 특성이 네트화를 통해 하이퍼텍스트를 기반한 다선형성, 다매체성으로 변화되었음을 보여주었다면 본 장에서는 구성된 작품의 특성 뿐 아니라 작품 창작 단계에서부터 어떻게 네트화가 문학에 영향을 끼치는지를 살펴보고자 한다. 네트워크 속에서 글을 쓰는 작업은 작가, 작품, 의미, 시장으로 이어지는 전통적인 문학의 개념과는 동떨어져 있다. 공간적으로 멀리 떨어져 있는 사람들이 컴퓨터의 네트를 통하여 서로 동시에 접속하여 함께 읽고 함께 창작하는 과정을 거치기 때문이다. 이 과정은 네트의 조직처럼 관리, 통제하는 중심이 없으므로 마치 유목민의 삶의 형태와도 유사하게 흘러간다. 하이퍼텍스트로 이어진 조각들은 끊임없는 업로드와 다운로드를 통하여 상이한 장소를 순환하게 되고, 동시에 여러 장소에 머물 수 있으며 때로는 중단, 변형, 재삽입될 수 있다.

로저 넬케 Roger Nelke의 『라캉의 기둥들 *Die Säulen von Llacann*』(1997-2001)은 두 가지 의미에서 네트소설이다. 한 가지는 여러 작가들 사이의 네트화를 통하여 탄생되었다는 점이고 또 다른 면은 이 소설 자체가 네트구조를 지니고 있다는 점이다. 이 프로젝트의 매력은 여러 사람이 참여하고 각 텍스트에 동시에 각자의 글을 연결해서 쓰기 때문에 끊임없이 변화하고 확장된다는 점이다. 새로운 글이 떠오르면 글 전체의 구조가 변한다. 글을 쓰는 작가들 사이에도 소통이 형성되고 연결된 각각의 글 사이에서도 소통이 이루어져 공동으로 쓰여진 소설 자체만 보아도 각 장들이 앞과 뒤의 순서를 바꾸어 연결될 수 있다. 한 장에 여러 가지 이야기가 이어질 수 있으므로 이 같은 방식으로 창작된 네트소설은 여러 가지 버전이 나오게 마련이다. 위의 작품에 이어서 나온, 같은 편집자의 네트소설인 『두 번째 기회 *Die zweite Chance*』(1998-2000)는 첫 번째 것과는 달리 처음부터 세 가지의 결말을 제시하고 그 사이에 부채처럼 여러 줄거리를 확장시켰다. 그러나 이 작품은 첫 번째 것에 비해 성공을 거두지 못했다. 그 이유는 결말이 어느 정도 미리 주어져 있기 때문에 중간에 줄거리를 자유롭게 펼칠 수 있는 가능성이 적어짐으로써 독자들의 흥미가 감소하게 되었다. 이어서 나온 『이야 마카르의 마술세계 *Magische Welt Ija Macar*』(1999)는 앞의 두 소설에 비해 판타지 세계를 주로 펼치며 이야기의 복잡한 구조에도 불구하고 많은 인기를 얻었다. 네트화에 바탕을 두고 여러 명의 작가를 통해 다선형적으로 창작된 작품은 그 창작원리에 어울리도록 통제되지 않은 자율성, 완결되지 않은 열린 결말 등이 존재하여야 그 관심이 증대되고 그 존속기간과 질에 대한 평가도 상승되는 경향이 있다. 그러나 다른 한 편으로 창작에의 참여를 어느 정도 통제하는 방식을 취함으로써 문학의 성향을 변화시키려는 시도도 있었다. 기도 그리자 Guido Grigat의 『23:40』에서는 모든 참가자가 하루의 정해진 몇 분에 최대 200자 텍스트로 정해진 몇 분의 순간의 기억을 적게 하기도 하였다.

3. 머드 Mud 문학

머드, 소위 머드 게임으로 불리우는 이 가상세계는 Multiple User Dungeon의 약자이다. 이는 하나의 게임 프로그램이자 소통 프로그램이다. 여기에는 여러 명의 참여자가 인터넷에 동시에 들어가서 각자 자신의 가상 캐릭터를 만들고 그것을 가상공간에서 움직이게 하고 캐릭터끼리 소통하게 한다. 70년대 말에 탄생한 이 게임에서는 사용자가 텍스트와 융합되어 가상공간을 항해한다. 그 안에서 다른 사용자를 만나고 그들과 대화를 나누고 소식을 주고받는다. 그리고 그 사용자 자신은 그 가상 세계를 자신의 욕구에 맞도록 변화시킬 수 있다. 사용자와 텍스트 사이의 상호작용을 기반으로 사용자들 사이의 상호작용, 자신과 자신이 만든 가상 세계의 캐릭터 간의 상호작용을 통해, 그리고 다른 사용자들의 캐릭터와 사귀기도 하고 싸우기도 하며 그 환경을 익혀 나간다. 이런 과정을 거치면서 머드는 계속적으로 새로운 이야기를 생성시키게 된다. 따라서 머드 속의 이야기는 항상 '지금', 수많은 작가들이 서로 연결되어 만들어지고 있으며, 독자들로 하여금 언제나 텍스트 세계에 들어와서 하고 싶은 역할을 할 수 있는 가능성을 열어둔다.[10] 이 공간은 방문자들끼리 실시간 소통을 하는 가상공간이다. 실제와 허구가 만나는 파라독스의 공간이다. 이 프로그램은 텍스트를 기반으로 하고 있기 때문에 문학이라는 범주로 넣을 수 있으나, 글로 만들어지는 정도를 뛰어 넘어 주위 환경을 3D의 공간으로 만들고 캐릭터도 아바타로 대치되는 가상공간에서 상호 작용이 일어나게 되므로 이 같은 형태가 과연 문학의 새로운 변이 형태로 분류될 수 있을 것이지는 의문시 된다.

네트 속의 문학에 대한 전망

본 논문에서는 네트 속의 문학의 여러 가지 새로운 기능들과 효과들을 소개하고 이 같은 기술적 제반조건이 어떻게 문학 속에서 기능할 수 있는지를 다양한 네트문학의 예를 들어 살펴보고 이에 따른 미학적 의미와 해석을 시도하였다. 이는 미시적인 흐름 분석을 통해 거시적인 통찰로 나아가려는 시도이다. 문학계에서 아직까지 보편화되지 않은, 네트 속에 새로이 등장하고 있는 다양한 문학형태 분석을 통하여 기존에 주류로 치부되어 오던 사고의 구조, 소통의 구조를 다시

10 Porombka, Stephan. 2000. "Literatur@netzkultur.de". Neue Rundschau: Netculture, edited by Martin Bauer. 111. Jahrgang, Heft 2, Frankfurt am Main. 49-64. 여기서는 55 이하 참조.

한 번 반성적으로 성찰해 보는 장을 마련할 수 있다.

작가가 일방적으로 창작한 문학을 접하는 전통적인 방식에서 벗어나 네트 속으로 능동적으로 또는 수동적으로 편입된 문학은 다양한 형태로 등장하기 시작했다. 수동적으로 편입된 경우는 컴퓨터를 통한 저장, 전달, 작업이라는 편리한 기능을 이용하고자 아날로그에서 디지털로 전환된 경우이며, 능동적인 경우는 이같은 기능을 문학의 변이를 위하여 적극적으로 이용하여 새로운 형태를 탄생시키는 경우이다. 하이퍼픽션의 경우 이를 환호하는 평가는 독자가 수동적으로 문학내용을 접하는 것이 아니라 병렬적으로 주어진 여러 가능성을 가지고 스스로 선택하는 방식을 취함으로써 전에는 누릴 수 없었던 독자의 적극적 참여와 선택의 자유가 제공되었다는 점에 무게를 둔다. 그러나 독자의 선택은 작가가 이미 만들어 놓은 여러 갈래의 길들을 벗어날 수 없는 제한된 자유이며, 선택의 과정 또한 창의적 과정이기 보다는 우연에 의한 것이다. 따라서 독자의 선택에 의해 만들어진 하나의 텍스트의 결과물은 선형적인 텍스트와 큰 차이가 없다고 평가하는 관점은 하이퍼문학이 재미와 유희를 추구하는 새로운 경험을 제공하는 문학의 하나의 형태에 지나지 않으므로 전통적인 문학의 형태를 위협할 만큼의 파급효과는 없을 것으로 내다보고 있다. 그러나 네트 속의 문학의 이러한 형태는 영화, 애니메이션, 특히 게임 산업 및 교육자료에 계속적으로 응용되고, 네트화가 삶 전체가 되어가는 사회구조를 간과할 수 없다면 일종의 주변인으로서 작은 목소리들을 계속적으로 낼 수 있을 것이다.

하이퍼픽션의 경우 컴퓨터의 하이퍼텍스트 기능과 다매체적 기능을 통해 고정된 문학이 아닌 움직이는 문학, 열린 문학, 시청각 매체가 동시에 지원될 수 있으므로 사고하는 문학을 뛰어넘어 감각으로 느끼는 문학으로의 전환을 가져왔다. 그리고 독자와의 상호작용성은 작가의 권위를 축소시키고 독자의 참여가능성을 증대시켜 정치적인 의미에서 보다 '민주적'인 소통방식을 가능케 하였다. 그러나 이 쌍방향 소통방식은 때로는 독자들에게 계속적인 선택과 결정을 요구하게 되고, 선택의 홍수 속에서 길을 잃게 함으로써 오히려 부담과 피곤함을 증대시키며, 독자들이 의미의 표층에서 계속 부유하게 되는 역효과를 가져오기도 하였다. 즉 문학 속의 세계, 또 다른 대안 세계에 몰입하여 경험을 해보고자 하는 욕구를 만족시키기 보다는 계속적인 낯설음을 경험하게 하였기 때문이다. 그러나 이러한 참여의 피곤함을 뒤집어 보면 자신 만의 세계를 만들 수 있는 즐거움이 있다. 만들어진 세계에 잠수하는 몰입이 아닌 자신이 실제로 움직이면서 가상세계와 교류를 하면서 자신의 신체활동이 부분적으로 결부되어 있는 가상세계를 만든다는 새로운 몰입체험이 가능하다. 공동창작문학은 컴퓨터로 인한 시공간 패러다임의 전환으로 가능케 된 문학 형태이다. 공간이 떨어져 있어도 컴퓨터의 창작공간에서 서로 동시에 만나서 소통할 수 있으며, 문서 전달의 시간을 단축시켜 동시에 다른 사람의 글을 보면서 작업할 수 있게 된 것이다. 한 사람의 저자가 아닌 공동의 저자가 탄생하고, 순차적인 글쓰기 작업이 아닌 하이퍼텍스트적인 글쓰기 작업이 수용뿐 아니라 생산에서도 가능해진 것이다. 앞의 하이퍼픽션과 공동창작문학은 생산자와 수용자가 나눠지지 않고 생산자가 수용자가 되고, 수용자가 생산자가 되는 네트워크의 소통 구조를 여실히 반영한다. 머드

게임 문학은 문학의 정의를 다시금 생각하게 하는 문학의 변이형태이다. 이것의 목적은 문학이라기보다는 가상세계의 소통을 즐기는 게임세계를 만들어내는 것인데 글로 소통을 한다는 점 때문에 '실시간 문학'이라고 불릴 수 있다. 게임 참여자 스스로가 만든 캐릭터끼리 소통을 하고 여러 작가가 각자 작중 인물을 맡아 내용을 만들고 있으므로 허구의 단계가 몇 단계 겹쳐진 상황이 설정된다. 따라서 머드에서 주고받는 글들은 상호작용을 통해 즐기는 글, 작가 기능이나 제도권으로부터 탈피된 글, 동시적이고 순간적인 글이다. 즉 궁극적으로 문학이라는 산물이 되는 것을 원치도 않고, 주관적이고 순간적인 경험에 지나지 않는 글이 될 수도 있다. 그러나 뒤집어 보면 머드의 글들은 전복적이다. 그리고 사회적 맥락을 반영하는 글이다. 가장 자유롭게 허구성과 개인적 성격을 경험할 수 있게 해 준다는 면에서 사회적 미적 소통을 위한 장을 제공한다.

네트 속의 문학은 기존의 전통적 문학의 경계를 넘었다. 작가와 독자, 생산자와 수용자, 읽기와 쓰기의 방식, 실제와 가상의 경계가 모호해졌다. 이에 따라 하이퍼텍스트, 하이퍼미디어, 쌍방향 문학 등과 같은 새로운 용어도 탄생했다. 이 문학의 형태들이 이 사회의 주도적 담론으로 자리를 잡을 것인가 또는 과도기적 현상으로 머물고 지나갈 것인가에 대해서는 속단하기 아직 이르다. 하지만 문화 다양성의 가치, 저항의 가치, 새로운 시도의 가치가 지닌 역동성과 안전한 즐거움을 포기하는 대신 영향력을 발휘하는 즐거움을 경험하고, 미로 속의 혼돈을 체험해 본다는 데에 큰 의의가 있을 것이다.

| 참고문헌 |

Auer, Johannes. 2000. "7 Thesen zur Literatur". 1996-2000 *Als Stuttgart Schule machte. Ein Internet-Reader*, edited by Reinhard Döhl and Johannes Auer.

Berners-Lee, Tim. 1989. *Information Management. A Proposal* 〈http://www.w3.org/History/1989/proposal.html〉.

Bush, Vannevar. Juli. 1945. "As we may think". *Atlantic monthly.*

Idensen, Heiko. 1995. *Die Poesie soll von allen geamcht werden! Von literarischen Hypertexten zu virtuellen Schreibräumen der Netzwerkkultur.* 〈http://www.filmladen.de/dokfest/1995/utopie.htm〉.

Joyce, Michael. 1987. *Afternoon - A Story.* Cambridge.

Köhler, Doris. "Den Link übersetzen - aus Afternoon wird nachmittags". *Hyperfiction. Hyperliterarisches Lesebuch: Internet und Literatur,* editied by Beat Suter and Michael Böhler. 149-158.

Köllerer, Christian. November 1999. *Die feinen Unterschiede. Über das Verhältnis von Literatur und Netzliteratur.* 〈http://www.koellerer.de/unterschiede.html〉.

Porombka, Stephan. 2000. "Literatur@netzkultur.de". *Neue Rundschau: Netculture*, edited by Martin Bauer. 111. Jahrgang, Heft 2, Frankfurt am Main. 49-64.

Schröder, Dirk. 1999. "Der Link als Herme und Seitensprung".

Hyperfiction. Hyperliterarisches Lesebuch: Internet und Literatur, edited by Beat Suter and Michael Böhler. Frankfurt am Main. 43-60.

Simanowski, Roberto (ed.). 1999. *Zur Geschichte deutschsprachiger Hyperfictions. Dichtung-Digital.* ⟨http://www.dichtung-digital.de/Autoren/Suter/26-Nov-99/index.htm⟩.

Suter, Beat. 2000. *Hyperfiktion und interaktive Narration im frühen Entwicklungsstadium zu einem Genre,* Zürich.

Suter, Beat and Böhler, Michael (ed.). 1999. *Hyperfiction. Hyperliterarisches Lesebuch: Internet und Literatur.* Basel, Frankfurt am Main

| 개념색인 |

멀티네트워크 인터페이스

- 소통네트워크의 다층적 확장*

| 오은경 |

SF영화의 고전 「블레이드 러너」(Ridley Scott, 1982)에서 21세기 사회는 복제인간과 인간의 구분이 힘들어지고 비행선을 대중교통수단으로 이용하는 '미래적' 모습으로 그려진다. 그러나 영화 속 2019년의 모습과는 달리 우리가 살고 있는 2010년의 일상은 20세기의 그것과 별로 달라지지 않은 것처럼 보인다. 반면 2054년으로 시대적 배경이 설정된 영화 「마이너리티 리포트」(Steven Spielberg, 2002)는 21세기에 진입한 오늘날의 사회를 어느 정도 현실감 있게 그려내고 있다. 지하철에서 승객이 전자종이 신문을 읽는 장면은 PDA, 스마트폰, e-book 단말기 등 다양한 모바일 기기를 사용하여 신문을 읽거나 TV나 영화를 보는 2010년 지하철 풍경과 어느 정도

* 이 글은 부산대학교 인문학연구소에서 발행하는 학술지 「코기토」(2010.8)에 실린 논문을 수정한 것이다.

오버랩되기 때문이다.

일상적 소통의 새로운 흐름을 만들어내고 21세기 매체문화에 지각변동을 가져오고 있는 모바일 서비스는 새로운 정보사회의 모습을 예고하고 있다. 이러한 변화를 고려할 때 모바일 서비스와 그 관련 장치들에 관심이 모아지는 것은 당연하다. 스마트폰으로 대표되는 모바일 기기는 정보의 흐름에 유동성과 탄력성을 더한다는 장점을 갖는다. 이는 스마트폰을 사용할 경우 사용자는 통화뿐 아니라 메일을 주고받거나 정보 검색을 할 수 있어 언제 어디서나 정보네트워크에 접속가능하다는 것을 의미한다. 이러한 상황에서 모바일 기능을 강화시킨 태블릿 PC, iPad의 출시는 일종의 사건으로 받아들여지고 있다. 그것은 애플의 iPad가 PC면서 모바일기기의 정체성을 표방하는 한편 스마트폰과 노트북(Laptop) 사이에 제 3의 카테고리를 만듦으로써[1] 새로운 매체를 제안하고 있기 때문이다. 흥미로운 점은 iPad에 들어있는 애플리케이션인 i-books, 즉 e-book 기능이 몇 년 전부터 형성되고 있는 e-book 단말기 시장을 긴장시키고 있다는 사실이다. 2007년 아마존의 킨들(Kindle)이 활성화시킨 e-book의 대중화를 촉발시킨 것은 의외로 모바일 PC인 iPad인 것이다. e-book 단말기가 책의 장점과 디지털매체의 장점을 결합함으로써 인쇄된 책과 전자책의 단점을 수정한 매체로서[2] 기대를 불러일으켰다면, e-book의 플랫폼을 공유하면서 멀티미

---

1 2010년 1월 iPad 발표 당시 스티브 잡스의 설명 참조.

2 이미 잘 알려진 것처럼, e-book 단말기에 '전자종이책'이라는 명칭을 붙인 이유는 컴퓨터 모니터와는 달리 눈이 피로하지 않고 야외에서도 독서가 가능한 점 등 종이책과 유사한 독서체험을 제공하기 때문이다.

디어 기능을 버리지 않고 모바일 기능까지 첨가시킨 iPad는 업그레이드된 형태의 e-book을 제안하는 것으로 볼 수 있다.

문자의 매체이동

르네상스 이후 인류문화의 기록과 저장에 중요한 역할을 담당한 책은 20~21세기에 걸친 테크놀로지의 변화에 적응한 결과 여러 번의 변신을 거듭해왔다.[3] 그러한 현상에 주목할 계기를 제공한 것은 e-book이지만, 그에 대한 이해를 위해서는 오히려 책이라는 올드미디어가 어떠한 변화를 거쳐 왔는지 매체기술사적 맥락에서 살펴보는 것이 필요하다. 그리고 그 이해의 핵심은 논의의 중심이 되고 있는 책이 과거의 지식문화를 구축한 책이 아니라는 점을 인식하는 것이다. 더 정확히 말하자면, e-book으로 재탄생한 책에서 확인할 수 있는 것은 올드미디어와 뉴테크놀로지의 결합이자 테크놀로지에 의해 끊임없이 재규정된 문자의 최근 형태이다. 그렇다면 구텐베르크 은하계 이후 매체기술사적 관점에서 소통 방식의 변화를 관찰할 경우 초점은 책이 아닌 문자에 맞추어져야 할 것이다. 인쇄술과 결합한 문자가 책을 만들어냈고 인쇄된 책, 즉 구텐베르크 패러다임이 디지털기술과 충돌한 결과 하이퍼텍스트라는 새로운 문자 형태를 만들어냈기 때문이다.[4] 그런

3 인류의 역사에서 책 또는 문자는 대표적인 소통매체이자 오랫동안 지식 전달 및 저장의 주요 매체였으며 그런 점에서 구텐베르크 인쇄술의 역사적 의미는 본격적인 지식 아카이브의 구축에서 찾을 수 있다.

데 인쇄된 책에서 e-book에 이르기까지 다양한 형태의 책에서 공통적으로 사용되는 '책'은 정보단위를 구분해 줄 뿐 기술의 변화에 근거한 문자의 새로운 구성원리를 설명해주지 않는다. 따라서 오늘날 책이라는 명칭은 더 이상 인쇄물을 지시하기보다는 매체기술적 조건을 설명하는 수식어에 의해 그 의미가 보충되어야 하며, 책은 소통의 원재료에 해당하는 문자와 테크놀로지의 결합체로 보는 것이 적절하다(랜도우/들래니, 2004, 359쪽 참조). 인쇄술, 전기, 컴퓨터를 비롯하여 새로운 기술과 결합할 때마다 문자가 매체로 결정화(crystallization)된 것으로 본다면, 문자의 매체적 이동 경로를 추적함으로써 소통 방식의 변화[5] 또한 확인할 수 있을 것이다.

---

[4] 구텐베르크 은하계에 대한 공격이 마르코니의 전신기술로 촉발되었다면, 그 다음 패러다임으로의 전환은 디지털 기술을 통해 이루어졌다. 그 과정, 즉 매체사에서 구텐베르크 은하계의 구성과 해체 과정을 매체기술/매체의 관계에서 보면 인쇄술/책, 전기/무선전신, 컴퓨터/하이퍼텍스트로 정리할 수 있는데, 디지털 컨버전스는 이 관계 설정 자체를 무의미하게 만들었다. 왜냐하면 매체장치 간 자유로운 융복합이 가능해짐으로써 기술의 단계적 진화 못지않게 어떻게 조합되는가의 문제가 중요하게 여겨지고 있기 때문이다. 그리고 바로 이 지점에서 단순히 e-book이 아닌 멀티미디어 컨버전스 장치로서 iPad는 흥미로운 문제를 던져준다.

[5] 20세기 들어서 영상기술의 발달로 문자 중심의 소통 및 정보문화 재편성이 이루어졌고, 문자는 이미지에 주도권을 넘겨줬다. 인쇄매체는 컴퓨터의 도전을 받은 후 멀티미디어의 새로운 흐름에 수렴되는 것처럼 보였고, 20세기의 미디어 환경은 이미지 및 동영상 중심의 멀티미디어 정보가 주를 이루는 정보전달 및 소통이 지배적이었다. 이러한 기술사적 배경을 고려해 볼 때, e-book이 본격적으로 상용화될 경우 이제까지 진행된 멀티미디어 중심의 소통방식이 변경될 것인가의 문제가 제기될 수 있을 것이다.

인쇄매체와 동일시되었고 영상매체로부터 소외당했던 문자는 디지털기술 이후 다양한 형태의 기술적 결합체, 다시 말해서 '문자의 기술적 변형태'의 아카이브를 보유하게 되었다. 이 새로운 아카이브에는 문자에 통용되던 언어적 분류방식이 적용될 수 없는데, 서로 다른 기술적 배경을 갖는 문자의 '기술적 변형태'를 이해하기 위해서는 그 상이한 기술 조건이 고려되어야 하기 때문이다. 예를 들어, 컴퓨터 모니터 속의 문자와 휴대폰의 문자를 비교해 보면 휴대폰으로 자리를 옮긴 문자는 분명 PC에서와는 다른 특징을 갖게 된다. 휴대폰이라는 매체에 내재되어 있는 이동성이 문자에 새로운 특성을 첨가하기 때문이다. 특히 스마트폰으로 시공간에 구속받지 않고 실시간 업데이트되는 뉴스를 접하는 경우, 조간 또는 석간신문을 받아 볼 때와는 분명 다른 정보전달의 패턴이 만들어진다. 이때 신문과 모바일서비스의 결합, 즉 올드미디어와 뉴미디어(또는 뉴테크놀로지)의 결합은 새로운 소통의 상황을 발생시키고 사용자의 정보 수용 조건 또한 변화된다는 점에 주목할 필요가 있다. 따라서 서로 다른 매체를 통할 경우 동일한 정보 내용을 전달하더라도 서로 다른 정보로 해석되어야 한다. 그것은 매체 자체의 의미가 정보의 해석에 추가되기 때문이다. 이렇게 새로운 기술과 결합한 문자는 그때그때마다 새로운 '문자의 기술적 변형태'를 만들어내며, 그렇기 때문에 컨버전스 시대에는 매체 자체보다 정보와의 소통 방식을 규정하는 다양한 인터페이스가 더욱 관심을 끌게 된다.

멀티네트워크: 소통방식으로서 네트워크 구조의 변화

'문자의 기술적 변형태'는 문자의 매체이동 과정에서 '기술적 결정체'를 통해 확인되며, 이 글에서는 디지털기술과 결합한 문자, 하이퍼텍스트 이후의 형태를 중점적으로 살펴볼 것이다.[6] 디지털 기술은 그 이전과 이후를 확연하게 구분하는 소통방식의 변화를 가져왔는데, 그 중심에는 쌍방향 소통이 자리한다. 텍스트, 즉 인쇄물이 갖는 정보 전달체계를 완전히 재설정한 하이퍼텍스트가 만들어낸 것은 거대한 "다큐버스(docuverse)"만이 아니었다.[7] 텍스트/하이퍼텍스트의 구분에 전제가 되는 정보 구성방식의 차이, 즉 사용자의 개입으로 인한 정보의 자유로운 변형 가능성이 그러한 변화를 발생시킨 본질적 배경이 되는 것이다. 여기에서 변화된 논리를 단적으로 설명하는 개념은 바로

6 디지털 기술 이전까지 문자의 '기술적 결정체'는 주로 매체의 형태를 통해 확인 가능했다. 반면 융복합의 과정에서 파생되어 디지털매체로 총칭되는 경우 각각의 장치 또는 인터페이스의 형태를 통해서도 구분 가능하다. 문자와 디지털기술의 결합형태를 분석의 시작점으로 설정한 배경에는 서론에서 언급한 e-book에서 이 글의 문제제기가 이루어진 점 외에도 전기와 전자매체가 주를 이룬 20세기의 경우 이미지 중심의 멀티미디어가 매체구성의 핵심적 요소로 관심을 끌었다는 점이 작용했다.

7 랜도우는 인쇄문화를 구축한 텍스트의 선형적 구조를 변경시켜 새로운 독서 및 글쓰기 방식을 탄생시킨 '하이퍼텍스트'에 대한 종합 이론서(Landow, 2006)에서 텍스트와 저자, 독자의 재설정이라는 분석틀을 따른다. 하이퍼텍스트라는 용어를 만든 넬슨(Ted Nelson)이 하이퍼텍스트 시스템을 통해 궁극적으로 실현하고자 한 "다큐버스"는 이 세상의 모든 정보(document)가 연결된 일종의 우주(universe)로 이해할 수 있다.

'네트워크'다. 일종의 메타텍스트로서 하이퍼텍스트는 '텍스트 네트워크' 또는 네트워크의 구조로 연결된 텍스트 덩어리로 이해할 수 있기 때문이다. 따라서 1990년대 이후 소통 패러다임의 전환을 가져온 월드와이드웹 또한 그 원리나 기술적 구현에서 네트워크의 구성을 기반으로 한다. 그리고 디지털 네트워크 시스템을 20세기의 소통을 주도했던 매스미디어와 본질적으로 구분하는 것이 바로 쌍방향소통의 기능과 네트워크의 결합인 것이다. 그런데 디지털 컨버전스가 진행되자 쌍방향소통 네트워크는 더욱 복잡하고 다층적인 방식으로 분화되었으며, 사용자의 역할은 더욱 강화된다.

매체는 그것을 사용하는 사람들의 사고 및 소통방식에 영향을 주고 결과적으로 삶의 패턴을 바꾸어 놓는다. 쌍방향 소통의 특징은 매체와 사용자의 관계가 상호보완적이라는 점이다. 그래서 컴퓨터 그리고 웹에서 실시간 변화의 흐름이 생성되는 것은 기술적 환경이 그렇게 설계되어서가 아니라 그 안에서 소통하는 사용자들의 행위가 반영되기 때문이다. 특히 웹은 형태나 종류에 상관없이 세상의 모든 정보를 연결시키고 또한 접속하기만 하면 사용자를 네트워크의 구성요소로 만든다. 그래서 웹은 사용자가 네트워크의 일부가 된 첫 번째 모델이라고 할 수 있다. 웹이라는 미디어 환경의 구조를 이루는 하이퍼텍스트 시스템은 텍스트의 구성을 네트워크 방식으로 바꾸어 놓았을 뿐만 아니라 텍스트를 생산하고 소비하는 과정 또한 그 안에 포함시켰다. 하이퍼텍스트가 그것의 확장 형태로서 하이퍼미디어와 구분될 필요성에 대한 지적은 하이퍼텍스트 시스템에서 문자 중심의 데이터 구성방식이 이미지와 사운드, 동영상을 첨가시켜 멀티미디어 형태로 바꿔데 된 변화에 근거한다. 그런데 하이퍼미디어가 이러한 기술적 발전이 반영된 용어로 제시되었음에도 불구하고 하이퍼텍스트(또는 하이퍼미디어)의 본질을 바로 "네트워크화된 하이퍼텍스트 시스템"에 있다고 본다면 그 구분은 무의미해진다(랜도우/들래니, 2004, 367-372). 특히 뉴스를 보거나 정보를 검색할 때 또는 누군가와 메일을 주고받을 때 우리는 여전히 문자를 주된 매체로 사용한다는 사실을 고려하면 하이퍼미디어의 본질이 멀티미디어가 아니라 하이퍼텍스트 자체에 있다는 주장이 설득력을 얻게 된다. 그렇다면 네트워크 구조의 정보전달에서 내용이 무엇인지의 문제 또는 그 내용이 문자 중심인지 아니면 멀티미디어 형태를 기반으로 하는지의 구분은 큰 의미가 없을 것이다. 따라서 문제의 핵심은 멀티미디어가 아니라 하이퍼텍스트로 재설정된 텍스트(또는 문자), 다시 말해서 문자가 끊임없이 변형되고 있다는 사실에 있는 것이다. 그리고 이러한 과정은 테크놀로지가 올드미디어를 뉴미디어로 재탄생시킨 것으로 설명 가능하다.

하이퍼텍스트로 재설정된 텍스트는 e-book을 통해 또 다시 재설정되고 있다. 이 과정을 올드미디어/뉴테크놀로지의 융합으로 보든 아니면 올드미디어/뉴미디어의 충돌을 융합으로 끌어올린 것으로 해석하든, 중요한 것은 이질적인 두 매체기술의 결합이 정보전달 및 소통의 차원에서 발생시키는 새로운 패턴이다. 그런 점에서 볼 때, iPad로 대중에게 새로이 인식된 e-book 또한 책이라는 올드미디어가 전자종이(e-paper)라는 뉴테크놀로지로 거듭나고 모바일기술의 핵심 원리인 '이동성'을 차용하여 새로운 매개방식을 창출하고 있는 현재진행형 모델로 볼 수 있다. 『구글드』의 저자 켄 올레타는 iPad를 언론 및 방송과 뉴미디어 테크놀로지의 융합이 대중적인 반응까지 불러일으킨 긍정적인 사례로 꼽는다. 이렇게 올드미디어/뉴미디어의 융합이 과거 고정된 형태로 소통의 채널을 담당하던 매체를 보다 역동적인 소통의 플랫폼으로 기능하게 만들 때 새로운 소통의 지점이 발생하는 것이다. 새로운 소통 공간을 창출하는 변화의 원동력인 사용자는 소위 "네트워크 효과"(올레타, 2010, 229)를 발생시키는 원인으로서 뉴미디어환경의 핵심적 구성 요소로 부상하고 있다.

책과 컴퓨터, 모바일기술 등의 컨버전스를 통해 iPad가 제시하는 '새로운 소통'은 컴퓨터와 TV, 책과 신문 '사이'에서 이루어진다. 인쇄된 책과는 다른 독서 환경을 제공하고 장소에 구애받지 않고 웹에 접속할 수 있을 뿐 아니라 신문 구독이나 방송 시청까지 좀 더 편안한 일상 공간에서 할 수 있는 iPad에서 주목할 것은 '사용자의 체험'을 변화시킨다는 점이다. 흔히 매체장치의 융합으로 이해되던 '컨버전스'의 개념에 사용자의 체험이 더 적극적으로 반영되어야 한다고 주장하는 젠킨스(Henry Jenkins)는 컨버전스를 "다양한 미디어 플랫폼에 걸친 콘텐츠의 흐름, 여러 미디어 산업 간의 협력, 그리고 자신이 원하는 엔터테인먼트를 경험하기 위해서 어디라도 기꺼이 찾아가고자 하는 미디어 수용자들의 이주성 행동을 의미한다"(젠킨스, 2008, 17)고 규정하고 있다. 이는 컨버전스를 다양한 매체 기능이 하나의 기기에 융합되는 기술적 과정으로서가 아니라 "소비자로 하여금 새로운 정보를 찾아내고, 서로 흩어진 미디어 콘텐츠 간의 연결을 만들어 내도록 촉진하는 문화적 변화"(젠킨스, 2008, 18)로 확장시켜 이해함으로써 가능하다. 따라서 "미디어 컨버전스는 단순히 기술적 변화만을 의미하지 않는다. 컨버전스는 기술, 산업, 시장, 장르, 그리고 시청자 간의 관계를 변화시킨다. 컨버전스는 미디어 산업이 운영된 논리를 변화시키고, 미디어의 소비자들이 뉴스와 엔터테인먼트를 받아들이는 과정 또한 변화시킨다. 컨버전스는 최종 지향점이 아니라 과정"(젠킨스, 2008, 35-36)인 것이다. 젠킨스가 제안하는 컨버전스 개념의 확장은 기술의 구성에서 사용자의 체험이 중요한 요소로 다루어지고 있는 최근의 매체 현실을 반영한다. 이미 휴대전화에서 촉발된 컨버전스 컬쳐는 다양한 모바일 기기나 트위터, 페이스북 등 소셜 네트워크 서비스(SNS)를 통해 더욱 확장되고 있다.[8]

컨버전스 컬처로 이행되는 과정에서 변화의 초점은 기술적 차원의 컨버전스에 사용자의 역할이 결합되어 보다 유동적이고 탄력적인 소통 네트워크를 구성하는데 맞추어진다. 그리고 이 새로운 소통망의 구성과정에서 소통방식의 변화와 매체기술의 속성이 오버랩된다. 다시 말해서, 기존의 소통방식을 변화시킨 기술적 요소가 계속해서 기술적 진화로 직접 연결되기 보다는 새로이 구성된 소통 문화에서 다음 단계의 기술에 대한 구상이 이루어진다는 것이다. 예를 들어, 웹을 구성한 기술적 조건(앞에서 언급한 하이퍼텍스트 시스템과 정보 네트워크)은 책이 갖는 선형적 텍스트의 견고한 구조를 해체시켰고, 구술적 소통의 특징을 더욱 강화시켰다. 웹에서 이루어지는 사용자의 태도 변

[8] 이렇게 다수의 매체를 넘나드는 컨버전스가 21세기의 기술로 업그레이드된 형태를 젠킨스는 '트랜스미디어'라는 용어로 설명하는데, 트랜스미디어 중심의 컨버전스 문화는 새로운 방식의 네트워크를 형성하면서 새로운 소통방식을 매개한다고 볼 수 있다.

화는 다음 단계에 이루어질 기술적 결정화에 반영되는데, 정보의 형성에 사용자의 개입이 더욱 적극적으로 고려되고 접속의 공간적 제한을 해결한 모바일기술은 웹문화에 대한 분석의 결과인 것이다. 그래서 젠킨스가 제시하는 컨버전스 컬처는 하이퍼픽션이나 넷 기반의 공동창작 또는 컴퓨터게임의 서사나 댓글달기 등와 같은 초기 웹 문화보다 더 광범위한 대상을 포함할 뿐 아니라 더 분산적 형태를 갖는데, 이는 사용자의 개입과 다양한 장치의 결합을 통해 웹의 네트워크 구조가 다층화되기 때문이다

모바일 네트워크의 탈중심적 소통

드 케르코브(Derrick de Kerckhove)에 따르면, 시대마다 뉴미디어가 등장하여 우리의 정보처리능력을 증가시켰다. 문자 자체가 이미 가속화의 시작을 알렸으며, 인쇄술로 인해 정보의 홍수가 시작되었고 라디오와 TV는 그 범위를 전지구적 영역으로 확장시켰다. 컴퓨터가 개인의 정보처리 속도를 높였다면 하이퍼텍스트와 상호작용성, 온라인 멀티미디어가 결합하여 만들어낸 새로운 미디어환경은 가속화를 새로운 단계로 진입시키고 있다. 다시 말해서, 책이 개인의 정신을 확장시켰으며 라디오나 TV는 매스미디어로서 소통에 “집단적” 특성을 부여했으나 네트워크 안에 개인의 개입을 허용하지 않는다. 그런데 웹은 라디오와 TV에서 가능해진 실시간 소통을 확장시켰고, 이 “확장된 혹은 연장된 실시간”(de Kerckhove, 1998, 83)은 ‘실시간으로 이루어

지는 소통의 진행형'으로 정의될 수 있다. 젠킨스가 '컨버전스 컬처'로 사용자 기반의 매체문화 현상을 설명한 것처럼, '확장된 실시간'으로 개별적인 개입을 허용하는 웹에서 이루어지는 소통의 형태를 드 케르코브는 "연결지성(connected intelligence)"이라는 용어로 설명한다.[9] 그리고 이렇게 변화된 매체환경을 결정하는 주체로서 사용자는 "참여적 인간(Homo participants)"(de Kerckhove, 1997, 49)이라는 신인류로 재탄생한다.

사용자에 초점을 맞춘 네트워크의 모델은 구글의 검색엔진에서도 찾아볼 수 있다. 구글의 각종 서비스는 사용자의 수요를 반영하는 검색 결과를 통해 달라진 사용자의 위상을 상징적으로 보여준다.[10] 웹

---

9 웹에서의 소통 및 지식 네트워크를 설명하기 위해 레비가 제안한 '집단지성 collective intelligence'과 구분하여 드 케르코브가 "연결지성"을 사용한 이유는 "집단적"이라는 용어가 웹 이전의 소통구조, 즉 매스미디어의 일대다 소통 네트워크의 특성을 설명하기 때문이다(de Kerckhove, 1998, xxx). 집단지성과 연결지성은 모두 웹이라는 사용자 중심환경에서 이루어지는 지식네트워크의 형태를 지칭하는 공통점을 갖지만 현상을 바라보는 관점의 차이가 용어의 구분을 가져왔다고 보여진다. 다시 말해서, 전자가 사이버공간이 가능하게 한 새로운 담론 형성의 가능성에 초점을 맞추어 집단적이라는 표현을 사용했다면 후자의 경우 매체기술사적 패러다임의 전환을 명시하기 위해서 집단적이라는 표현은 적절하지 않은 것이다. 이와 관련하여 레비의 글(레비, 2002) 참조.

10 구글의 광고인 '애드워즈' 또한 사용자 중심의 소통 네트워크를 관찰할 수 있는 좋은 예이다. 사용자가 광고를 클릭할 경우에만 광고비용을 지불하는 시스템인 애드워즈는 소위 '키워드 검색광고'로 이해할 수 있는데, 구글은 뉴스 검색에도 애드워즈를 탑재, 수익 강화에 나서고 있다. 구글은 이러한 방식이 광고주와 뉴스 발행자 모두에게 효과적인 체험을 제공할 것이라고 주장하고 있다. 이에 대해서는 올레타의 저서(올레타, 2010, 277-381)와 구글 홈페이지의 설명 참조.

이라는 가상공간에 홈페이지라는 자신의 소통공간을 확보했던 사용자는 블로그 등 다양한 형태로 간편화된 개인 웹페이지의 확산으로 더욱 활발하게 활동하게 되었으며, 일종의 네트워크를 형성하는 페이스북 사용자 커뮤니티는 사용자 역할을 재설정하여 "탈중심화된 소통(decentralized communication)"(올레타, 2010, 283)을 만들어냈다. 또한 컴퓨터와 모바일 기기 등 다양한 경로로 접속 가능하고 커뮤니티가 다양한 그룹의 사람들로 구성될 뿐더러 그 안에서 이루어지는 대화 내용 또한 일정한 주제를 지킬 필요가 없는 트위터는 연결되는 것 자체, 다시 말해서 소통 자체를 더욱 강조하는 새로운 소통방식을 창출하였다.[11] 이렇게 기존의 소통 및 매체 산업을 재편성하고 있는 탈중심화된 소통구조는 사용자의 적극적인 참여를 전제로 하며, 새로이 형성된 '컨버전스 컬처'는 올드미디어를 새로운 방식으로 해석한다. 모바일 네트워크가 구축되면서 예견되는 새로운 소통 방식의 모델은 사실 하드웨어적인 차원, 즉 컴퓨터네트워크 시스템의 다중화 방식을 지칭하는 '멀티네트워크'를 참조할 경우 더욱 쉽게 이해 가능하다. 멀티네트워크 방식이 현재의 미디어플랫폼 구성과 그에 기반을 둔 소통 네트워크를 설명하는데 적절한 이유는, 이 모델이 기존의 웹의 속성을 반영하는 동시에 그 기능의 단선적 강화나 확장보다는 이질적인 요소의

---

11 경제적 차원에서도 트위터로 대표되는 인맥사이트는 공유와 수익 창출을 결합한 일종의 "하이브리드" 형태로 해석되는데, 이는 "여러 사람의 노력으로 커뮤니티를 형성하고 상업적 가치를 창출하는 회사"를 의미하며 "구글이나 아마존, 넷플릭스처럼 '상업경제'에 해당하지 않고 위키피디아나 리눅스 OS처럼 비영리의 '공유경제'에도 해당하지 않는다."(올레타, 2010, 284 참조)

결합인 하이브리드 네트워킹의 특징에 초점을 맞춘 것이기 때문이다.

모바일 네트워크는 20세기 매체의 이해를 21세기 관점으로 이동시키는 연결 고리로도 볼 수 있다. 매체를 '인간의 확장'으로 이해한 맥루언의 이론은[12] 원칙적으로 디지털매체의 등장 이전까지 유효한데, 그것은 각각의 매체가 서로 다른 기술조건에 근거한 개별 장치로 본 그의 관점이 매체 간 융합으로서 컨버전스를 설명할 수 없기 때문이다. 그러나 맥루언 고유의 '매체의 이해'를 가능하게 한 전기/전자매체에서 그리고 모바일 네트워크에 대한 설명의 실마리를 찾을 수 있는데, 인간의 신경체제의 확장으로 설명하고 있는 전기적 특성은 오히려 오늘날 매체환경에 기반이 되는 네트워크 구조와 유사하기 때문이다. 맥루언이 "총체적 변화"로 설명했던 "정보 없는 매체"로서 전깃불의 메시지(McLuhan, 1964/2001, 7)는 컨버전스와 하이브리드 네트워크의 복합적 발생을 통해 폭발적인 변화의 힘을 갖는 21세기 '멀티네트워크'의 메시지로도 유효하다. 따라서 멀티네트워크 구조에서는 사용자가 개입하여 퍼즐 조각을 완성하는 것보다 복잡한 연결망 속에서 사용자가 '어떻게' 행동하여 네트워크를 활성화시키는가가 더 중요하다. 그렇다면 멀티네트워크는 웹이라는 사이버공간에서 완성되는 것이 아니라, 1) 웹과 다양한 모바일 장치 그리고 그 사용자 간에 구축되며,

12 매체를 '인간의 확장'으로 이해한 맥루언의 관점은 인공보철물과 매스미디어의 형태에서 확인 가능하다. 전자는 인공지능의 개발과 컴퓨터의 발전사에서 그리고 인공장기와 나노과학으로 이어졌는데, 이때 마이크로 시스템의 구현에 초점이 맞추어진다. 반면 후자의 경우는 맥루언이 제시한 확장과 가속화의 논리를 따라 교통 및 통신수단의 발달이 이루어진 것으로 이해할 수 있다.

2) 사이버공간과 현실공간을 동등한 차원에서 매개하고, 3) 보다 복합적이고 다차원적인 연결망의 형태를 갖는다.

사용자 중심의 멀티네트워크는 웹이 만들어 놓은 네트워크, 즉 소통의 연결망 구조가 계속해서 첨가된 매체장치와 그에 연결된 불특정 다수의 사용자가 '이동하면서' 만들어내는 탄력적 네트워크의 구조를 갖는다.[13] 그래서 새로이 구축되는 멀티네트워크는 다양한 매체가 결합되는 과정과 그에 반응하는 사용자의 행위, 사용자가 정보에 접속하는 방법과 정보의 흐름이 만들어내는 공간의 변화 등 다양한 차원의 이질적인 요소들이 통합적으로 구성하는 하이브리드 네트워크이기도 하다. 21세기 뉴미디어 환경의 새로운 소통방식으로 제시되는 멀티네트워크의 구조는 인터페이스 디자인의 과정에서 계속 실험되어, 그 과정에서 다양한 변형을 파생시키고 있다. 예술과 테크놀로지의 접점에서 완성되는 인터페이스 디자인의 경우 특히 예술작업에서 그 선행모델을 찾아볼 수 있다는 점에 착안하여 이 글에서는 문자의 기술적 변형태'의 형성 과정을 확인할 수 있는 예를 직접 찾아 분

---

[13] '탄력적 네트워크 구조'는 앞에서 언급한 '컨버전스'와 유사한 것으로 볼 수 있는데, 이는 사용자의 관점에서 매체를 이해하기 때문이다. 이미 2002년 체스킨 리서치 보고서에서 밝혀진 것처럼 "컨버전스에 대한 기존의 생각은 통합 리모콘처럼 수많은 기기가 단 하나의 단일 기기로 통합되면서 모든 기능을 포함하게 될 것이라는 것이었다. 하지만 지금 우리가 당면한 상황을 보면 하드웨어는 분화되고, 대신 콘텐츠가 컨버전스화되고 있다. (중략) 당신이 이메일에 대하여 요구하는 기능이나 기대하는 요소들은 당신이 집에 있는지, 회사에 있는지, 혹은 이동 중인지, 공항인지 등에 따라 다르게 나타난다. 그리고 이런 다양한 기기들은 당신이 어디에 있는지, 당신의 상황적 맥락에 따라 적합하게 작동하도록 디자인되었다."(젠킨스, 2008, 35에서 재인용)

석해 보고자 한다. 이는 '문자의 매체이동'을 통해 확인한 멀티네트워크의 형성과정을 좀 더 세부적으로 관찰하기 위한 것으로, 특히 문자가 특정 기술과 결합하여 매체로 결정화되는 과정을 살펴볼 수 있을 것이다.

뉴 인터페이스 디자인: 멀티네트워크 인터페이스의 예술적 실험

우리가 일상에서 사용하는 매체(또는 인터페이스)는 대학의 연구실이나 예술가의 작업실에서 시작된 경우가 많다. 예를 들어, 미국 MIT Media Lab이나 독일 ZKM(Center for Art and Media Karlsruhe)의 작업실에서 시도된 실험적 형태가 제품으로 만들어지면 많은 사람들이 사용하게 되는 것이다. '문자의 기술적 변형태' 또한 그 선행 모델을 미디어아트 작품에서 찾아볼 수 있으며, 예술가들의 작업에서 우리는 문자의 매체이동, 즉 문자가 매체로 결정화되는 과정을 추적할 수 있다.[14] 그 첫 번째 유형은 문자가 새로운 매체기술과 결합하는 과

14 매체환경의 변화와 병행하여 혹은 그 변화의 흐름을 선도하는 예술형식을 살펴보는 작업은 미디어지형도에서 일어나고 있는 변화의 맥락을 짚어보고 앞으로의 경향을 예측하는데 도움이 될 것이라 여겨진다. 이 글의 주요 가설로 제시된 '예술의 매체 분석과 실험'은 아방가르드 예술로서 미디어아트의 분석에 익숙한 관점이다(이러한 작업의 구상과 실천의 역사에 대해서는 앞에서 인용한 책 『멀티미디어. 바그너에서 가상현실까지』를 참조). 이러한 관점을 모바일미디어 환경의 분석에 적용한 이 글은 미디어아트와 매체기술의 상호 소통적 관

정에서 확인 가능하다. 이 방식은 문자를 원래 속해있던 매체에서 분리시킴으로써 기술의 시각적 가시화를 시도하거나 매체에 대한 성찰을 유도한다. 이때 스크린으로 이동한 문자는 디지털화된 문자를 확인하는 대표적인 지표[15]인 동시에 이 글에서 제시하는 '문자의 기술적 변형태'의 기본형이기도 하다.

헤일즈(Katherine Hayles)의 『글쓰기 기계 *Writing Machine*』는 컴퓨터와 글 쓰는 주체로서 인간의 신체가 통합되고 있음을 지적하는 한편 텍스트의 생성에 기계-인간-상호작용의 메커니즘이 반영됨을 보여준다. '글쓰기 기계'는 디지털 시대를 맞이하여 인쇄된 책이 어떻게 변화하는지를 보여주는 예로서, 테크놀로지의 물질성이 텍스트의 구성에 영향을 주고 그 결과 "테크노텍스트(technotexts)"(Hayles, 2002, 25-28)[16]가 형성된다. 테크노텍스트는 텍스트와 컴퓨터 알고리즘의 결합체이자 독자와 기계간의 상호작용을 형상화한 일종의 시각언어인데, 흥미로운 점은 테크노텍스트가 독해불가능성을 내포하고 있는 점이다. 왜냐하면 헤일즈는 테크노텍스트를 통해 인간과 컴퓨터가 서로

계를 다시 확인하려는 의도를 갖는다.

15 랜도우가 하이퍼텍스트의 특징으로 언급하는 "시각적 요소"의 기술적 구현은 스크린과 텍스트의 결합으로 이루어지며, 이를 통해 텍스트의 시각화 및 자유로운 변형이 가능해진다. 이와 관련해서는 랜도우의 텍스트(Landow, 2006, 85-93)를 참조.

16 헤일즈가 '테크노텍스트'의 개념으로 제시하는 견해에 의하면, 텍스트를 생성하는 기술은 텍스트의 구성과 긴밀한 관계를 맺는다. 헤일즈의 견해를 참조하면, 짧은 문장으로 표현해야 하는 매체기술의 제한 조건이 휴대폰 문자세대가 축약어를 많이 사용하는 원인이 된다는 설명이 가능하다.

분리되어 사용자와 기계로 작동하는 것이 아니라 글쓰기 기계를 형성하는 '이질적인' 구성요소임을 보여주기 때문이다. 컴퓨터로 문서를 작업하는 것이 일상화된 오늘날 '글쓰기 기계'가 소통이 아니라 의미의 충돌 및 간섭을 강조하는 것은 기술 및 매체 자체에 대한 성찰을 유도하기 위한 것이다. 문자를 소재로 한 상호작용예술「텍스트 레인 Text Rain」(Utterback/Achituv, 1999) 또한 스크린에서 생성되는 하이퍼텍스트에 새로운 옷을 입혔다. 이 작품은 하이퍼텍스트의 구성에 사용자의 신체를 결합시키는데, 스크린에 비처럼 떨어지는 문자들이 관객의 움직임에 반응하기 때문에 관객의 신체적 개입은 의미 생성에 필수적인 요소가 된다. 글 쓰는 행위를 통해 인간이 컴퓨터와 결합한 일종의 사이보그가 되는 과정을 '글쓰기 기계'가 성찰적으로 매개하고 있다면「텍스트 레인」은 인간의 신체를 직접 인터페이스에 첨가시킴으로써 사용자가 그 성찰의 과정을 행위를 통해 직접 체험하게 했다.

「텍스트 레인」처럼 문자를 소재로 한 예술에서 스크린의 활용이 특히 눈에 띄는데, 이는 문자를 시각예술과 접목시키는 과정에서 이루어지는 자연스런 현상으로 볼 수도 있고 하이퍼텍스트의 쌍방향 소통 기능을 형상화하려는 의도를 담고 있는 것으로 볼 수도 있다. 그래서「글쓰기 기계」나「텍스트 레인」처럼 매체와 사용자 간의 쌍방향 소통을 문자를 통해 시각적으로 형상화한 작품은 변화된 소통방식을 드러내는 동시에 새로운 인터페이스를 모색하는 과정을 보여준다. 한편 이들 작품에서 확인할 수 있는 것은 문자의 기술적 변형태를 구성하는 과정에서 문자를 기존의 매체에서 분리시키는 작업이 필수적이라는 점이다. 그래서 문자의 기술적 변형태의 첫 번째 모델이 문자를 종이에서 분리시켜 스크린으로 이동시켰다면, 그 영역을 확장하여 건물의 외벽이나 거리 등 일상공간으로 다시 이동하는 경우 도시 공간이 스크린을 대체하게 된다. 문자를 특정 매체에서 분리하여 임의적 공간과 결합시키는 방식은 스크린과 문자의 결합이 두 번째 기술적 변형태로 확장될 가능성을 암시한다.

미국의 아티스트 홀처(Jenny Holzer)는 LED 프로젝션을 이용하여 텍스트를 건물이나 도시 공간과 결합시키는 작품으로 유명하다. 뒤스부르크 프로젝트(Xenon for Duisburg)는 독일 뒤스부르크의 시청, 기차역, 미술관 등의 건축물뿐만 아니라 거리의 바닥이나 건물 내부의 천장에 텍스트를 영사하는 방식으로 문자의 매체적 경계를 재설정한다. 홀처의 작품은 도시나 전시공간을 변경할 때마다 새로운 공간과 결합한 텍스트가 새로운 의미를 획득하도록 메시지를 구성하기도 한다(Dinkla, 2004 참조). 홀처의 작품에서 텍스트는 특정 공간이나 이미지와 연관성을 갖기도 하지만, 번쩍이는 불빛과 흐르는 텍스트의 속도가 빠를 경우 그 내용을 파악하기 힘들다. 그래서 이 작품에서는 텍스트가 전달하는 정보의 의미보다는 문자라는 정보 자체가 책이나 스크린이라는 매체를 벗어나 일상공간의 어디에나 위치할 수 있고 그럼으로써 새로운 형태의 인터페이스를 모색한다는 사실이 더 중요할 수 있다.[17] 이 새로운 인터페이스 형태에서 주목할 것은 문자가 더 이상

17 이미지를 배제시키고 문자 또는 텍스트만으로 작업하는 웹아티스트 '장영혜중공업'의 작품에서도 플래시(Flash)로 제작한 텍스트를 해독할 수 없는 경우가 있다. 이들 작품이 전달하는 메시지는 동일한데, 데이터가 더 이상 의미 전달을 목표로 하지 않고 데이터 자체의 변형을 보여줌으로써 결과적으로는 매체

특정 매체장치와 결합하지 않는다는 점인데, 이는 정보가 더 이상 공간적 제한을 받지 않는 21세기 매체의 경향과도 일치한다. 또 다른 작가 폽(Julius Popp)의 「비트폴 Bit.Fall」(2005)은 디지털매체의 액체적 특성을 문자의 형상화에 반영하는데, 이 작품에서 텍스트를 만들어내는 물은 유동적이고 자유로운 변형이 가능한 매체의 속성을 설명하는 것에 그치지 않는다. 문자의 실시간 퍼포먼스는 현재의 매체환경, 즉 모바일 서비스를 통해 강화된 휴대성과 이동성이 모든 곳을 소통 가능한 영역으로 끌어들이고 매체공간의 지속적인 경계 이동을 통해 보다 역동적인 소통의 흐름을 창출하는 현재의 상황을 보여준 것이다. 애플 iPad의 출시를 계기로 모바일데이터 시장이 확장될 것이라고 전망되는 2010년의 매체현실은 문자의 매체적 경계를 허물어버린 홀처와 폽의 실험적 형식과 오버랩된다. 그래서 일상공간에서 부유하는 홀처의 텍스트는, 증강현실의 정보처럼, 모든 것을 매체로 만들고 정보공간을 현실공간과 중첩시킨다.

오늘날 우리는 예술의 영역뿐만 아니라 일상에서도 디지털적인 것과 현실적인 것이 겹쳐지는 다양한 형태를 관찰할 수 있다. 스크린과 결합하고 일상공간으로 이동한 문자가 이제 가상과 현실의 경계를 재설정하면서 소위 "퓨전 스페이스(Fusion Space)"라는 새로운 공간을 생성하고 있기 때문이다. 공간적 컨버전스로 이해할 수 있는 퓨전 스페이스는 특히 건물 전체의 활용을 특징으로 한다. 예를 들어 학생들이 세미나에서 무선 네트워크 기능을 가진 랩탑을 사용하여 실시간 검

자체를 관찰하게 하는 것을 그 내용으로 한다.

색을 하는 경우 실제 공간과 디지털공간이 겹쳐지는 현상을 목격하게 된다(Mitchell, 2005, 22). 이렇게 실시간 무선 네트워크 기능이 연계될 경우 기존의 공간은 새롭게 재탄생되며 그 안에서 이루어지는 모든 작업 또한 새로운 의미를 획득하게 된다. 예술의 영역에서도 퓨전 스페이스의 적용이 눈에 띄는데, 최근 미디어아트의 새로운 흐름으로 등장한 미디어파사드(Media Façade)의 형태가 그것이다.

2009년 겨울 서울스퀘어의 건물 외면을 스크린 삼아 전시된 오피(Julian Opie)의 작품은 텍스트를 사용하지 않았지만 미디어파사드의 형태가 대중에게 각인된 좋은 예이다. 「지식의 성장 The Growth of Knowledge」(Sommerer/Mignonneau, 2007) 또한 미디어파사드의 메시지를 효과적으로 전달한다. 이 작품의 제목이 암시하는 "지식의 성장"은 많은 정보의 축적을 통해서보다 거리를 지나는 불특정 다수의 행인들의 움직임이 만들어내는 이미지의 증식으로 설명되는데, 이는 개인의 참여 자체가 정보의 축적과 소통에 중요한 변수로 고려되고 있음을 보여준다. 미디어파사드가 가져온 변화의 의미는 설치예술을 일종의 공공예술로 전환시키는 과정, 다시 말해서 모든 사람들을 퍼포먼스의 주체로 끌어들이는 데에서 찾을 수 있다. 문자(또는 이미지)가 기존의 미디어 플랫폼을 이탈하여 새로운 공간을 모색하는 과정의 현재형으로서 미디어파사드는 관찰자였던 관객 또는 관람의 의지를 갖지 않던 행인을 정보의 흐름에 개입시키고 그 생성 과정에 참여시킨다. 이로써 사용자는 정보전달과 소통에 적극적으로 관여하고 정보 및 소통의 흐름을 변화시키는 능동적 행위자가 된다.

미디어파사드의 형식을 취하는 「에너지 통로 Energy Passages」

(Fleischmann/Strauss, 2003)에서는 확장된 소통공간이 모바일 장치와 결합하여 그 소통구조를 다층화시키는 과정을 확인할 수 있다. 이 작품은 뉴스 기사에서 발췌한 텍스트로 구성되는데, 거리의 바닥에 흐르는 문자와 소리는 지나가는 행인에 의해 선택된 내용이다. 반응의 피드백에 참여하는 주체는 관람의 의도를 갖는 관객이 아니라 거리를 지나는 행인, 즉 누구나가 될 수 있다. 「에너지 통로」의 작가들은 「미디어 플로우 Media Flow」(2006)에도 이와 유사한 형식인 "시각 인터페이스"를 사용하고 문자와 관객의 피드백을 시각적으로 형상화시키는 자체 인터페이스 기술(PointScreen)을 고안했다(Fleischmann/Strauss, 2008, 85). 종이에서 스크린으로 이동한 문자는 미디어파사드와 상호작용 인터페이스의 결합을 통해 그 영역을 다시금 확장시킨 후 다양한 매체장치들의 네트워크 속에서 소통을 매개하는 '멀티네트워크 인터페이스'를 구현한다. 모바일 기기와 결합한 미디어파사드에서 이루어지는 소통의 특징은 참여자의 유형을 규정할 수 없으며 소통방식의 기본 프레임 이외의 요소에 대한 세부적인 규칙이 요청되지 않는다는 점이다. 그래서 정보를 입력하는 주체가 가상공간과 현실공간이 중첩된 정보공간을 매개하고, 그 매개 지점인 사용자가 이동할 때마다 새로운 소통의 상황을 연출해내는 것이 멀티네트워크 시스템의 기본 구조가 된다.[18] 멀티네트워크 인터페이스는 웹에서 시작되어 모바일 환경에서

[18] 장소는 누구나 접근 가능한 거리로 설정되고, 소통의 주체는 무작위로 참여하는 익명적 주체로서 행인이 된다. 그래서 미디어파사드의 특징은 정보를 변화시킬 수 있는 통로를 공개함으로써 다차원적 연결 구조가 활성화된 상태로 유지되는 것이다. 이때 가상과 현실의 연결은 수렴되지 않고 중첩된 상태를 유지

본격화되고 있는 "다대다 분산 네트워크(Many-to-many distribution networks)"(Paul, 2008, 165)의 구현 형태로서 소통 방식뿐만 아니라 공공 영역을 새로이 디자인하고 있다.

이미 GUI에서 획기적인 전환을 맞이한 인터페이스 디자인은 이후 예술가들의 다양한 형식의 실험과 맞물리면서 기술적 업데이트를 계속하고 있다. 새로운 기술이 등장할 때마다 그것을 응용하여 작품을 만들어내는 예술가들은 기존에 상상할 수 없었던 매개 방식을 제시했다. 특히 관객을 개입시키고 작품의 경계를 전시 공간으로 확장시킨 상호작용예술은 매체기술의 발전을 고려하여 새로운 공간의 이해를 제안해왔다.[19] 이제까지 예술작품에서 형상화된 소통 방식을 인터페이스 디자인의 실험적 예를 통해 살펴본 결과 실시간 상호작용, 소통 공간 및 대상의 확장, 그리고 공간의 확장에 기술을 접목시킨 소통 구조

함으로써 네트워크 구조의 일차적 다층화의 조건을 충족시킨다. 다층적 네트워크의 두 번째 조건은 정보의 매개지점으로 설정된 소비자의 행위에서 찾을 수 있다. 멀티네트워크의 또 다른 예로 1998년 Ars Electronica 기간 중 오스트리아 작가들의 프로젝트로 전시된 ClickScape98을 들 수 있는데, 이 작품에서는 인터넷으로 전송된 텍스트나 이미지가 건물 전면부에 설치된 디스플레이를 채우게 된다. 온/오프라인에서 관객의 참여 등 다중적인 네트워크 구조를 바탕으로 완성되는 이 작품은 참여자의 존재보다는 시각화 공간인 스크린이 보다 강조된 멀티네트워크 인터페이스의 형태로 볼 수 있다.

19 70년대 비디오아트에서 흥미롭게 시도되었고 80년대 상호작용예술과 디지털아트에서 보다 정교해진 상호작용의 피드백은 미디어파사드의 형식을 통해 새로운 컨텍스트에서 새로운 해석을 기대하게 되었다. 이는 전시공간의 이동으로 보다 많은 관객과 소통할 수 있는 효과를 거둠으로써 예술이 웹의 핵심원리인 실시간 소통을 공간의 확장을 통해 시뮬레이션한 것으로 볼 수 있다.

의 다층화라는 단계별 진행 과정을 확인할 수 있었다. 매체기술의 발달 과정과도 겹치는 인터페이스 디자인의 유형별 관찰에서 눈에 띄는 것은 관객의 참여가 변함없이 중요한 요소로 다루어지고 있다는 사실이다. 오히려 관객의 개입을 언어적 소통에서 행위의 차원으로 확장시키고 새로운 체험을 매개하는 방향으로 인터페이스 디자인이 변경되고 있다는 설명까지 가능하다. 예술작품의 구성은 불특정 다수의 개입이 개인적인 차원에서 이루어지는 동시에 집단적인 체험이 첨가되는 방향으로 진행되고 있는데, 이는 매스미디어에서 웹 그리고 유비쿼터스 컴퓨팅으로 이어지는 매체환경의 변화와도 일치한다. 예술이 오랫동안 고민했던 관객의 참여는 오늘날 다양한 모바일 기기와 웹을 통해 항상 소통의 네트워크에 접속해 있는 현대인의 모습에서 완성되고 있다.

소통공간의 다층적 확장

모바일 서비스와 결합한 인쇄매체인 e-book에서 우리는 1960년대 TV를 중심으로 시작된 지구촌의 공간적 변화를 추적할 수 있다. 지구촌을 가능하게 한 실시간 방송이 소통의 패러다임을 바꿀 것이라는 메시지는 백남준의 1986년 작품 「굿모닝 Mr. 오웰」에서 이미 예고된 바 있다. 이 작품은 글로벌 시대를 알리는 흥미로운 장면을 담고 있는데, 텔레비전 화면을 둘로 나누어 뉴욕과 파리를 보여줌으로써 멀리 떨어져 있는 장소에 존재하는 사람들이 소통하고 있음을 시각적으로 인지시키고 있다. 그리고 월드와이드웹이 이루어낸 것은 전지구적 차원에서 형성된 '실시간 쌍방향 네트워크'이다. 앞에서도 언급했듯이 이로 인해 책과 TV의 단계에서 불가능했던 새로운 소통의 상황이 발생했으며, 이때 변화는 소통 영역의 확장이 아니라 소통 네트워크의 구조 변화에 기인한다. 그와 관련하여 이 글에서 주목한 것은 소통 범위의 단순한 확장과는 다른 차원에서 이루어지는 '공간적 활용 및 확장'이다. 이는 사무실이나 집 등 일정한 영역에서 정보 전달의 새로운 경로를 생성해냄으로써 얻게 되는 공간 확장의 새로운 차원을 의미한다. 책이나 TV, 컴퓨터가 매개하는 소통 구조는 결국 정보의 발신자와 수신자의 관계로 환원된다. 물론 웹은 일대다에서 다대다 소통구조의 변화를 이루어냈으나, 소통은 인터넷 망의 확산 정도나 속도, 네트워크 설치의 기술적 조건에 종속적일 수밖에 없었다. 이는 월드와이드웹이 지구촌을 재편성한 1990년대 이후 유비쿼터스 컴퓨팅이 본격화되기까지 웹에 접속할 수 있는 컴퓨터가 정보 전달 및 소통의 중심이 되는, 매체 중심적 네트워크 때문이다. 그런데 이 글에서 컴퓨터와 웹 이후의 변화된 상황을 살펴보기 위해 예술적 소통의 유형을 살펴본 이유는 디지털아트가 관객의 참여를 예술의 구성원칙으로 받아들임으로써 '인간 중심적 인터페이스'의 실험을 활성화시켰기 때문이다.

관객 또는 사용자의 행위를 소통의 상황에 포함시키려는 다각적 시도의 결과는 다양한 인터페이스의 제안으로 이어졌다. 그래서 이 글에서 살펴본 '소통의 공간적 확장'은 지구촌에서 구현된 인간의 확장을 일상공간으로 끌어들인 형태이자 '소통공간의 다층적 확장'을 실현시키는 다양한 인터페이스 디자인의 예에서 확인 가능하다. 앞에서 디지털아트에서 시도된 인터페이스의 유형을 문자와 스크린의 결합, 문자의 공간적 확장, 테크놀로지와 결합한 정보공간의 생성의 단계로 살펴본 결과, 변화의 핵심은 종이와 분리된 문자가 전기나 공기처럼 일상 공간 어딘가에 항상 존재하며 그 정보의 흐름을 조절하는 주체는 관객 또는 사용자가 된다는 사실에서 찾을 수 있었다. 그리고 이러한 변화의 내용은 21세기 이후 우리의 생활환경을 재구성하고 있는 유비쿼터스 컴퓨팅의 구상에서 확인할 수 있다. 예를 들어, MIT에서 추진하고 있는 옥시전(Oxygen) 프로젝트는 가정이나 사무실에서 매일 사용하는 전기나 우리가 숨 쉬는 공기 중의 산소처럼 어디에서나 컴퓨터를 이용할 수 있는 환경을 구축하기 위한 다양한 인터페이스의 연구를 목표로 한다. 옥시전 컴퓨팅은 사용자와 시스템 기술의 조화를 통해 어떤 장소에서도 네트워크 접속을 통하여 인간 중심의 컴퓨터 사용이 가능하며 인간의 요구를 직접 처리할 수 있게 한다는 점에서[20] 컴퓨터가 아니라 사용자 중심의 정보 네트워크 구조를 갖는다.

인간중심 네트워크 구조는 문자의 매체 이동을 소재로 한 예술작품에서도 공통적으로 확인되며, 이러한 특징은 인터페이스 형태에 대한 예술적 실험을 유비쿼터스 컴퓨팅의 선행 모델로 볼 수 있는 연결 고리가 된다. 사용자의 임의적 선택, 이동에 따른 정보흐름의 가변성 등 주어진 일정한 공간을 활용하는 방법을 다양하게 만들수록 공간의 다층적 확장의 가능성도 커진다. 따라서 '공간의 다층적 확장'은 일정 공간을 여러 층위로 분리하고 또 그 다양한 층위를 교차시키거나

[20] 옥시전 프로젝트에 대해서는 다음의 자료를 참조.
(http://oxygen.csail.mit.edu/; 이성국/김완석, 2003, 123-134)

겹쳐놓을 수 있다면 동일한 공간에서 발생할 수 있는 소통의 가능성은 더욱 커질 것이라는 가정에 근거한다. 이때 매체 장치의 수적 증가와 인터페이스의 다양화가 소통 가능성을 높이는 조건이 되며, 이 모든 조건을 충족시키는 새로운 소통의 상황을 우리는 21세기 매체환경에서 체험하고 있다. 그리고 이러한 새로운 정보통신 환경의 구축은 우선 자체운영체제(OS)를 탑재한 휴대폰에서 시작되었다. 1990년대 초 마크 와이저가 21세기 컴퓨터로 예언했던 유비쿼터스 컴퓨팅(Weiser, 1991) 시스템이 본격적인 궤도에 올라 일상 공간을 변하시킨 것은 실제로 21세기 들어서였는데, 이러한 변화에는 PC 및 인터넷 보급의 확대와 더불어 모바일 기기, 초고속 무선 인터넷의 대중화가 큰 몫을 담당했다. 또한 업그레이드된 형태의 모바일 상품이 통신사가 제공하는 서비스의 기본 조건을 이루면서, 컨버전스 또한 다차원적이고 가속화된 형태로 계속 진행되고 있다. 때와 장소를 가리지 않고 뉴스를 받아보거나 TV 프로그램을 시청하고 메일을 확인할 수 있다는 사실은 사용자의 일상을 바꾸어 놓고 있다. 맥루언이 지적했듯이, 매체로 인해 우리 삶의 "패턴"의 변화(McLuhan, 1964/2001, 8)가 이루어지고 있는 것이다.

테크놀로지가 매체로 결정화되었다는 것은 사용자에게 영향을 주어 그들의 삶 자체 또는 소통의 패턴을 변화시켰다는 것을 의미한다. 오늘날 매체환경에서는 '멀티네트워크' 방식이 소통의 패턴을 결정하고 있다. 그런데 앞 장에서 살펴 본 것처럼, 2010년 현재 진행되고 있는 패턴의 변화는 이미 예술의 영역에서 예고되고 그 형식적 실험이 이루어졌다. 특히 미디어아트는 매체가 발생시키는 특정한 소통의 패턴을 분석 대상으로 삼거나 그에 앞서 소통의 모델을 제안하는 역할을 맡아왔다. 이러한 시도는 예술의 자체적 분석으로도 이어지는데 미디어파사드는 한때 미디어아트의 필수적 구성요소로 간주된 상호작용성(쌍방향 소통)의 한계에 대한 비판이 반영된 새로운 예술형식으로 볼 수 있기 때문이다. 전시 공간에 제한되지 않은 쌍방향 소통은 텔레매틱스 서비스를 예견했고[21] 관객의 개입을 감상의 필수적 요소로 고려한 수많은 상호작용예술은 오늘날 웹 문화를 이끄는 사용자의 역할을 구체화시켰다. 이렇게 예술작품에서 일종의 시뮬레이션으로 체험된 새로운 소통의 상황은 곧 사용자의 현실이 된 것이다.

웹과 e-book에서 확인되는 문자의 기술적 변형태의 형성과정에서 개인 사용자는 정보 흐름의 주체로 거듭나고 있다. 상호작용 설치나 미디어파사드에서 살펴본 문자의 공간적 확장은 소통이 더 이상 기존의 고정된 매체를 중심으로 이루어지지 않게 되었음을 보여준다. 미

---

21 골드버그(Ken Goldberg)의 작품 「텔레가든 Telegarden」은 1995~2005년 버클리 대학에서 시작하여 오스트리아 린츠의 아르스 일렉트로니카 센터에 영구 전시되었는데, 이 작품은 웹사이트를 통해 실험실의 미니정원을 제어할 수 있는 관객의 체험으로 구성되어 있다. 원격현전을 통한 소통 공간의 창출은 플라이쉬만(Dirk Fleischmann)의 작품에서도 이루어진다. 「나의 제국 My Empire」은 지구 반대편의 두 도시를 웹캠으로 연결하여 전시공간에 보여준다. 이 작품에서 관객은 자신이 존재하는 물리적 공간이 아니라 지구 반대편의 공간을 너무나 친밀한 느낌을 가지고 관찰하는 특이한 체험을 하게 된다. 이때 스크린 속 현실은 실재하지만 관객을 소외시킨다는 점에서 「텔레가든」과는 다른 매체현실을 제시한다. 「텔레가든」이 원격현전의 기술을 체험하는데 초점을 맞추었다면, 「나의 제국」은 기술이 만들어낸 새로운 현실의 체험을 관조적으로 다시 '체험'하게 한다.

디어파사드와 관련된 형태로서 벽이나 창 등 건축 구성요소를 소통 공간에 포함시키려는 시도가 예술가와 기술자들의 관심을 끈 지도 꽤 되었다. 2003년 하버드 대학의 카펜터 센터(Carpenter Center Cambridge, MA)에 설치, 전시된 상호작용 월페이퍼 「워드 맵 Word map」(2003)이 그 좋은 예이다(Huang/Waldvogel, 2008, 384). 실제 공간과 웹 공간에서 이루어지는 대화를 캡처하여 보여주는 한편 방문객과의 상호소통이 발생하도록 구성된 이 작품은 전시 공간을 일상적 공간과 겹쳐지게 하고 일종의 기억의 공간, 아카이브 장소로 변화시킨다. 이 작품을 건축물에 적용시킨다면 우리는 또 다시 새로운 소통의 패러다임에 진입하게 될 것이다. 그리고 그러한 상상은 비현실적이지 않은데, 왜냐하면 이 작품 자체가 이미 현실 공간에서의 적용 형태를 선취하여 예술과 디자인, 상품의 경계 지점에 위치하는 인터페이스를 제안하고 있기 때문이다.

소통과 테크놀로지의 상호침투

'멀티네트워크 인터페이스'는 예술에서 실험적으로 제안되고 매체에서 결정화된 21세기의 새로운 소통방식을 설명한다. 그런데 멀티네트워크 인터페이스의 핵심을 테크놀로지라고 단언할 수 없는데, 인터페이스 디자인의 핵심엔 매체장치나 그 전달내용이 아니라 사용자가 있기 때문이다. 사용자 또는 소통 주체의 임의적 개입을 중시하는 인간중심 인터페이스의 구상은 역사적으로 거슬러 올라가면 20세기 아방가르드 예술과 만난다. 인간중심 인터페이스는 20세기 예술을 가장 과격한 방법으로 새로이 규정한 '퍼포먼스'와 정보 사용자(또는 관객)에 대한 해석을 공유하기 때문이다.

소통을 일종의 퍼포먼스로 이해하는 관점은 소통의 주체인 인간이 정보를 단순히 이해하는데 그치지 않고 정보의 흐름을 조절하는 한편 매체에 비판적 태도를 유지할 경우 획득된다. 다다와 플럭서스 이후 미디어아트에 이르기까지 현대예술의 중요한 형식인 퍼포먼스는 새로운 매체기술과 결합할 때마다 변화를 거듭해왔다. 60년대 예술의 정형화된 형식을 거부했던 해프닝 또는 퍼포먼스는 70년대 비디오아트와 8,90년대 상호작용예술을 거치면서 새로운 매체기술을 받아들여 형식적으로 정교해졌다. 그러나 관객을 중심에 놓는 기본 구성의 원리는 변하지 않고 오히려 기술적 업그레이드를 통해 행위자 중심의 구성을 더욱 견고하게 만들었다. 그래서 예술작품의 실제 구성을 담당하게 된 관객에게 보다 많은 선택의 권한이 주어지고 다양한 차원에서 개입할 인터페이스의 개발이 활발히 진행된 것이다. 이 글에서 살펴본 「텍스트 레인」이나 미디어파사드, 「워드 맵」 등은 모두 자체적인 인터페이스 디자인을 제시했는데, 이때 관객은 실시간 네트워크 안에서 실험적으로 이루어지는 퍼포먼스의 주체로서 스스로를 인식할 수 있게 된다. 그래서 관객이 정보 흐름의 중심에 위치하게 되어 더욱 강력한 주도권을 행사할수록 테크놀로지는 오히려 확장된 감각으로 인간의 행위와 체험을 보완해주는 위치로 물러나게 되는 것이다.

퍼포먼스 형태의 정보 매개 내지 소통 방식은 기술 중심의 문화를 바꾸어 놓을 변환키 역할을 하고 있다. 사이버공간 또는 웹은 소통의 무제한 확장을 보장하였으나 인간 사이의 직접 대면을 대체하는 기능을 너무나 효과적으로 수행함으로써 결과적으로는 소통을 제한시켰다고도 볼 수 있다. 그런데 오늘날 매체현실에는 몰입 지향적인 가상화의 반대 방향으로 진행되어 온 변화의 흐름이 빠르게 유입되고 있다. 일종의 행위자 중심 소통구조로 이해할 수 있는 이 분산적 소통모델은 퍼포먼스의 맥을 잇는다는 점에서 사용자의 수행능력, 즉 퍼포먼스의 특성에 좌우되는 소통방식을 전제로 한다. 관객 또는 사용자의 행위를 중심으로 일어나는 변화 과정 전체를 소통에 포함시키는 퍼포먼스의 개념은 21세기에 관심이 모아지고 있는 유비쿼터스 환경을 설명하기 위한 것으로도 적합하다. 사용자가 정보 흐름의 중심에 위치하는 유비쿼터스 컴퓨팅의 구상은 단지 기술적인 차원에서 이루어지는 정보의 흐름, 즉 여러 기기가 네트워크에서 하나로 연결되는 상태 이상을 의미한다. 따라서 그 첫 번째 단계에서는 매체기술을 통한 소통방식의 변화 가능성에 주목하였지만, 다음 단계에서는 소통의 주체인 인간이 발생시키는 변수를 긍정적으로 해석함으로써 보다 역동적인 소통의 조건을 얻게 되었다. 그렇다면 인간이 다시금 소통의 진정한 주체가 되는 방향으로 변화가 이루어지고 있다는 추측이 가능한데, 물론 과거로의 회귀는 아닌 것이 이 새로운 인간 중심의 소통 네트워크는 전적으로 테크놀로지에 의해 매개된 것이기 때문이다.

| 참고문헌 |

랜도우, 조지/폴 들래니. 2004. 「하이퍼텍스트, 하이퍼미디어 그리고 문학연구: 예술의 현재」. 랜덜 패커/켄 조던 엮음 (나비 학예연구실 옮김). 『멀티미디어. 바그너에서 가상현실까지』. 나비 press. 357-373.

레비, 피에르 (권수경 옮김). 2002. 『집단지성: 사이버공간의 인류학을 위하여』. 문학과지성사.

올레타, 켄 (김우열 옮김). 2010. 『구글드: 우리가 알던 세상의 종말』. 타임비즈.

이성국/김완석. 2003. 『세계 각국의 유비쿼터스 컴퓨팅 전략: 미국, 일본, 유럽의 실제 적용사례로 본 유비쿼터스 컴퓨팅 프로젝트의 기술 및 정책 그리고 대응전략』. 전자신문사.

젠킨스, 헨리 (김정희원/김동신 옮김). 2008. 『컨버전스 컬처: 올드미디어와 뉴미디어의 충돌』. 비즈앤비즈.

de Kerckhove, Derrick. 1997. *The Skin of Culture. Investigating the New Electronic Reality*. London: Kogan Page.

______. 1998. *Connected Intelligence. The Arrival of the Web Society*. London: Kogan Page.

Dinkla, Sönke. 2004. *Jenny Holzer Xenon for Duisburg*. Ostfildern: Hatje Cantz.

Fleischmann, Monika and Wolfgang Strauss. "Interactivity as Media

Reflection between Art and Science". *The Art and Science of Interface and Interaction Design*, edited by Christa Sommerer, Lakhmi Jane and Laurent Mignonneau. Berlin-Heidelberg: Springer. 75-92.

Hayles, Katherine N. 2002. *Writing Machine*. Cambridge MA: MIT Press.

Huang, Jeffrey and Muriel Waldvoge: Waldvogel. 2008. "Interactive Spaces". *Transdisciplinary Digital Art. Sound, Vision and the New Screen*, edited by Randy Adams, Steve Gibson and Stefan Müller Arisona. Berlin Heidelberg: Springer. 377-391.

Landow, George P. 2006. *Hypertext 3.0: Critical Theory and New Media in an Era of Globalization*. The Johns Hopkins University Press.

McLuhan, Marshall. 1964/2001. *Understanding Media. The Extensions of Man*. London: Routledge.

Mitchell, William J. 2005. "After the Revolution: Instruments of Displacement". *Disappearing Architecture. From Real to Virtual to Quantum*, edted by Georg Flachbart and Peter Weibel. Birkhäuser: Basel-Boston-Berlin. 18-23.

Paul, Christiane 2008. "Digital Art/Public Art: Governance and Agency in the Networked Commons". *The Art and Science of Interface and Interaction Design*. 163-185.

Weiser, Mark, "The Computer for the Twenty-First Century", Scientific

American (Sep. 1991) (http://www.ubiq.com/hypertext/weiser/SciAmDraft3.html; 검색일 2010.09.30)

네트워크 에이전트와 젠더분석*

| 김혜련 |

사이보그 선언 이후

다나 해러웨이가 사이보그 선언문을 선포한 지도 어느덧 20년 가까이 되었다. 일찍이 SF 문학이나 영화를 통해 여성 사이보그를 그려 보기는 했지만, 상상의 경계를 넘어 현실세계에서 사이보그로서 여성주체가 존재하고 행동할 수 있을 것이라고, 그리고 그 편이 여성에게 더 바람직할 것이라고 적극적으로 생각하기 시작한 것은, 한 편으로 다양한 유형의 '보트'(Bots or robots) 생산을 통해 인간의 노동을 인공 시스템에 위임하는 테크노과학(technoscience)의 발전이 가속화되었기 때문이고, 다른 한 편으로 디지털 기술을 통해 정보 네트워크

* 이 글은 김혜련. 2010.『한국여성철학』. 제13권.「네트워크 에이전트의 행위성에 대한 젠더분석적 고찰」에 바탕을 두었다.

로 이루어진 가상공간이 일상화되었기 때문이다.

이 글은 1990년대의 사이보그 선언에서 구상되었던 '사이보그 여성'이 실제로 어떻게 실현되어왔는지를 검토하는 일부터 시작한다. 구체적으로 여성 네트워크 참여자들에게 초점을 맞추고, 그들이 '자연 여성' 상태와 비교하여 '사이보그 여성'으로서 행위성의 범위와 수준이 얼마나 향상되고 증진되었는지를 평가할 것이다. 이 주제는 저개발국 여성을 위한 UN 개발정책의 주요 목표의 하나인 역량강화(empowerment)에 비추어 논의된다.

둘째로, 온라인 네트워크에 참여하는 여성들이 사이버공간 안에서 나타내는 소통 방식을 분석함으로써 그들이 과연 자유로운 에이전트인가, 이른바 독립적인 표현 주체인 '디지털 노마드'인가를 평가해본다. 이 과정은 젠더분석 방법에 의해 수행되고, 평가 기준은 기능주의적인 인공지능(AI)의 관점이 아니라 자율적 행위성을 내재적 요소로 갖는 인공생명(ALife)의 관점을 택한다. 인공지능은 이미 세워진 과제나 목표를 수행하기 위해 물질적 토대에 기능들을 배정할 뿐이다. 그러므로 유의미한 차원의 행위성 또는 행위능력(agency)을 귀속될 수 있으려면, 네티즌이라 불리는 참여자들은 네트워크 환경과 상호작용하면서 자신의 목표를 스스로 설계하고 목표의 유의미성을 이해하는 수준의 자율성의 면모를 나타내야만 한다.

셋째, 해러웨이의 사이보그 선언문에 담겼던 희망과 미래 전략을 회고하면서 인터넷 여성 네트워크가 충분히 이른바 '포스트휴먼' 시기에 진입한 것으로 볼 수 있는지를 생각해본다. 이 문제는 '인공생명'의 지위의 문제와 연관된다.

끝으로, 글로벌 정보기술 시대에 우리의 몸은 다양한 종류의 네트워크와 접속함으로써 존재하고 행동할 수 있다고 볼 때, 몸과 네트워크가 구별되기 어려운 상황에서 여성은 어떤 종류의 네트워크 항해를 해야 하고 또 할 수 있는지를 전망해본다.

'네트워크 에이전트'의 젠더성과 역량강화

'임파워먼트'(empowerment)는 맥락에 따라 역량강화 또는 권한중대 등으로 해석될 수 있다. 역량강화는 개인이나 집단이 가진 선천적인 기본 능력뿐만 아니라 개성이나 스타일의 문제로 볼 수 있는 후천적 재능도 계발하는 기회를 부여함으로써 주체로 하여금 사회적 선(善)의 생산자가 되게 하는 정책적 개념이다. 그러므로 세계은행[1]과 옥스팸[2]을 비롯한 많은 진보적인 비정부기구들에게 있어 역량강화는 인기 있고 의심의 여지없는 '선(善)'으로 인식된다. 개인의 잠재력을 실현할 때 주체는 타자들과 사회적 관계를 형성하고 생산적인 역할을 수행할 수 있기 때문에 역량강화는 개인적으로나 사회적으로 긍정적인 면을 갖는다.

---

1 The World Bank. 정식 명칭은 국제 부흥 개발 은행(International Bank for Reconstruction and Development)로서, 민간 금융 등을 실시하는 국제 연합 산하의 전문기관의 하나이다.

2 Oxfam. 정식 명칭은 옥스퍼드 기근구제위원회(Oxford Committee for Famine Relief)이며, 영국 옥스퍼드를 본부로 하여 1942년에 발족한 극빈자 구제기관이다.

네트워크 안에서 행동하는 여성 주체들의 행위성에서 역량강화의 국면을 깊어내기 위해 먼저 네트워크와 젠더를 연결지어 생각해 보자. 어떤 종류의 물질적 기반에 의해 실현된 네트워크이든지 네트워크 자체는 비물질적 공간이기 때문에 젠더를 갖는 것으로 보기 어렵다. 그러므로 네트워크 안에서 모종의 젠더성을 발견할 수 있으려면, 초기 여성주의 이론이 제시했던 것처럼 젠더를 자연적 성과 분리된 것으로 접근해야 할 것이다. 그러나 만일 젠더 역시 그 물리적 원천이나 주변 환경과 첨예하게 분리되지 않는 상호작용 과정 같은 것으로 볼 수 있다면, 네트워크 안에서의 젠더성도 어떤 관계 안에서 창발하는 것으로, 따라서 과정적인 것으로 이해할 수 있다. 이렇게 젠더성을 유동적인 과정으로 이해할 경우, 네트워크 에이전트의 젠더성은 자신의 신체적 기반으로 환원되지도 않고 또 어떤 사회적 절차에 의해 외부에서 수여되는 것도 아니라고 말할 수 있다. 그러므로 네트워크 에이전트로 행동하는 여성을 역량강화의 관점에서 검토하는 작업은 개인적인 능력의 증진을 평가하는 문제에 한정되지 않는다. 좀 더 구체적으로 말해, 개인적인 능력을 실현 또는 향상시키는 문제는 근시 상태를 보정하기 위해 안경을 사용하는 것처럼 개인적인 문제 해결로 귀착되지 않는다. '개인적인 것이 정치적이다'라는 여성주의 구호가 반영하듯이, 여성 젠더의 역량강화를 평가하는 일은 자연 능력의 개선이나 보정(補正)을 넘어 사회관계에서 얼마나 자유롭게 자신을 표현하고 주장하며, 더 나아가 타자의 필요와 욕구를 이해하고 적절하게 반응하는 대처능력의 문제인 것이다. 결국 역량강화의 핵심부에는 자유의 문제가 놓여 있다. 그러므로 나는 여성이 네트워크에 접속하여 가상 에이전트로 행동할 때 얼마나 자유로운 행위성을 보여주고 있는지에 주목하려 한다.

20세기 후반부에 자유의 꿈은 우주여행과 연관되어 있었다. 이것은 주로 자연을 정복하는 문제였다. 우주여행자는 경쟁시대의 산물로서 일종의 근대적 영웅인 셈이다. 소수의 엘리트에게만 기회가 주어지는 우주여행보다 보통사람들에게 매력적으로 다가온 것은 네트워크에서 구현된 가상공간이고, 이 가상공간 대중의 새로운 프런티어가 되었다. 우리나라도 최초의 여성 우주인을 갖게 되긴 했지만, 그녀는 여전히 남성 우주탐사 기획의 일부일 뿐이다. 여성주의자들이 신체적 성의 제약으로부터 보통 여성들을 해방시킬 잠재력을 갖고 있는 디지털 기술을 환영하게 된 것은 지극히 자연스러운 일이다.

마뉴엘 카스텔은 과거의 이상화된 공동체와 고독한 네티즌들의 소외된 실존 사이의 이데올로기적 대립을 명시적으로 거부한다. 그에게 있어서 인터넷은 새로운 형태의 사회인 네트워크 사회를 위한 기술적 기반이다. 인터넷은 전자적 연결망을 통해 사회의 주된 형태였던 공간적 공동체를 대체하게 한다. 새로운 형태의 공동체는 '연결 속의 개인'이라는 특이한 현상을 창출한다.[3] 이 변화가 낳은 네트워크 사회의 특징인 비위계성, 비정부조직, 즉각성, 가치 기반성, 창의성, 상호협력, 상보성, 비공식성, 그리고 재능 경제[4] 등이 여성에게 우호적으로

[3] 네트워크 사회에서 이러한 새로운 사회성의 패턴은 망조직화된 개인주의라는 특징을 갖는다. 'networked individualism'은 고립된 개인들의 집단이 아니라 사회적 패턴이다. 오히려 개인이 관심과 가치, 친화성, 그리고 기획를 토대로 온라인과 오프라인 상에서 자신의 망조직을 구축한다.

[4] TV의 리얼리티 쇼는 새로운 대중스타의 등장을 보여준다. 대표적인 사례로 미국의 리얼리티 소 〈아메리컨 아이돌〉이 있다.

기능하는 것은 쉽게 예상할 수 있다. 이 목록을 볼 때 현실 세계와 가상 커뮤니티 사이의 경계가 불분명한 것을 보게 된다. 여성, 특히 제3세계 여성과 연관하여 생각해볼 때 디지털 격차의 문제를 간과할 수 없다. 접속을 통해 존재하는 것이 가상 네트워크의 필수조건이라면,[5] 디지털 격차는 접속한 이들의 문제가 아니라 접속한 사람들과 접속할 수 없는 사람들 사이의 문제이기 때문이다.

네트워크 공동체를 비롯하여 모든 공동체가 물질적 자원인 동시에 문화적 권력이기도 하다는 사실을 간과해서는 안 된다.[6] 여성의 역량강화의 관점에서 우선적으로 해결해야 할 문제는 바로 접속 가능성의 문제가 된다. 이 문제의 해결을 위해서는 사회 기반시설, 경제력, 그리고 디지털 기술의 습득을 필요로 한다. 이른바 초기 '사이버여성주의' 주창자들은 현실세계의 빈부 격차가 디지털 격차로 이어지는 문

[5] Rifkin. Jeremy. 2000. The Age of Access : the New Culture of Hypercapitalism, Where All of Life is a Paid-for Experience. New York : Jeremy P. Tarcher/Putnam.

[6] 인터넷이 남용될 위험이 있다는 것을 카스텔은 잘 알고 있지만, 인터넷에 대한 그의 비전은 근본적으로 긍정적이다. 그는 인터넷 문화를 네 가지 층으로 이루어진 것으로 기술한다. 즉 기술-가치체제techno-meritocratic 문화, 해커 문화, 가상적 소통 문화, 그리고 기업 문화. 이 면모들은 인터넷 건설에 중추적 역할을 맡았던 해커 문화에 모두 각인되어 있다. 컴퓨터 프로그래머들의 이 자유지상주의적 문화는 자유의 가치들에 기초한 것이다. '창조할 자유, 이용될 수 있는 어쩐 지식이든지 전용할 수 있는 자유, 그리고 해커가 선택한 어떤 형태와 어던 통로를 통해서든지 그 지식을 재분배할 수 있는 자유'가 그것이다. 카스텔. 마뉴엘(김묵한 외 옮김). 2003. 『네트워크 사회의 도래』. 한울 아카데미. 212-270.

제를 인식하기는 했지만, 여성의 주관성과 행위성, 그리고 디지털 기술에 내재적인 쾌락을 더 강조했다. 특히 세이디 플랜트는 디지털 기술 혁신이 권력을 남성에서 여성에게로 이동시킨 근본적인 변화로 이해한다. 디지털 기술이 실현한 자동화는 근육의 힘과 호르몬적 에너지의 중요성을 감소시켰고, 속도와 지성, 전이가능성, 대인관계, 그리고 소통 기술에 대한 수요로 대체시켰다. 동시에 노동력은 상당 부분 여성화되었는데, 여기서 독립성, 유연성, 그리고 적응성이 선호된다. 남성은 포스트모던적 문화에 잘 준비되어 있지 못한 반면, 여성은 새로운 테크노문화에 이상적으로 적합하다. 플랜트에게 있어서 그것은 로고스 없는 기술이다(technology without logos). 그러나 사실상 노동의 여성화는 전통적으로 사무노동을 맡았던 여성이 자동화 기술을 응용하는 업무로 이동하고, 나중에는 그러한 노동 자체가 가치절하되고 결국 여성이 노동계에서 퇴출되는 일이 빈번해진다.[7] 더욱 완전해진 자동화 기술 때문이다. 이러한 정황을 고려할 때 네트워크 에이전트가 여성의 신체적 정체성이라는 기원을 벗어나는 듯하면서도, 사이버페미니즘이 혹시 은유 범주에 불과할 수도 있다는 의구심을 자아낸다. 어쩌면 네트워크 에이전트의 성정체성의 기원이 '기술적으로' 은폐되는 현상에 불과한 것일 수도 있다.

그러므로 남성적 정체성을 전복할 뿐만 아니라 진보적인 주관성의 다수성을 포용한다는 사이버여성주의의 믿음은 재검토되어야 한다. 오직 텍스트와 아바타 같은 것이 교환될 뿐이므로 네트워크 에이

---

7 휴즈. 어술리(신기섭 옮김). 2004. 『싸이버타리아트』. 갈무리. 53-158.

전트는 자신의 자아를 다중적으로 창조하고 잠재력을 마음껏 탐험할 수 있는 것처럼 보인다. 잠재적 자아실현에 대한 셰리 터클의 열광도 플랜트의 낙관주의와 그다지 다르지 않다. 탈중심적이고 다중적이며 유동적인 새로운 자아감을 경험할 수 있는 것은 바로 이 컴퓨터가 매개하는 세계라고 믿기 쉽다. 이와 대조적으로 흥미로운 점은 인터넷 사용자들은 온라인에서 관계를 이룩한 다음에 오프라인에서 관계를 키워나가는 것을 더 편하게 느낀다는 사실이 관찰되었다. 이 사실은 네트워크 에이전트의 젠더 정체성이 픽션과 실화가 조합된 일종의 파스티슈 작품이라는 것을 암시한다.[8] 이 파스티슈적 젠더 정체성이 야기한 유명한 스캔들은 줄리의 사례이다. 기형적 외모를 가진 줄리는 인터넷 네트워크 상의 대화를 통해 힘과 친밀감을 느꼈다. 그녀는 루윈이라는 이름의 중년 남성 정신과의사와 대화를 나누게 되었고, 그에게 개인적인 많은 것들을 고백하고 조언을 받았다. 장애인 여성에게 인터넷은 자유와 해방의 공간이 되어준다고 볼 수 있다. 줄리는 컨퍼런스에도 참여하고 전문직 생활을 성공적으로 수행했다. 그녀는 다른 장애인 여성들에게 유익한 조언을 제공하면서 친밀감과 신뢰감을 쌓아갔다. 그러나 우연히 줄리가 여자인 체 했다는 것이 밝혀졌고 그 사실은 다른 장애인 여성들에게 배신감과 이용당했다는 쓰라린 경험을

---

8 패러디, 파스티슈(pastiche) 포스티슈(postiches) 등의 유형이 있는데, 이들의 공통점은 유명한 거장들의 작품을 모방하거나 개작한 것이라는 점이다. 특히 파스티슈는 거장의 제작 기법을 모방하여 존재한 적이 없는 원작을 만들어내는 것을 가리킨다. 베르메르의 작품을 모방한 미허렌이 가장 대표적인 사례일 것이다.

주었다. 여기서 나는 네트워크 에이전트의 거짓 정체성에 대해 철학적 논쟁을 전개할 생각은 없다. 내가 강조하려는 것은 젠더는 최후의 지점까지 아바타나 이미지가 아닌 진짜 신체와 연결되어 있다는 점이다. 그리고 인터넷 네트워크 상에서 남성 젠더보다는 여성 젠더를 흉내내는 일이 더 쉽다는 사실은 매우 흥미롭다. 이것은 로고스나 논증의 문제라기보다 네트워크의 매체적 특성에 기인하는 것으로 보인다. 신체는 인간이 무엇이고 젠더화되는 것이 무엇을 의미하는가 하는 것의 중요한 일부인 것이다.[9] 예를 들면, 나는 인터넷 네트워크에서 매력적인 아바타로 자신을 꾸미는 것보다, 현실 세계에서 유방암 수술을 한 여성이 유방 복원수술을 받을 수 있도록 캠페인을 벌이거나 기금을 마련하기 위해 네트워크를 이용하는 편이 더 낫다고 생각한다. 여성의 역량강화라는 주제가 네트워크 에이전트 문제와 유의미하게 만나는 지점도 바로 그러한 생각에서 발원한다.[10]

---

9 주디 워즈먼은 사이버공간을 여성에게 특별히 우호적이라고 보는 견해를 신중하게 검토한다. 사이버펑크의 팬인 플랜트의 기획은 이 영토를 여성화하는 것이다. 여성을 수동적 희생자나 성적 대상으로 주조하는 대신, 그녀는 새로운 상호작용적 다중매체는 포르노적 의식과 문화를 전격적으로 재약호화한다고 주장한다. 다형적 섹슈얼리티가 수행될 수 있는 영역으로서, 사이버공간은 이가적 이형-규범적 주체성을 무너뜨린다. Wajcman. Judy. 2002. TechnoFeminism, Cambridge, UK.: Polity. 4장 참조.

10 "인공지능과 정보시스템에 대한 현재의 연구는 인간의 인지와 행동에서 신체의 중요성을 강조한다. 그 뿐만 아니라, 과학 지식의 사회학은 많은 과학 지식이 암묵적이며(사람들이 알기는 하지만 설명하거나 형식적 규칙들에 의해 상술할 수 없는 것들) 명시적으로 배울 수 없다는 것을 가르쳐준다. 남성이나 여성이 되는 것도 마찬가지이다." 웨렐. 주디스 · 리머. 파멜라(김민예숙 · 강김문

역량강화(empowerment)는 UN에서 개발(development)을 대체하는 대안적 접근방법으로 채택되었고, 급진적인 방식으로 사회변형을 촉구하기보다 정책결정자들로 하여금 현재 상태에서 빈곤층 일반이나 여성들의 경제적 생산성을 향상시키는 것을 목표로 한다. 여기서 나는 역량강화의 외형적 또는 사회적 측면보다 내면적인 효과에 초점을 두고자 한다. 이것은 가상공간에서 다분히 환상적이고 일시적으로 경험하는 효과가 아니라 현실세계에서 경제 주체로서 행동하는 지반이 되는 지속가능한 형태로 능력을 증진시키고 그에 따라 권한증대로까지 확장되는 의미의 역량강화에 중점을 두는 것을 가리킨다.

여성주의 심리치료에 대해 논의하는 맥락에서 주디스 웨렐과 파멜라 리머는 역량강화를 2가지 관점에서 개념화한다. 첫째는 대인관계와 삶의 기술의 범위 발전시키는 문제와 연관되는 것으로, 삶의 상황에 대처하는 힘을 강화하는 것이다. 둘째, 여성 주체가 개인적으로 그리고 문화적으로 자긍심을 획득하도록 지지하는 제도나 정책을 창안하는 것이다. 웨렐과 존슨은 정신건강의 성과를 측정하는 근본 척도를 탄력성과 번성으로 제시한다. 여성주의 상담에서 개발한 역량가화 모델에 따르면, 성과와 웰빙을 측정하는 척도는 10가지이다.[11] 물론 이 척도 목록은 새롭게 창안되고 첨가될 수 있다. 이 척도들이 모든 문화권의 여성에게 보편적으로 적용될 수 있는지는 지금으로서는 확정적이지 않다. 우선순위에 있어서도 차이가 있을 수 있고 문화적 차이와 개인적 가치관에 따라 얼마든지 다르게 전유될 수 있다. 여기서

순 옮김). 2004. 『여성주의 상담의 이론과 실제』. 한울. 69.

11 웨렐. 주디스 · 리머. 파멜라. 앞의 책. 57-61.

근본 이념은 한 마디로 다양성과 여성주의의 통합이다.[12] 대체로 합의된 역량강화의 10가지 척도는 1)자아존중감과 자기 확신을 평가할 수 있는 자아에 대한 총체적 평가, 2)평안감과 고통의 비율, 3)성역할과 문화적 역할과 연관하여, 성과 문화적 역할이 처방하는 행동과 지속적 삶의 상황에 대한 권력분석을 수행하는 능력, 4)개인적 통제 또는 자기효능감의 개선, 5)자기애에 기반한 자기양육 능력의 개선으로 전형적인 자학적 행동을 차단하는 것이 포함된다. 6)문제를 해결하는 기술 습득, 7)자기주장의 빈도를 높이는 것, 8)다양한 유형의 자원에의 접근성 증진, 9)젠더와 문화적 유연성의 증진으로, 이것은 젠데 정체성과 문화적 정체성의 다양화와 유연성을 기르고 표현하는 행동을 선택하는 능력을 가리킨다. 끝으로 10)타자들과 협력하여 사회 변화와 제도적 변화에 기여하도록 사회운동에 참여하는 것이다.

푸코가 신체를 권력의 장소로 동일시했을 때 그것은 소극적인 의미의 해방의 장소를 의미한 것으로 볼 수 있다. 이와 대조적으로 여성주의적 역량강화는 권력(power)을 실현하고 행사하는 능력을 배양하는 것을 의미하며, 이것은 현실 세계의 여성들의 신체와 행동, 그리고 제도와 정책의 변화를 모색하는 것을 필수적으로 포함한다.

이와 같은 척도에 비추어볼 때, 인터넷 네트워크는 여성의 해방과 역량강화, 그리고 궁극적으로 자유로운 행위주체로서의 여성 입지 구축에 얼마나 기여하고 있는지는 계속 검토해야 할 문제이다. 네트워크상에서 성희롱과 성차별, 그리고 암묵적인 배제의 다양한 양태들을

---

12 웨렐. 주디스 · 리머. 파멜라. 앞의 책. 488.

추려내어 차단 내지 적절히 처벌할 수 있는 방안이 마련되지 않는 한, 그리고 네트워크 상의 자유가 경제적 자유와 기회로 실현되지 않는 한, 사이보그 선언문이 구상했던 정신적, 신체적, 그리고 문화적 자유는 아직 충분히 도래하지 않았다.

젠더분석 관점에서 본 '웹-체현-여성주체'의 자율성

나는 앞에서 능력강화라는 큰 주제의 한 국면인 젠더의 신체성을 중심으로 네트워크 에이전트의 젠더성을 분석해 보았다. 이 절에서는 여성주의 방법론의 하나인 젠더분석의 관점에서 네트워크 여성주체가 어느 정도로 자율적 행위자로 행동하고 있는지를 살펴보기로 하겠다.[13] 여성주의 이론이 성과 젠더를 중심으로 개념 분석과 대안적 담론 구성에 집중하는 것으로 말할 수 있다면, 젠더분석은 연구 대상이나 상황에 훨씬 더 적극적으로 접근하여 실천적 효과를 이끌어내려 한다. 즉 "젠더분석은 구체적인 사회 현실과 경험을 대상으로 삼으며

---

13 과학과 기술 관련 연구기관에서의 성평등을 이루기 위해 젠더분석을 적용한 대표적인 예로 미국 스탠포드대의 론다 쉬빈저를 들 수 있다. Schiebinger. Londa. 2008. "Introduction: Getting More Women into Science and Engineering--Knowledge Problem". Gendered Innovations in Science and Engineering. ed. Stanford, California: Stanford UP. 1-21. 그 성격상 여성 주제에 국한되지 않는, 일반적 연구방법으로 젠더분석을 제시한 철학 관련 국내 연구논문으로 다음을 참조할 수 있다. 김혜련. 2010, 「여성주의 연구방법으로서 젠더분석과 기술혁신」, 『가톨릭철학』제14호. 199-232.

추구하는 목표는 개인이나 집단의 삶에서의 실질적인 변화이다".[14] 구체적인 맥락에서 실질적 변화를 이뤄내고자 하는 젠더분석은 어떤 의미에서 여성주의 이론보다 더 설득력 있고 더 많은 현실성을 담보해야 한다고 볼 수 있다. 연구방법으로서 젠더분석의 목표는 최소한 세 층위를 갖는다. 첫째, 문제 상황과 필요한 조치를 정확히 판단하기 위해, 여성이 현실에서 겪는 사회 · 경제적 불평등과 여성과 남성의 삶의 면모들의 구체적인 차이를 탐지한다. 둘째, 현상적 표면이나 재현적인 이미지에 대해 반응적 태도(reactionary attitude)로 그치지 않기 위해, 젠더분석은 양성 간의 불평등을 초래하는 근본 원인들을 분석한다. 21세기의 글로벌 자유주의 경제체제 하에서 성차별은 결코 명시적이지 않다. 평등(equality)이나 공정성(equity) 문제는 더욱 더 암묵적이고 비가시적이 되어가는 경향이 있다. 따라서 문화로 간주되는 관행의 영역에서 쉽게 검사되지 않는 잠행적인 불평등과 고통의 원인들을 짚어내야 한다. 셋째, 여성주의 운동의 이념과 직접 연관되는 것으로, 젠더분석은 문제들에 대한 대안적 처방으로서 여성의 삶을 향상시키기 위한 적극적인 변화를 모색한다. 여성주의 이론은, 많은 경우에, 여성 본인 또는 타자를 올바른 상태로 '고쳐야 한다'는 식으로 생각하는 경향이 있다. 물론 오류를 바로 잡는 과정이 필요하기는 하지만, 주체들을 교정하려는 시도는 자칫 사회 제도와 정책들이 누군가의 결정의 산물이라는 사실을 놓치게 만들기 쉽다. 젠더분석은 필요한 변화를 이루어내기 위해 제도나 정책을 결정하는 과정에 개입하고 책임 있는 주체들

---

[14] 앞의 글. 203.

에게 필요한 중재 작업을 수행하도록 '변화를 위한 설계'를 제시한다.[15]

젠더분석의 목표와 전략에 대해서는 이 정도로 개괄하고, 이 절에서는 네트워크의 가상공간에 참여하는 여성들이 얼마나 자유로운 주체 또는 행위자인지를 검토하고 젠더분석을 통해 필요한 변화의 방향을 모색해보려 한다. 자율성(autonomy)이라는 주체는 인간이 도덕적 주체가 되기 위해 갖추어야 할 필수조건으로 생각되어왔다. 자율성을 최소적으로 이해할 경우, 존 스튜어트 밀이 제시했던 비강제 상태로 동일시할 수도 있다. 자율적이지 못하고 강제 상태에 있는 한, 어떤 주체이건 진정한 의미의 자유로운 주체가 될 수 없고 자유는 그것을 행사할 수 있는 능력을 전제로 한다. 자율성의 최소적 의미와 대조적으로, 보다 적극적인 의미의 자율성은 스스로 규칙을 세우는 입법적 능력을 갖고 있는 것을 의미한다. 젠더분석의 2단계에서 수행되어야 할 젠더 불평등의 원인 제거는 바로 이 점에서 그 정당성이 입증된다. 젠더 불평등을 초래하는 원인들은 여성이나 남성을 지속적으로 억압

---

15 설계(designing)는 사회 개혁을 위한 비전을 갖는 식으로 추상적이고 포괄적인 상상을 의미할 수도 있지만, 내가 이해하는 젠더분석의 견지에서 볼 때 설계는 그보다 훨씬 더 구체적이고 실질적으로 환경과 주체들에게 변화를 이끄는 것을 의미한다. 이를 가장 잘 보여주는 모델은 존 듀이의 '대중 만들기 모델'과 디살보의 '디자인 전략'이다. 시간적 격차에도 불구하고 이 두 사람은 사회와 주체들에게 유의미한 사회적 실천과 변화를 이끌기 위해서 매개 역할을 하는 제도나 정책, 사물과 환경의 재배치 등의 말 그대로 '디자인' 전략이 요청된다는 점을 주장하는 점에서 맥을 같이 한다. 근래에 이 생각은 공공미술이나 도시설계 같은 영역에서 구체화되고 또 실제로 시도되고 있다. DiSalvo. Carl. 2009. "Design and the Construction of Publics". Design Issues. vol 25. no.1. 48-63.

함으로써 개인의 능력을 계발하고 실현할 수 있는 기회와 접근성을 차단하기 때문이다.

예를 들면, 심지어 디지털 기술의 시대에도 수학이나 기술에 대해 포비아를 갖는 여성들이 많이 있다. 물론 기술 포비아나 기술 무능력을 좋게 생각하는 여성은 없겠지만, 여성 스스로도 기술 취약성이 자신의 젠더에 기인하는 것으로 보면서 당연시한다면 문제가 된다. 근육이나 강한 힘, 큰 체격 같은 외적 조건을 필요로 하는 전통적인 기술과는 달리, 디지털 기술은 성별 차이나 젠더 차이와 무관한 것처럼 보인다. '디지털성', 즉 숫자가 젠더를 갖는다고 말한다면, 그것은 광자(光子, photon)가 젠더를 갖는다고 주장하는 것만큼이나 터무니없는 일이다.[16] 그러나 숫자를 조합하여 어떤 이미지를 만들거나 프로그램을 개발하는 것, 또는 웹상에서 아이디를 만들어 커뮤니티에 가입하고 자신의 아바타를 만드는 것, 아이폰에 어플리케이션을 다운 받아 개성 있는 자신만의 네크워크 공간을 설계하는 것은 전혀 다른 문제이다. 여기에는 이미 젠더가 개입되어 있다. 콘텐츠를 이루고 있는 이미지와 텍스트들, 그리고 다양한 종류의 언어게임들에는 현실 세계의 경험과 꿈이 반영되거나 투사되어 있다. 세심하게 구별해야 한다고 내가 강조하고 싶은 것은 디지털 자체가 무성적 또는 젠더 프리하다는 것은 곧 디지털 작품인 가상공간이 그러하다는 것을 함축하지는 않는다는 점이다.

---

16 Urry. Megan C. 2008. "Are Photon Gendered? Women in Physics and Astronomy". Gendered Innovations in Science and Engineering, edited by Londa Schiebinger, Stanford, California: Stanford UP. 150-164.

숫자로 만들어진 가상공간이 현실세계의 젠더 불평등에서 면제되지 않는 것을 강조하기 위해 내가 우선 언급하고 싶은 것은 인터넷이 근본적으로 백인 남성들의 작품이라는 사실이다. 두 번째로 짚고 넘어갈 것은 네트워크 사이버공간에서 우리는 접속을 통해 정보를 나누고 또한 우리 자신이 정보가 되는 식으로 존재한다는 사실인데, 그것은 엄밀한 의미에서 '개인적인 것'을 양도 또는 부정하는 행위에 해당한다. 타자 또는 다른 정보들과 연결되지 않으면 존재할 수 없다는 것은 우리가 웹 안에 사는 거주자가 되는 동시에 웹이 우리의 신체 일부가 되는 것을 의미하고, 그것은 곧 우리가 접속과 연결에 의존적인 존재가 되는 것을 가리킨다. 네트워크 사이버공간이 여성 가치를 중시하고, 남성 기득권자들의 일방적인 통제와 위계관계, 관료제적 사고방식에서 벗어나 각 개인의 자유와 의견이 존중되는 사회를 형성한다고 보는 낙관적인 관점이 있을 수 있다. 사이버공간에서 산업사회의 수직적인 계층 대신에 수평적 네트워크 구조로 전환하고, 경쟁보다 협조, 서로의 관심 공유, 그리고 연대감과 유대감을 키울 수 있는 것이 사실이긴 하다.[17] 그러나 수평적 구조 자체가 우리를 자율적 행위주체로 만드는 것은 아니다. 왜냐하면 그 구조는 아무런 선택이나 판단을 내릴 필요가 없이 분산적 방식으로 존재하는 것을 의미할 뿐이기 때문이다. 갈등과 선택의 기로에서 유의미한 판단을 스스로 내릴 수 있는 것, 심지어 연결을 끊고 고립을 선택할 수도 있는 힘을 가질 때 비로소 우리는 '나는 누구인가?', '어떻게 살 것인가?' 하는 물음을 성찰하고 그

17 양미연. 장상희. 1998.「사이버 스페이스는 여성에게 해방의 공간인가, 억압의 공간인가?」,『여성학 연구』8집. 1호.

답을 스스로 찾아낼 수 있기 때문이다.

이렇게 볼 때 내가 이 글에서 제시하고자 하는 자율성의 정점은 주체가 자신의 존재 방식을 결정할 수 있는 능력을 갖추는 지점이다. '단순한 삶이냐 또는 가치 있는 삶이냐?'를 스스로에게 던지고 자신의 정체성을 선택내지 결정하는 능력은 책임 있는 자유로운 행위주체에게 요구된다.[18] 그럴 때, 그리고 그럴 때만 우리는 자율적인 주체가 된다. 내가 이 절에서 네트워크 가상공간에 접속된 주체를 '웹-체현-행위주체'(web-embodied agent)라고 부르는 이유는 널리 알려진 과학기술학의 구성주의가 제시하는 행위자(actor)와 구별하기 위해서이다. 그렇게 구별하는 것은 '체현'의 의미를 살려 네트워크 거주자들의 신체적 젠더성과 그 차이를 차별화할 수 있는 이론적 장점을 갖는다. 이 구별은 또한 페이쓰 윌딩의 '정치적 컴퓨터' 개념과도 잘 어울릴 수 있다. 신희선은 한국여성단체의 여성운동의 변화를 설명하는 맥락에서 온라인 운동과 의사소통방식에 초점을 둔다.[19] 그녀는 여성단체 홈

---

18 아감벤은 삶(생명)을 가리키는 그리스어 두 가지 'zoe'와 'bios'를 구별하면서 그 차이를 중요하게 다룬다. 아리스토텔레스의 『정치학』을 다시 읽으면서, 특히 1278B, 23-31에 초점을 두면서, 그는 삶의 방식이나 가치가 배태된 의미로 쓰일 때는 'bios'가 쓰였다는 사실에 주목한다. 그 반면에, '조에'는 자연 생명을 가리키는데, 정치적 상황에 처한 인간 존재는 결코 조에로 존재할 수 없다. '정치적 조에' 자체는 부조리한 말이 되는 것이다. 1252a, 26-35에서 아리스토텔레스는 자연 생명인 조에는 본래적 의미에서의 폴리스에 포함되지 않고, 단순한 재생산을 위한 삶으로서 가정(오이코스)의 영역에 국한되는 것으로 보았다. 그에게 있어서 정치적으로 가치 있는 삶(to eu zen)이 곧 인간으로서 사는 삶이 된다. 아감벤. 조르지오(박진우 옮김). 2008. 『호모 사케르: 주권권력과 벌거벗은 생명』. 새물결출판사. 33-35.

페이지에서 수평적이고 탈권위적인 의사소통방식과 여성 관련 이슈와 담론이 전개되는 양상, 그리고 독특한 글쓰기에 주목하면서 여성 인권과 성 평등을 위한 소통의 장으로서 네트워크 사이버공간을 특징짓는다. 특히 자기표현 욕구가[20] 나열식이 아닌 주제 중심적 대화를 통해 실현되고, 여성들이 '자기만의 방'을 가질 수 있음을 강조한다.[21] 더 나아가 사이버공간이 앤서니 기든즈가 제시한 대화 민주주의를 구현하는 통로라고까지 확대해석한다.

사이버공간에서 여성들이 자기만의 방을 가질 수 있다면 그것은 매우 의미 있는 일이다. 단 그것이 참으로 자기만의 방일 수 있다면 말이다. 그렇지만 네트워크 공간에서 자기만의 방을 갖는다는 것은 다분히 역설적이다. 왜냐하면 그것은 접속한 상태에서 마치 혼자 있는 체하는 '가장'(pretense)이라는 담화수행 행위(speech act)에 지나지 않기 때문이다. 이 가장 행위는 진정한 의미에서 혼자 있을 수 없는 것, 그렇게 하기로 결정할 수 없는 것을 함축하는데, 바꾸어 말해서 그 행위는 접속되지 않은 상태를 견뎌내지 못하기 때문에 네트워크상에서 수행되는 것이다. 인터넷이나 휴대전화로 누군가와 연결되지 않은 상태를 견뎌내지 못하는 불안증 유형을 나는 어윈 얄롬이 말하는 신경증적 운명론(neurotic fatalism)에 토대한 범결정주의(pan-determination)의 징후로 해석한다. 얄롬은 죽음에 대한 두려움

19 신희선. 2005.「디지털 시대와 사이버 페미니즘-한국여성단체의 온라인 여성운동과 의사소통방식을 중심으로」.『아시아여성연구』, 44집. 1호. 226-267.

20 신희선. 2005. 앞의 글. 232.

21 신희선. 2005. 앞의 글. 252-262.

을 '아무것도 아닌 것'에 대한 것이라고 이해한다.[22] 범결정주의란 어떠한 조건이든지 견디어 낼 수 있는 능력이 있음을 경시하는 인간관으로 볼 수 있는데, 다시 말해 그것은 인간이 전적으로 환경이나 관계에 의해 조건화되거나 결정되는 것으로 보는 관점이다.

그러나 인간의 마음, 더 정확히 말해서 인간의 뇌는 은유나 아이러니처럼 부조리한 문장까지도 독해하는 능력을 갖고 있다. 더 나아가 죽음이라는 한 번도 경험해보지 않은, 오직 다른 사람의 죽음을 통해서 추정할 뿐인 운명적인 미래 사건을 수용하고 심지어 초월하기도 하는 능력을 갖고 있다. 어떤 식으로도 해명할 수 없는, 죽을 수밖에 없는 운명에 대한 수용과 대면은 인간으로 하여금 확실한 양식 가운데 살 수 있게 하는 조건이 된다. 임경수는 우리가 죽음을 부정하거나 회피할 때 영웅주의, 나르시시즘 같은 망상에 빠지게 된다고 지적한다.[23] 네트워크에 접속되어 있을 때만 평안을 느낄 수 있는 사람은 어떤 의미에서 죽음을 부정하고 회피하는 것이라고 말할 수 있다. 우리가 환경과 구체적인 상황에 처할 수밖에 없고 또 인간관계를 통해 의미 있는 삶을 이룩한다는 사실과 환경과 관계에 의해 결정되는 것은 결코 같은 것이 아니다. 인간이 자신에게 그리고 타자에게 책임 있는 자유

---

22 얄롬. 어원(임경수 옮김). 2007. 『실존주의 심리치료』, 학지사. 69. 얄롬은 불안을 부정적으로만 보고 있지 않다. 두려움의 출발은 죽음이 무엇인지를 참으로 이해할 때 시작되며, 불안은 그 두려움을 수용하는 과정에서 나타나는 것이다. 임경수는 실존주의 심리치료의 관점에서 자기결정에 관해 다음의 저서에서 자세히 설명하고 있다. 임경수. 2009. 『심리학과 신학에서 본 인간 이해』. 학지사. 216-224.

23 임경수. 2009. 앞의 책. 219.

로운 존재가 되는 것은 궁극적으로 자기 결정을 할 수 있느냐에 달려 있다. 그렇기 때문에 나는 앞에서 자유의 문제를 역량강화라는 주제와 연결시켜 생각해 보았다. 인간은 단순히 존재하는 것이 아니라 "항상 자기 존재가 무엇인지, 그리고 다음 순간에 자신이 무엇이 될지를 결정하는" 능력을 행사함으로써 존재하며, 가능하다면 "더 나은 세상을 위해, 그리고 더 좋은 자신을 위해 변화시킬 수 있는 능력"을 갖고 있다는 사실을 인정할 때 자기 혁신을 이룰 수 있다.[24] 그 능력을 인식할 때 인간은 비로소 책임 있는 자유로운 존재가 될 수 있는 것이다. 죽음으로 절정에 이르는 고립 상태에 대한 실존적 인식과 수용 능력은 네트워크에 참여하는 여성 젠더에게도 요청된다. 여성은 흔히 관계성과 공감능력, 친화력 등의 장점을 갖는 것으로 말해진다. 이 개념들은 모종의 양날을 갖고 있다고 볼 수 있다. 그러한 개인적 자질들은 이해와 친밀도를 높여줄 수 있는 반면, 의존성과 자율성을 훼손시킬 위험을 갖기 때문이다. 네트워크에 접속되어 있다는 안도감은 자기 결정 능력과 책임감을 경시하게 만들 수 있는 것이다. 그런 점에서 네트워크 접속 상태를 특징짓는 감정 유형들의 합리성과 도덕성을 해부해볼 필요가 있다.

인공생명 관점에서 본 '웹-체현-여성주체'의 인공성

이 절에서 나는 웹-체현-주체로서 여성주체가 과연 이른바 '포스

---

[24] 임경수. 2009. 앞의 책. 223.

트휴먼' 시기에 진입한 것으로 볼 수 있는지, 또는 그 단계에 진입하는 것이 바람직한 것인지를 인공생명의 관점에서 고찰해보려 한다. 나는 다나 해러웨이의 사이보그 선언에 담긴 꿈과 희망을 언급하면서 이 글을 시작했다. 여성 사이보그의 이미지는 우선적으로 유기적 신체가 겪어온 억압과 구조적 한계를 인지하고 그것을 초월해보려는 시도로서 구상되었다. 네트워크 사회가 여성에게 많은 기회와 자유를 주고 있는 것은 부정할 수 없는 경험적 사실이지만, 여성주의자들은 사이보그 여성 이미지가 이론적으로나 실천적으로 추구할만한 것인지를 진지하게 고찰해야 한다. 극단적 진보주의자는 여성신체를 전형화하는 문화적 약호들을 거부하는 표시로 다양한 종류의 퍼포먼스를 펼쳐 보이기도 한다. 여기서 나는 어떤 이론적 논증을 제시하기보다, 사이보그 여성을 인공생명의 수위로까지 끌어올리려는 노력이 정당한지 가늠하기 위해 인공생명이 휴머니즘 또는 반휴머니즘과 어떻게 연관되는지를 관찰해 보고자 한다.

인공생명을 올바로 이해하기 위해 먼저 인공지능(AI)과 인공생명(ALife)의 차이가 무엇인지 살펴볼 필요가 있다. 그리고 웹-체현-여성주체의 '인공성'의 경계가 어디까지인지도 생각해 보아야 한다. 명령을 인식하고 알고리듬에 의해 기계적으로 과제를 수행하는 튜링 기계 같은 유형의 컴퓨터는 인공지능을 갖고 있을 뿐이다. 인공지능은 상명하달식의 하향적 접근에 의해 입력-출력 구조로 과제를 수행한다. 그런 의미에서 인공지능은 철두철미 도구적이다. 그 반면에 인공생명의 최초의 선행사례인 봇(Bots)과 웹-체현-에이전트들은 모두 네트워크 생태학에 적응하도록 만들어지고 있다. 네트워크는 웹-체현-에이전트가 성장하고 진화할 수 있는 환경으로 간주된다. 웹-체현-에이전트로서 여성주체도 다양한 종류의 상호작용 영역에서 예술가들에 의해 만들어진다. 이 에이전트들은 인류학자, 경제학자, 사회학자들이 개발한 인간 문화와 사회의 계산 모델로 나타난다. 이 모델들은 우리가 알고 있는 인간 생명 의 형태에서 가능한 형태의 생명에 의해 대체되고 있다. 이것은 생명 진화의 다음 단계가 디지털 생명 또는 외계인이라는 식의 진화론적 시나리오와 다르다. 단지 사회적인 것이 생물학적인 것, 즉 생명공학적인 것으로 퇴행 또는 환원될 뿐이다. 예를 들면, 인공생명의 패러다임에서 문화는 계산 시스템이나 정보 교환의 유비쿼터스적 진화과정의 현시로 나타난다. 이것은 일종의 문화 모방론(memetic view)으로서, 리처드 도킨스가 창안한 '밈'(Meme) 또는 문화 단위가 유전자나 생물학적 단위처럼 자동적으로 복제 진화한다고 보는 것이다. 인공지능이 은유적인 의미에서 생명체였다면, 인공생명은 문자적인 의미에서 생명체이다.[25] 다만 고전적인 생명체의 의미와 형태가 부정될 뿐이다. 새라 켐버는 인공생명의 특성을 적응성, 건강함, 유연성, 친밀감 등으로 특징짓는다.[26] 이 특성을 나타낼 수 있을 때 비로소 인공생명이라 불릴 수 있다는 것이다. 봇들처럼 기술적으로 합성된 인공생명의 경우, 자기복제, 자기조직화, 진화, 자율성, 그리고 속성의 창발이 정의적 성질들(definitional qualities)에 포함된다.

---

[25] Kember. Sarah. 2003. Cyberfeminism and Artificial Life, New York: Routledge. 3.

[26] Kember. Sarah. 2003. 앞의 책. 2. 켐버는 인공생명의 필요조건에 해당하는 특성들을 'adaptive, robust, flexible, friendly' 등으로 열거한다.

상호작용을 통한 적응의 결과로 생성되는 인공생명의 창발성이 특히 강조되는데, 그것은 인공지능과는 달리 인공생명은 환경과의 상호작용을 통해 진화하기 때문이다. 여기서 창발은 진화의 핵심적인 표지가 된다. 다시 말해, 이전 단계에 갖지 않는 속성이 다음 단계에서 예측할 수 없는 방식으로 나타나는 것을 말한다. 토대 속성과 창발 속성 간의 관계는 흔히 수반(supervenience) 관계로 설명되는데, 이 관계는 토대 속성과 창발 속성의 관계를 인과적으로 설명할 수 없기 때문에 대안으로서 제안된 것이다. 창발 속성의 성격이 유기적 물질의 토대적 요소들에 의해 환원적으로 설명될 수 없다는 점에서 생명은 참으로 창발적이다. 그럼에도 나는 일반적인 창발과 인공생명의 창발이 중요한 점에서 구별된다고 생각한다. 일반적으로 창발 개념은 토대 속성에 의존적으로 또는 부수적으로 발생하는 현상을 존재론적으로 설명하는 데에 초점을 두고 적용된다. 그러나 인공생명의 경우, 생명을 단순히 창발적 속성이나 현상으로 볼 수 없는 이유는 인공생명체가 자신을 조직하기도 하고 복제하기도 하기 때문이다. 여기서 자기복제의 전형적인 사례는 유전자에게서 볼 수 있고, 유전자의 자기 복제는 근본적으로 정보의 복제이다. 그러므로 인공생명의 핵심은 정보로서의 생명 개념이다.

인공생명이 자신을 물질적으로 복제함에도 불구하고 생명 자체는 물질이 아닌 행동에 있다. 크리스토퍼 랭턴은 인공생명의 물질성은 정보처리의 일차원적 기능성일 뿐이라고 본다.[27] 인공생명의 창발성을

[27] Langton. Chistopher. 1995. Artificial Life: An Overview. Cambridge, Mass.: MIT. 53.

자기복제 행위로 특징짓는 것으로는 불충분한 것처럼 보인다. 여기서 생성되는 것은 동일한 모형이 다수화 되는 것뿐이기 때문이다. 앨리슨 애덤은 이러한 방식으로 인공생명을 특징짓는 것을 비판하면서, 이러한 형태의 인공생명에 열정과 감정, 그리고 사랑이 들어설 여지가 없다는 것을 지적한다.[28] 특히 열정은 성과 재생산의 문제이기도 하다. 여기서 인공생명의 다른 특성들에 대해 논의할 여유는 없지만, 창발성이라는 주제만 다루려 해도 인공생명은 즉시 사회생물학과 문화와 연결되면서 자연화되는 이중적 측면을 갖는다는 것을 보이는 것으로 나의 목적은 충분히 성취된다. 인공생명에 대한 논의는 생물학이 더 이상 자연이라 불리는 순수 영토를 갖고 있지 않고, 또한 여성주의도 문화라고 부리는 추상적인 외삽으로 일관할 수 없다는 사실을 드러내기 때문이다. 인공생명과 여성주의의 조우는 이른바 사이버페미니즘 논쟁에 의해 동기화된 것인데, 이 글의 앞의 논의에서도 볼 수 있듯이 사이버페미니즘, 그리고 사이보그 선언도, 여성 젠더의 육체성과 가멸성에 대한 반발 또는 심지어 경멸까지도 배경을 이룬다. 그러한 반발의 대표적인 산물이 해러웨이의 사이보그와 브라이도티의 유목적 주체라고 말할 수 있다. 특히 해러웨이는 테크노과학의 분파로서 생명기술에 집중한다.

네트워크에서 체현되는 인공생명 담론이 여성주의에 대해 갖는 유의미성의 접점을 찾아볼 수 있는 유용한 단초는 셰리 터클의 논의에서 발견된다. 터클은 [29] 『스크린 위의 생명』 에서 인공생명의 합의된

[28] Adam. Alison. 1998. Artificial Knowing: Gender and the Thinking Machine, New York: Routledge. 151.

문화를 창발과 연결주의라는 키워드로 짚어낸다. 창발 시스템과 연결주의의 비결정성은 도구적 이성에 식상한 우리 시대에 특히 호소력을 갖는다. 인공생명 담론이 물리학보다 생물학을 강조하는 것은 하향식 접근보다 상향식 처리과정에 더 잘 들어맞고, 환원주의보다 총체론에 적합하다는 것은 인공생명 담론이 근본적으로 이데올로기적으로 구성되고 있다는 느낌을 준다. 그것은 생명 현상이 혼돈과 복잡성 이론에 더 잘 부합하기 때문인 듯하다. 네트워크 에이전트에게 귀속되는 지성은 분산된 시스템의 기능에서 나오는 것이지만, 프로그램의 사용자들은 네트워크 에이전트의 지성을 가진 단일 에이전트로 의인화하는 경향이 있는 것도 그 때문이다. 그러므로 연결주의와 창발론에 의해 인공생명을 특징짓는 것은 생물학과 진화의 지위를 거대담론 또는 보편자로 귀환시킬 수도 있다. 그와 동시에 이 같은 인공생명 담론은 관계성과 감정을 축으로 하는 여성적 성질에 의존하는 본질주의로 환원될 위험도 안고 있는 것처럼 보인다. 내가 앞에서 제기했듯이, 인공생명 담론의 논리를 뒤따르기보다는 인공생명의 통합적인 방식으로 재개념화할 수 있는 대안적 모델 또는 궤도의 필요성을 숙지하면서, 다시금 우리는 지금껏 상상된 인공생명의 이미지가 여성 에이전트에게 바람직한 것인지 자문해 보아야 할 것이다.

29 Turkle. Sherry. 1997. Life on the Screen. 43.

결론: 정보의 바다에서 여성 오디세이의 전망

이제까지 나는 네트워크 사회에서 정보 주체이자 정보 자체로 존재하는 개인들의 행위성의 면모들을 젠더분석의 관점에서 검토해 보았다. 나의 논의의 목적은 매우 제한적인데, 해러웨이의 사이보그 선언에서 제시되었던 주체와 가치에 대한 이분법적 도식과 주체의 신체성의 한계를 극복하려던 소망이 어느 정도로 실현되었는지를 검토하는 것이었다. 이 목적을 위해 나는 네트워크 에이전트의 젠더성, 자율성, 그리고 인공성의 관점에서 여성 주체의 자유의 수준을 검토해 보았다. 네트워크 사회는 분명 추상적이고 무성적인 디지털 기호의 조합으로 구성되는 것이지만, 나는 우리가 일상생활에서 접하는 네트워크와 프로그램들은 사회생물학과 문화를 모방하는 서사를 재생산하는 경향이 있음을 보이고자 했다. 그리고 나는 접속과 웹에 의존하는 방식으로 네트워크 에이전트들이 존재하고 행동하는 과정에서 일종의 강제 상태에 놓이는 병리적 증후까지 나타난다는 것을 지적했다. 그러므로 아직은 정보의 바다에서 우리는 충분히 자유롭지 못하다. 인공생명의 도래를 경축하기 앞서 나는 우리가 연결과 진화를 보완할 수 있는 대안적 모델을 구상함으로써 인공생명을 재개념화하는 시도를 해야 할 필요성을 지적했다.

이제 우리는 어디로 나아가야 할 것인가? 성공적인 항해 원정은 얼마나 훌륭한 조타수가 되느냐에 달려 있기도 하지만, 어디로 그리고 왜 떠나야 할 것인지 목적지를 조정하는 능력에도 달려 있다. 지금 인공생명의 진화 수준은 바로 그런 지점 앞에 머물러 제 자리 걸음을 하고 있는 듯하다. 여성주의 철학, 미학, 경제학, 또는 어느 전문분과가 과연 우리를 앞으로 나아가게 해줄는지 고심해 보아야 한다.

| 참고문헌 |

김혜련. 2010.「여성주의 연구방법으로서 젠더분석과 기술혁신」.『가톨릭철학』. 제14호. 199-232.

도킨스. 리처드(홍영남 옮김). 2002.『이기적 유전자』. 개정판. 을유문화사.

메르쉬. 디터(문화학연구회 옮김). 2009.『매체이론』. 연세대 출판부.

신희선. 2005.「디지털 시대와 사이버 페미니즘-한국여성단체의 온라인 여성운동과 의사소통방식을 중심으로」.『아시아여성연구』, 44집 1호. 226-267.

아감벤. 조르지오(박진우 옮김). 2008.『호모 사케르: 주권권력과 벌거벗은 생명』. 새물결출판사.

얄롬. 어윈(임경수 옮김). 2007.『실존주의 심리치료』. 학지사.

양미연 · 장상희. 1998.「사이버 스페이스는 여성에게 해방의 공간인가, 억압의 공간인가?」.『여성학 연구』8집. 1호.

웨렐. 주디스. 파멜라 리머(김민예숙 · 강김문순 옮김). 2004.『여성주의 상담의 이론과 실제』. 한울.

임경수. 2009.『심리학과 신학에서 본 인간 이해』. 학지사.

젠킨스. 헨리(김정희원 · 김동신 옮김). 2006.『컨버전스컬처』. 비즈앤비즈.

카스텔. 마뉴엘(김묵한 · 박행웅 · 오은주 옮김). 2003.『네트워크 사회의 도래』. 한울 아카데미.

카프라. 프리초프(김용정 · 김동광 옮김). 1996.『생명의 그물』. 범양사 출판부.
켈러. 이블린 폭스(김재희 옮김). 2001. 『생명의 느낌』. 양문.
해러웨이. 다나(민경숙 옮김). 2002. 『유인원, 사이보그, 그리고 여자』. 동문선.
황상민 · 한규석. 1999. 『사이버공간의 심리』. 박영사.
휴즈. 어슐리(신기섭 옮김). 2004. 『싸이버타리아트』. 갈무리.

Adam. Alison. 1998. *Artificial Knowing: Gender and the Thinking Machine*. .New York: Routledge.
DiSalvo. Carl. 2009. "Design and the Construction of Publics". Design Issues. vol 25. no.1. 48-63.
Kember. Sarah. 2003. *Cyberfeminism and Artificial Life*. New York: Routledge.
Langton, Chistopher. 1996. *Artificial Life: An Overview*. Cambridge, Mass: MIT.
Rifkin. Jeremy. 2000. *The Age of Access : the New Culture of Hypercapitalism, Where All of Life is a Paid-for Experience*. New York : Jeremy P. Tarcher/Putnam.
Parpart. Jane L., Shirin M. Rai & Staudt. Kathleen. 2002. *Rethinking Empowerment*. London & New York: Routledge.
Schiebinger. Lond. 2008. "Introduction: Getting More Women into Science and Engineering--Knowledge Problem", *Gendered Innovations in Science and Engineering*, ed. Stanford, California:

Stanford UP. 1-21.

Turkle. Sherry. 1995. *Life on the Screen: Identifying in the Age of the Internet*. New York: Simon and Schuster.

Urry. Megan C. 2008. "Are Photon Gendered? Women in Physics and Astronomy". *Gendered Innovations in Science and Engineering,* edited by Londa Schiebinger, Stanford, California: Stanford UP. 150-164.

Turkle. Sherry. 2007. *Evocative Objects*. MIT: Cambridge: Mass.

Wajcman. Judy. 2004. TechnoFeminism. Cambridge, UK: Polity Press.

네트워크와 집단적 지성

| 김은중 |

1. 가동되지 않은 대중의 지성 시스템

한국 사회는 대단히 역동적이다. 그런 역동성을 유지하는 데에는 아마도 한국인의 전통적인 평등 의식이 중요한 역할을 했을 것으로 판단된다. 역동성과 평등 의식은 한국 사회의 나날을 늘 시끄럽게 만들고 있지만 그것의 부정적 기능보다는 긍정적 기능이 더 지배적이다. 그리고 역동성과 평등 의식은 인터넷으로 대표되는 정보사회를 발전시키는 원동력이 되고 있기도 하다.

정보사회와 관련해 여기서 주목하려는 두 개의 사건이 있다. 황우석의 줄기세포 사건과 미국산 쇠고기 사건인데, 이 두 사건이 한국 사회의 네트워크와 관련해 여러 가지 시사점을 준다고 생각하기 때문이다. 두 사건은 문화방송의 피디수첩에서 출발했다는 공통점이 있다.

이 점 말고도 두 사건이 지닌 공통점은 이 방송을 보고 대중이 분노했다는 것이다. 그러나 똑같은 분노이지만 분노의 내용은 달랐다. 첫째, 황우석 줄기세포 사건과 관련해 대중은 이 사건을 보도한 문화방송 피디수첩에 대해 분노했다. 반면에 미국산 쇠고기 사건과 관련해 대중은 미국과 협정을 타결한 정부에 대해 분노했다. 둘째, 줄기세포 사건과 관련해 대중은 비교적 개인적 차원에서 분노했다. 반면에 쇠고기 사건과 관련해 대중은, 물론 쇠고기가 식품이라서 모든 국민의 건강과 생명에 영향을 끼칠 수 있긴 하지만, 집단적 차원에서 분노했다. 미국산 쇠고기 사건에 대한 분노는 아울러 이명박 정부에 대한 정치적 부정이기도 했는데, 이 점을 놓고 본다면 미국산 쇠고기 사건은 단순한 대중적 저항 사건이라기보다는 그것을 주도한 집단의 정치적 성향이 드러난 사건으로 보아야 한다.

그런데 이 점에서 우리가 주목해야 하는 것은 개인적이건 집단적이건 그들이 표출한 분노는 두 사건이 지닌 과학성과는 별 관련이 없거나 아니면 과학에 대한 무지를 드러냈다고 할 수 있다. 황우석 줄기세포 사건은 나중에 실제로 황우석이 발견 또는 개발한 줄기세포가 당시로서는 없다는 것으로 확인되었는데 방송 당시 대중은 황우석의 편에서 서서 줄기세포가 있다고 믿었고 그 결과 문화방송의 피디수첩을 비난했다.

미국산 쇠고기 사건과 관련해서도 대중이 이에 대해 과학적 지식을 갖고 있지 못했다. 한국의 대중들은 많은 미국의 소가 광우병에 걸려 있을 것이라고 의심했고 따라서 미국산 쇠고기를 먹으면 광우병에 걸릴 것이라고 생각했다.[1] 사실 광우병은 소에 대한 병이지만 이와 유사한 병으로 다른 동물에게 나타나는 병도 TSE라는 이름을 가지고 있다. '인간 광우병'은 인간에게 걸리는 것이고, '광우병'은 소에 걸리는 것으로 상이한 것이며 원인도 다르지만, 한국의 언론은 '인간 광우병'과 '광우병'을 구분하지 않고 사용한다.

2004년까지 157명의 인간이 광우병과 동일한 신경 계통의 증상

---

[1] 광우병은 1984년 영국에서 최초로 발견되었다. 그해 133마리의 소가 광우병 의심 소로 지목되었는데, 1985년 이 소들의 쇠에서 BSE(Bovine Spongiform Encephalopathy, 소해면상뇌병증, 소海綿狀腦病症)를 발견했고, 이 소들의 외형적 증상에 따라 광우병이라고 이름을 붙였다. 영국 정부는 1986년 11월 광우병의 심각성을 인정했다. 이후 영국에서는 약 179,000마리의 소가 광우병으로 죽었다.

영국에서 소해면뇌상증이 발병하게 된 결정적인 원인은 영국의 축산 관련 과학자들이 소에게 양고기로 만든 사료를 먹였기 때문이라는 설이 유력하다. 양은 양의 프리온 질병인 스크래피에 내성이 강하기 때문에 소해면뇌상증에 걸린 양도 완전히 멀쩡한 양과 모든 면에서 구분이 어려웠기 때문에 어떤 양이 스크래피에 감염되었는지 알 수 없다. 그러나 이 사실을 인지하지 못한 영국인들은 스크래피에 감염된 양의 고기로 만든 사료를 소에게 먹임으로써 소해면뇌상증을 발병시켰다고 추정되었다. 이에 반해 미국에서 사육되는 소들은 양고기로 만든 사료를 먹이지 않았다. 물론 미국에서도 인공 사료를 소에게 먹였고 여기에는 항생제, 호르몬, 살충제, 화학비료나 단백질 보충제 등의 성분이 포함되어 있다.

동물의 부산물을 이용하여 만든 인공사료를 단백질 보충제로 사용하는 방법은 1987년 이전부터 유럽에서는 보편적으로 사용됐다. 가축에게 먹이는 가장 보편적인 식물성 단백질 보충제는 콩이지만 유럽에서는 콩이 잘 자라지 않는다. 이에 따라 유럽의 축산업자들은 가격이 낮은 소나 동물의 부산물을 콩의 대용품으로 사용하기 시작했다. 이러한 관행이 소해면상뇌증의 확산에 기여했다고 여겨진다.

을 보이는 변종 크로이츠펠트-야코프병(vCJD)에 걸려 사망한 사람의 수는 157명이다. 157건 가운데 148건이 영국에서 발생했고 6건이 프랑스, 그리고 한 건이 이탈리아에서 발생했다. 아일랜드, 캐나다, 미국에서 발생한 변종 크로이츠펠트-야코프병은 모두 영국에 한 때 살았거나 방문한 적이 있는 사람들에게서 발생했다. 따라서 미국에서는 CJD에 걸려 사망한 사람이 한 명도 발생하지 않았다.

그러나 피디수첩에서 방영한 프로그램에 등장하는 아레사 빈슨이라는 젊은 여성이 인간 광우병에 걸렸을 것이라고 설명되었고, 이에 자극을 받은 대중들은 미국산 쇠고기 수입에 반대하기 시작했다. 그 과정에서는 군중 심리도 작용했으며 선동도 있었다. 그런데 무엇으로부터 영향을 받았든 미국산 쇠고기 수입 반대 시위에 가담한 대중은 미국산 쇠고기를 먹으면 광우병에 걸릴 것이라는 생각에서 가담했다.[2]

미국산 쇠고기가 광우병에 노출되어 있다면 많은 미국인들이 광우병에 노출되어 있는 것이며, 그렇다면 한국보다 훨씬 더 먹을거리에 철두철미한 미국에서 논란이 일었을 것이다. 물론 한국인들은 미국이 한국보다 훨씬 미개하다는 생각을 막연히 가지고 있는데, 그렇게 된 데에는 미국영화와 이라크 전쟁을 일으킨 부시 대통령에 대한 부정적

---

2 인간이 광우병에 감염되기 위해서는, 반드시 광우병의 원인이 되는 프리온과의 접촉이 있어야 한다. 따라서 프리온을 가지고 있는 쇠고기를 섭생한 사람은 체내로 유입된 프리온이 소화 작용의 과정에서 특정한 이유에 의해 분해되지 않거나 또는 프리온이 체내에 특정한 이유로 유입되어 특수하게 증식이 되는 경우에 한해 인간이 광우병에 걸린다. 단순히 미국산 쇠고기를 먹는 행위로 인하여 인간 광우병에 걸릴 위험은 없다.

인식도 작지 않았을 것이다. 한국인들 가운데 미국에 비판적이거나 부정적인 사람들이 미국이 한국보다 훨씬 못한 국가라고 그래서 광우병 같은 것도 통제하지 못하는 국가라고 생각하는 경향이 있는 것 같다.

미국은 OIE 규정에 따라[3] 광우병 통제국, 곧 적절한 관리를 할 수 있는 국가로 지정되어 있었고, 미국산 쇠고기의 경우 30개월령 미만 SRM 부위는 제거되어 수입되고 있지만 대중에게 미국소는 광우병소로 인식되었다. 이에 반해 한국은 당시에는 광우병 발생 위험에 관해 관리할 수 있는 국가가 아니었으며 2010년 5월에 통제국이 되었다. 따라서 2008년 봄 한국을 뒤덮은 미국산 쇠고기 반대 시위는 광우병을 통제하지 못하는 국가의 국민들이 광우병을 통제하는 국가를 향해 "당신들 쇠고기를 먹을 수 없다"라고 한 것이다.

실험과 관찰에 바탕을 두는 자연과학은 학자의 주관이 개입될 여지가 적어 사회과학보다 훨씬 더 객관적이다. 그러나 광우병 사태와 촛불 시위를 겪으면서 드러난 과학에 대한 태도는 그렇지 않았다. 철저한 과학적 증거에 바탕을 두기 보다는 개인적인 성향이나 다분히 의도적인 정치적 주관에 따라 결론을 내리고, 전체 보다는 자신이 의도하는 결론에 필요한 사실만을 선택하거나 사실을 왜곡해 대중을 패닉 상태로 몰아갔다. 따라서 황우석 줄기세포와 미국산 쇠고기 사건과 관련해 대중의 지성 시스템은 가동되지 않았다.

---

3 OIE에서는 광우병과 관련해서 모든 국가에게 세 가지 가운데 하나의 지위를 부여하고 있다. 광우병의 발생 위험이 아주 미미한 국가, 광우병 발생 위험을 줄이기 위해서 적절한 관리를 하고 있는 국가, 발생 위험에 관해 판단할 수 없는 국가 등이 그것이다.

2. 네트워크와 대중

미국산 쇠고기 사건이 촛불시위로 진행될 수 있었던 데에는 한국 사회의 발전된 네트워크가 중요한 역할을 했다. 한국 사회의 정보 네트워크는 일찍이 지구의 어느 국가나 사회도 경험하지 못한 매우 진보된 시스템이다.[4]

시대가 인터넷 출현 이전과 출현 이후로 구분된다고 할 수 있을 만큼 인터넷으로 상징되는 네트워크가 사람들의 삶에 끼치는 영향은 막대하다. 인터넷 이전에는 소수의 지식 엘리트가 지식을 독점하고 공급했다. 인터넷 이후에는 대중이 정보를 생산하고 공유한다. 따라서 지난 25년 동안 인류에게 일어난 기술 혁명가운데 가장 중요한 사건은 정보의 혁명이다. 이 혁명을 주도한 기술들은 인터넷, 개인용 컴퓨터, 이동전화 같은 것들인데, 이 기술들은 그 이전에는 상상 속에만 있었고 실제로는 상용화되지 않았다. 이 기술들이 1980년대부터 상용화되면서 인류는 새로운 정보혁명의 시대에 들어섰다. 그런데 정보의 혁명은 여기서 그치지 않을 것이다. 앞으로 25년 동안 인류의 정보혁명은 유비쿼터스 컴퓨팅 · 나노 · 바이오 · 인포메이션 테크놀로지 · 인지과학 등에 의해 더욱 가속화될 것이다.

---

[4] 1960년대 동유럽의 민주화 운동이 실패로 돌아간 데에는 그 운동이 고립되어 있었기 때문이었다. 정부는 신문과 방송을 장악하면 어떤 사건이 일어났을 때 그 사건이 외부로 전파되는 것이 거의 불가능하거나 아니면 많은 시간을 필요로 했다. 이에 반해 1980년대 후반 동유럽의 민주화가 성공하고, 중국의 천안문 사태가 나름 성과를 거둔 것은 그 운동을 외부로 알리는 데 성공했기 때문이었다.

이런 정보의 혁명에서 가장 중요한 것은 네트워크의 출현이다. 이전까지 제한된 네트워크를 가지고 살았던 인류는 인터넷이라는 네트워크에 의해 국경을 무너뜨리고 전 지구를 하나의 울타리 안에 두는 데 성공했다. 1969년에 등장한 인터넷의 전신 아파넷[5]은 초기에는 극소수의 노드로 운영되었으나, 1980년대에 등장한 개인용 컴퓨터와 함께 네트워크 시대를 열었다. 개인용 컴퓨터가 등장하기 이전의 인터넷은 서로 고립된 채 존재했다.[6] 그러나 1973년 프로토콜로 TCP/IP를 사용하면서 대중화에 접어들었다. 그리고 때맞춰 등장한 개인용 컴퓨터들을 하나의 네트워크로 묶기 시작했다. 이후 1986년 미국 NSF(U.S. National Science Foundation)에서는 오늘날 인터넷을 위한 통신 서비스망의 기원인 45Mbps(bit per second)용량의 NSFNET(National Science Foundation Network)을 개발했으며, NASA와 에너지성에서 각각

---

5 아파넷(ARPANET)은 미국 국방부의 고등연구계획국약칭 ARPA, 문화어: 현대연구계획국망)의 주도하에 만들어진 세계 최초의 패킷 스위칭 네트워크로 1969년에 시작되었으며, 현재의 인터넷의 원형으로 알려져 있다. 아파넷이 출현하기 이전에는 회로 스위칭이 많이 쓰였으나, 아파넷이 발족한 뒤로 이제까지 패킷 스위칭이 데이터와 음성을 주고 받는 데에 널리 쓰이기 시작했다. 그 뒤 1973년 미국 방성 산하기관인 DARPA(U.S. Defense Advanced Research Projects Agency)에서는 컴퓨터들을 네트워크로 연결하여 서로 정보를 교환할 수 있는 통신규약의 개발을 추진했으며, 그 결과 오늘날 널리 사용되는 TCP/IP(Transmission Control Protocol/Internet Protocol)라고 알려진 통신규약이 개발되었다.

6 아파넷은 발족 당시 UCLA, 캘리포니아 대학교 산타바바라, 스탠퍼드 연구소(SRI), 유타대학의 네 군대에서만 노드를 가지고 있었으나, 전송 통신규약(프로토콜)으로 NCP(Network Control Program)를 사용하는 것에서 1983년 TCP/IP로 대체하면서 지금의 인터넷으로 진화했다.

NSINET(NASA Science Internet), ESNET(Energy Sciences Network)이라는 망을 추가로 구축한 것이 오늘날 인터넷의 본격적인 시발점이었다.[7]

그리고 인터넷이 출현하면서 일어난 가장 획기적 사건은 네트워크를 탄생시켰다는 것이다. 거의 단 방향에 가까운 PC통신으로는 네트워크를 구축하는 것이 사실상 불가능했다. 물론 PC통신도 기본적으로는 컴퓨터를 사용해 정보를 주고받는 양방향 통신이었으나, 국내에 한정된 문자 기반의 정보를 제공하는데 그쳤으며, 정보의 제공자는 오직 PC통신 사업자에 국한되었다. 따라서 일반 사용자가 정보를 제공

---

[7] 인터넷이 실생활에 급속히 확산된 계기는 1990년대 말부터 컴퓨터와 운영체계, 통신기술이 비약적으로 발전한 데에 기인한다. 이전의 PC통신 단계에서는 작은 용량의 파일 전송에 의한 문자 위주의 정보를 전달하는 데 만족했으나 새로운 기술의 출현은 대용량의 파일전송에 의한 이미지 전달이 가능하도록 했다. 작은 용량의 파일 전송에 의한 문자 위주의 정보전달체계는 한국에서는 1980년대 말부터 PC통신이라는 이름으로 존재했다. 이용자도 꾸준히 늘어나 1990년대 중반을 넘어서면서 가입자 수도 약 천사백만 명에 달했다. 그러나 PC통신은 사용자들로부터 그다지 각광받지 못했으며 획기적인 정보의 혁명을 가져오지는 못했다. PC통신이 각광받지 못했던 까닭은 서비스 주체인 PC통신 업체의 숫자가 한정되어 있었으며, 서비스 내용도 다양하지 못했기 때문이었다. 사용자는 PC통신 회사의 정보 제공 내용에 의존할 수밖에 없었고, 사용자가 능동적으로 참여할 수 있는 공간은 동호회와 자료실, 그리고 게시판에 한정되었다. 따라서 양방향 소통은 지극히 제한적이었다. 이런 한계를 어느 정도 불식시킨 서비스는 IP(Information Provider)사업이었다. IP 사업은 PC통신회사의 HOST내에 별도의 저장 공간을 할당받아 독자적인 PC통신 서비스를 제공하는 형태로서 IP 사업자는 개성 있는 정보들을 올려놓고 이를 조회하는 PC통신 가입자들로부터 정보제공 수수료를 받았다.

하려면 PC통신 사업자가 되어야 했는데, 이를 위해서는 막대한 자본금과 시설이 필요했으므로 일반 사용자는 정보제공자가 되는 것이 불가능했다. 그러나 1990년대에 들어와 본격적으로 상용화되기 시작한 인터넷은 이런 한계를 해결했다. 따라서 인터넷이 네트워크이고 네트워크가 인터넷인 시대가 도래했다.

인터넷은 두 가지 점에서 PC통신과 달랐다. 첫째, 정보의 전달수단이 문자에 국한되지 않고 이미지로 확대되었다. 이것은 컴퓨터 사양의 향상과 인터넷의 전송속도가 빨라지면서 가능해진 것인데, 신문에서 그림의 제공이 가능해졌으며 인터넷을 통해 실시간으로 방송화면을 제공할 수 있도록 했다. 또한 온라인을 통해 상품을 매매하는데 기여하도록 만들었다. 그뿐 아니라 각종 도색 잡지와 비디오를 제공하는 데에도 획기적인 역할을 했다. 일반적으로 하나의 매체가 발전하기 위해서는 포르노 산업을 전위에 세워야 한다는 주장도 있지만, 이미지의 제공은 인터넷으로 하여금 포르노 상품의 제공을 가능케 했으며, 그것은 또한 인터넷의 이용을 증가시키는 촉매가 되었다. 결과적으로 이미지의 제공이 포르노 산업을 인터넷에 끌어들였으며 동시에 포르노 산업은 인터넷의 이용을 증대시켰다.

둘째, 개인용 컴퓨터와 모뎀만 갖추면 누구라도 사이트를 만들어 정보를 제공하는 것이 가능했다. 인터넷의 등장으로 예전과 같이 일부 대형 PC통신 사업자만이 통신서비스를 제공하는 것이 아니라, 기업이든 개인이든 PC와 모뎀, 그리고 게재할 정보만 있으면 통신서비스를 제공할 수 있게 되었으며, 과거 몇 개밖에 되지 않던 정보 제공자가 국내외를 막론하고 수십만에서 수백만에 달하게 되었으며, 그만큼 정보의 종류와 양이 과거에는 상상할 수 없었을 만큼 확대되었다.

오늘날에는 웬만한 일반기업들도 자체 서버(홈페이지의 내용을 담고 있는 컴퓨터)를 보유하고 기업의 홍보나 제품소개, 고객의 의견청취 등에 사용하고 있으며, 개인들도 주로 PC통신업체의 서버나 무료로 홈페이지 공간을 할당해주는 업체의 서버 내에 개인적으로 홈페이지를 올려놓고 자신의 관심분야에 대해 정보를 제공하고 있다.

즉, 인터넷의 등장은 모든 기업과 개인에게 PC통신을 이용한 다양한 형태의 정보제공 서비스를 가능하게 해주었으며 인터넷이 보편화되고 있는 오늘날 PC통신이라는 명칭은 인터넷이라는 정보의 바다에서 유료회원제로 정보를 제공하는 몇몇 업체를 일컫는 과거형 명칭이 되어가고 있다. 반면 그동안 사용자에게 통신접속 및 정보제공의 두 기능을 모두 담당하던 PC통신 사업자와는 달리 사용자의 인터넷 접속기능만 담당하고 정보는 사용자가 인터넷 항해를 통해 직접 찾아가도록 하는 인터넷 접속 서비스를 전문으로 하는 인터넷 서비스 제공업체(ISP)들이 등장하고 있다.[8]

그러나 무엇보다도 누구나 사이트를 개설할 수 있게 되었다는 인터넷의 장점은 이전까지 신문이나 방송이 단방향 매체였던 데 반해 인터넷 미디어가 양방향 매체로 발전하도록 만들었다. 이것은 소셜 네

[8] 그리고 과거 PC통신 시대에서는 없었던 Web Hosting 사업이 번창하게 되는데, 이는 자체적으로 서버를 갖추고 전용회선을 연결하여 인터넷 서비스를 하는 것보다, 전문업체의 서버에 홈페이지를 올려놓는 것만으로 간단하게 인터넷 서비스를 할 수 있다는 효율성 때문에 개인이나 소규모 업체를 중심으로 많은 이용자가 생겨나게 되고, Web Hosting 업체들은 서로 빠른 접속 서비스와 다양한 부가서비스에 저렴한 사용료를 내걸고 치열한 경쟁을 벌이게 될 것이다.

트워크의 출현을 가속화시켰다. 그리고 이제는 트위터, 페이스북 등이 출현하고 소셜 네트워크가 스마트폰과 결합하면서 쌍방향 네트워크는 실시간으로 작동하기 시작했다.

3. 집단지성의 출현

인터넷은 1980년대를 전후에 출현한 개인용 컴퓨터와 결합하면서 인류의 생활을 바꾸어 놓기 시작했다. 컴퓨터는 인간의 생활에 여러 가지 변화를 가져왔는데, 그 가운데 특히 주목되는 것은 이전까지 제한된 네트워크를 가지고 살았던 사람들을 인터넷이라는 네트워크로 묶었다는 것이다. 인터넷은 1960년대 후반에 등장했지만 개인용 컴퓨터가 출현하기 전까지는 극히 제한된 네트워크만을 가졌다. 그러나 개인용 컴퓨터가 출현하면서 본격적인 네트워크 시대로 진입했다. 인터넷은 이전까지는 서로 고립된 채 존재하던 단위 네트워크들을 서로 접속시켰으며 이에 따라 컴퓨터 사용자들이 기하급수적으로 증가했다.[9]

그러나 컴퓨터 사용자들이 급속도로 증가했다는 것이 인류문명의 진보나 발전을 의미하지는 않는다. 그보다도 컴퓨터와 인터넷이 결합한 네트워크가 인류 문명에 어떤 영향을 끼쳤는가를 규명하는 것이

---

9 그 결과 인터넷은 오늘날 국경을 초월한 거대한 다민족적 매체의 상징이 되었다. 재래식 우편물은 점차 사라지고 있으며 많은 사람들이 이메일로 소식을 주고받는다. 그뿐 아니라 트위터와 같은 소셜 네트워크들이 출현해 사람들로 하여금 공동의 가치를 향해 나아가도록 하고 있다.

중요하다. 네트워크 사회의 또 하나의 강점은 네트워크가 집단지성을 창출하는 것이라고 한다. 일반적으로 네트워크 사회는 기술적 성장과 네트워크를 통한 커뮤니케이션의 성장 두 가지인데, 기술적 성장이 네트워크 사회의 집단지성 창출로 이어진다는 것이다.

3.1. 피에르 레비의 집단지성

집단지성의 창시자는 피에르 레비이다.[10] 그가 주장하는 것 가운데 주목할 것은 인터넷으로 인해 일어난 삶의 변화가 새로운 문명의 탄생이라는 것이다. 그는 새로운 문명의 탄생을 '집단적 지성(collective knowledge)'과 '누스페어 정신계'라는 개념으로 설명한다. 인류는 인터넷이라는 초현실적 의사소통의 장을 마련해 각종 정보와 지식을 집적하고 의사소통할 수 있게 됨으로써 '집단적 지성'을 성취하게 됐고, 이것을 발현해서 개개인의 정신을 하나로 연결하는, 새로운 차원의 '영성적 교류의 장(누스페어)'을 실현했다는 것이다.

레비는 이런 새로운 문명을 경제(economy)와 생태(ecology)의 관점에서도 설명한다. 그에 따르면 두 개념은 모두 '집' 또는 '더불어 살기'를 의미하는 그리스어에서 나왔다. 그런 맥락에서 '정보 경제'는 정보의 마케팅이나 소비와 같은 협소한 의미가 아니라, 인간이 지닌 모든 종류의 생각들이 활동하는 생태학을 가리킨다. 세계화 문명과 더

10 피에르 레비 이외에도 미래학자인 제롬 글렌(Jerome C. Glenn) 유엔 밀레니엄 프로젝트 회장은 "미래는 개인들의 능력이 모인 집단지성에 의해 움직이게 될 것"이라고 예견한다.

불어 기술·종교·정치 등 모든 인류의 사상과 아이디어가 상호 작용할 수 있는 세계적 차원의 공통적인 에코 시스템이 출현한다. 레비는 이런 현상을 두고 마치 인류가 농작물을 재배하고 가축을 키우며 생물학적 생명을 제어할 수 있었던 신석기 혁명에 비교한다. 이제는 신석기 시대에 일어난 혁명적 상황보다 몇 단계 더 나아가 상징적 생명과 문화적 생명을 제어할 수 있게 되었다고 레비는 생각한다.

이런 현상을 목격한 레비는 불확정한 상태의 가상공간에 어떤 방향성 또는 궁극성을 제시하려 한다. 그것이 다름 아닌 '집단지성의 구축'이다. 그에 따르면 인터넷은 초현실주의적인 의사소통의 장이다. 이미 온라인상으로 사상과 정보, 서비스가 교환되고 인간은 끊임없이 가상세계 속에서 대화한다. 머지않아 인류는 누구나 자신의 사이트를 갖고 몇 년 안에 일종의 공동체를 형성하게 될 것이다. 그는 인터넷이라는 초현실적인 커뮤니케이션 공간을 통해 자신이 갖고 있는 지식과 정보를 공유하면서 배제와 소외의 문제를 해결할 수 있다고 주장한다.

3.2. 인류문명의 산물로서의 집단지성

그렇다면 집단지성이란 무엇인가? 피에르 레비는 집단지성에 대해 "어디에나 분포하며, 지속적으로 가치가 부여되고, 실시간으로 조정되며, 실제로 동원될 수 있는 지성"[11]이라고 설명한다. 그에 따르면 세상은 지구, 영토, 상품의 공간, 지식의 공간 등 네 가지 공간으로 구

11 《집단지성, 사이버공간의 인류학을 위하여》, 권수경 옮김, 문학과 지성사, 2002.

분된다. 지구는 자연적 개념으로서 오래전부터 존재한 생존의 공간이다. 영토는 농업적 개념으로서 그 자체가 의미를 지니는 소유의 공간이다. 상품의 공간은 상업적 개념으로서 구획보다 어떤 구획에 누가 있는지가 더 중요시되는 공간이다. 지식의 공간은 가상적 개념으로서 물리적 제약에서 벗어난 열린 공간이자 집단지성의 공간이다.[12] 이렇게 볼 때 집단지성의 공간은 물리적 제약을 벗어나 가상공간이라는 새로운 영역을 발견한 인류의 산물이다.

또한 레비는 디지털 혁명의 양상이 아니라 상업적 효과를 넘어 멀티미디어의 부상에 연관한 거대한 문명의 쟁점을 명확히 조명하는 것이 중요하다고 주장한다. 디지털 혁명은 감수성 · 지성 · 공조라는 집단적 장비의 모양을 결정할 것이며 이것들이 미래 문명의 하부 구조를 이룰 것이라는 것이 그의 판단이다.

레비는 개미를 예로 들어 집단지성의 개념을 설명한다. 지성 이전의 일반적인 인지 능력의 차원에서 볼 때, 개미 한 마리 한 마리는 '바보'같지만 그들의 집단적 활동은 전반적으로 영리한 양상을 보인다. 벌이나 개코원숭이, 얼룩말 집단도 영리한 집단적 활동을 영위한다. 이런 동물들은 각 개체만 놓고 볼 때는 어리석지만 하나로 모이면 마치 무리가 하나의 영리한 머리를 가진 것처럼 움직인다. 이런 현상

---

12 피에르 레비는 역사의 흐름에 비추어볼 때, 집단지성의 생성은 일정한 시간을 두고 이루어진 인류발전의 자연스러운 결과물이라고 이야기한다. 과거와 달리 물리적 제약에서 벗어난 인류는 열린 공간에서 자신의 생각을 남기게 되고 이렇게 남겨진 수많은 생각들은 또 하나의 지성이 되어 생동하듯 가상의 공간 속을 떠다닌다.

을 설명할 수 있는 명제는 "우리는 나보다 똑똑하다"는 것인데, 여기에서 집단지성의 개념이 잉태되었다. 레비는 인간의 집단지성도 마찬가지라고 생각한다. 다만 인간의 집단지성은 다른 동물보다 훨씬 조직적이고 체계화되어 있다.

사실 지식의 공유와 축적을 통해 대중이 지식 생산의 주체가 되는 집단지성은 사이버 시대 이전에도 있었다. 대표적인 것이 언어의 생성이다. 구성원 아무도 어떤 것을 말할 수 없었던 시절에 언어가 만들어진 과정을 반추한다면 인간의 집단지성이 어떻게 발현되는지를 유추할 수 있을 것이다.

언어는 한 사람의 천재적 지식인이 고안해낸 것이 아니라 그 사회의 구성원들의 집단적 작업을 통해 만들어졌다. 그 작업을 우리는 지성이라고 부를 수 있을 것이다. 그것이 지금으로부터 수만 년 또는 수천 년 이전이라고 해도 지성이 아닐 수는 없다. "인간은 언어 · 문화 · 영감 · 기술 등의 사회적 코드를 통해 선조로부터 물려받은 지식을 축적하고 문화를 발전시켰으며, 그것이 바로 집단지성의 기능"이다.

3.3. 집단지성과 지식인의 역할

피에르 레비는 이와 같은 인간의 집단지성이 인터넷이 가져온 의사소통의 혁신을 통해 폭발적으로 발현되고 있다고 진단한다. 고도의 정보 네트워크가 구축한 유비쿼터스 환경 속에서 인간은 끊임없이 지식을 공유하고 축적하면서 새로운 지식을 창출하고 있다는 것이다.

이런 관점에서 피에르 레비는 타자에 대해 전통적 정의와는 매우 다른 독특한 정의를 내린다. 21세기의 인터넷 세대에게 타자는 "지식을 가진 사람" 또는 "나와 마찬가지로 어느 정도의 지식을 소유했지만 많은 것을 모르는 사람"이다. 하지만 "우리의 경험 영역이 서로 겹치지 않기 때문에, 타자는 경우에 따라서 내 지식을 더 풍부하게 만드는 원인이 된다."

따라서 인간은 지식의 꽃다발로 만나게 될 때면 고립되어 있을 때보다 훨씬 더 유능해질 수 있다. 그에 따르면 이것은 지난 세기들의 역사와는 비교가 되지 않는, 질적으로 거대한 변화이다. 우리는 현재 한 인류에서 다른 인류로 넘어가는 새로운 진화의 문턱에 서 있다는 것이 그의 진단이다.

피에르 레비의 이런 주장은 더 이상 지식인의 역할은 없으며, 따라서 전통적 관점에서의 지식인은 필요 없다는 것으로 들린다. 피에르 레비는 "오늘날 지식인의 역할은 더 이상 지식을 생산하는 데 있지 않다"고 생각한다. 그는 "이제는 다수가 생산한 지식, 즉 집단지성을 관찰하고 분석하는 것이 지식인의 역할"이라고 말한다. 따라서 네트워크 시대의 지식인들은 자기가 속한 집단지성을 비평할 수 있는 사유의 도구를 만들어내는 역할을 해야 한다고 그의 생각이다.

그에 따르면 집단지성은 거대자본과 권력의 지식 독점에 대항하는 가장 강력한 수단이기도 하다. 독점과 폐쇄의 전략을 구사해온 IBM이 21세기 들어 오픈 소스 전략을 채택한 건 집단지성의 시대에는 그것이 자본주의 이익에 가장 잘 부합하기 때문이라고 레비는 분석한다.

그는 "집단지성과 함께 작업하고 열린 상태에서 일을 할 때 자본주의가 더욱 발달한다는 것을 알았기 때문에 이제 모든 자본과 권력이 그런 방향으로 움직일 수밖에 없다"고 예견했다. 따라서 집단지성의 열린 시대에 폐쇄와 독점은 멸망에 이르는 길이라고 그는 역설한다.

3.4. 집단지성과 텍스트

레비는 책과 텍스트 개념에 대해서도 새로운 시각을 제시한다. 그는 이 둘을 구별하면서, 텍스트의 특정 매체와 형식으로서의 책은 완전히 사라지지는 않을지라도 영향력은 상실할 것이라고 예견한다. "활자의 역할은 미약해질 것이다. 하지만 텍스트는 사라질 수 없다. 텍스트의 문명은 이제 막 도래한 상태이다. 시간과 공간을 초월하여 이동할 수 있으며, 모든 사람들이 서로에게 공명을 줄 수 있는 '의미의 지대'(semantic zone)가 열리고 있다"는 것이 그의 판단이다.

그는 웹이 인류 커뮤니케이션 문명의 변천을 완결 짓고 있다고 말한다. 모든 자료들이 가상적으로 서로 연계되며, 모든 인류의 기호들이 상호 작용할 수 있는 능력을 획득했다는 것이다. 그러나 그는 이런 현상을 종이책의 끝으로 보지는 않는다.

레비에 따르면 디지털화는 결코 종료되지 않았다. 아직도 대부분의 활자 자료는 디지털화하지 못한 상태이며 디지털화는 이제 시작 단계에 접어들었다. 마치 농업의 시초 단계처럼, 특정 토양에서 쌀·밀·옥수수 등 어떤 작물이 잘 자라는지 모르는 상태였던 것처럼, 웹의 공간 역시 그 잠재력을 알고 있지 못하다.

4. 집단지성의 양면성

집단지성으로서의 네트워크에 대한 피에르 레비의 분석과 전망은 매우 낙관적이다. 그는 인터넷이라는 새로운 의사소통 도구를 통해 인류가 집단으로 지성을 갖추는 집단지성의 유토피아를 제시한다. 이런 점에서 그가 제시하는 것은 현실이 아니라 일종의 유토피아, 토마스 모어류의 새로운 유토피아이다.

피에르 레비는 네트워크의 공간을 집단지성의 공간이라고 명명했지만 인류의 역사를 볼 때 집단지성은 언어의 영역 이외에서도 발현된 적이 있었다. 가장 대표적인 집단지성의 사례가 고대 아테네에서 민주정치가 등장하는 과정이다. 미케네와 크레타 문명으로 대변되는 고대 그리스는 강력한 왕권에 의해 통치되었다. 그러나 기원전 1200년 북쪽에서 내려온 도리아족에 의해 미케네와 크레타의 왕정은 붕괴되었다. 이후 약 400년의 암흑기를 거친 뒤 아테네에서는 새로운 형태의 정체가 탄생하는데 그것이 민주정이며 이 정체의 특징은 아테네 시민들의 집단지성의 산물이라는 것이었다. 하지만 역사에는 그 반대의 현상도 부지기수로 일어났다. 여기서 일일이 소개할 필요는 없는데, 중세 유럽의 마녀사냥, 20세기의 독일의 나치즘 등은 집단지성이 역으로 작용한 것이다.

그보다는 오늘날 실제로 우리의 가상현실 세계에서 어떤 현상이 일어나는지를 고찰하는 것은 피에르 레비의 집단지성 이론을 검증하거나 반증하는데 필수적이다. 먼저 위키피디아를 보자. 위키피디아는 자신들의 홈페이지에 "위키피디아가 신뢰할 수 있는 참고문헌이 아니다"[13]라고 명시하고, 위키피디아를 학술적인 목적으로 사용하지 말 것을 권고하고 있다. 위키피디아가 그 어떤 것에 대한 정보의 접점에 쉽게 접근할 수 있는 것으로서 대학 신입생부터 교수에 이르기까지 위키피디아를 점점 더 많이 이용하고 있지만, 위키피디아가 신뢰할 수 있는 참고문헌이 아니므로 위키피디아를 인용하는 것은 수용될 수 없다는 것이다. 특히 누구나 위키피디아를 '편집'할 수 있다는 것은 위키피디아를 신뢰하지 못하도록 한다고 명시하고 있다. 다만 그것은 연구의 인증이 아니라 연구의 출발점으로서 역할을 할 뿐이다. 여기에서 주목할 것은 '편집'이다. 집단지성은 구성원들의 정보나 지식에 대한 편집에 의해 형성되기 때문이다. 그러나 그 '편집'을 신뢰할 수 없다는 뜻은 그 '편집'의 결과로 드러나는 집단지성을 신뢰할 수 없다는 뜻이 된다.

그것은 네이버의 지식iN도 마찬가지이다. 일찌기 파이낸셜뉴스가 "지식iN은 이용자의 자발적인 참여를 통해 만들어지는 일종의 지식 유기체다."[14]라고 정의를 했지만 한국에 소재한 한 언론사가 내린 정의를 두고 보편성을 획득했다고 판단할 수는 없는 일이다. 지식iN에서도 지식인을 통한 질문과 답변 가운데 잘못된 정보가 들어 있을 수 있다. 왜냐하면 지식인을 만드는 사람들의 대부분은 비전문가들이기 때

---

13 http://en.wikipedia.org/wiki/Wikipedia:Academic_use

14 파이낸셜뉴스, 2006.2.10. 파이낸셜뉴스는 2010년8월12일자에서 SNS가 잘못된 정보를 전파하는 데 이용될 수 있음을 경고하면서 포털 사이트는 안전하다는 식으로 소개를 하고 있는데, 여기서 이 기사는 포털 사이트가 자체 시스템을 가동하고 있음을 인용하고 있다. 그러나 포털 사이트의 자체 시스템이 얼마나 전문적이고 상시적인지에 대해서는 확인된 사실이 없다.

문이다. 특히 광고성 정보 때문에 적절한 답변을 구하지 못하는 사례도 많다. 그러나 많은 사람들이 지식인의 정보 서비스를 맹신함으로써 예를 들어 질병에 걸렸을 때 병원의 의사보다는 일단 지식인이나 구글에서 비슷한 증상을 검색하고 판단하는 경향도 있는 것으로 드러나고 있다.

2009년 11월 6일에 게재된 주간한국은 다음과 같이 적고 있다. "질병에 대한 궁금증이나 영양, 대체의학 등 인터넷을 통해 접하는 정보의 영향이 점점 커지고 있다. 미국의 경우, 2004년 인터넷 이용자의 79%가 인터넷 건강정보를 검색하고 있다는 조사결과가 있다. 우리나라도 몇몇 의료기관들이 조사한 결과, 인터넷 이용자의 73%가 인터넷에서 건강정보를 찾고 있으며, 46%는 인터넷 소스를 첫 번째 의료수단으로 삼고 있는 것으로 나타났다."[15]

---

15 이 기사에 들어있는 내용을 좀 더 소개하면 다음과 같다. "광고성 글을 자신의 경험담처럼 인터넷 게시판 등에 올리는 사례도 비일비재하다. 인터넷 포털 사이트인 네이버의 '지식in' 코너에는 건강에 대한 조언을 구하는 질문에 대해 자신의 경험담처럼 상담을 하고, 특정 병원이나 약을 추천한 답글 들이 달려있다. 그런데 이러한 답글 중 상당수가 실제로는 광고라는 사실이 속속 드러나고 있다.

최근 광고대행업자 9명이 일반 네티즌을 가장해 이 코너에 병원과 학원 등을 광고하는 글 수만 건을 반복적으로 올리다 적발되기도 했다. 이들은 인터넷 광고보다 지식 검색에서 얻은 정보를 더 신뢰한다는 점을 노렸다.

이처럼 인터넷에는 잘못된 지식이나 광고가 넘쳐나지만 이를 모니터링하고 걸러낼 수 있는 시스템은 갖추지 못한 실정이다. 그러는 사이, 잘못된 지식에 피해를 보는 의료소비자들이 늘고 있다. 정보 이용자가 전문지식을 제대로 이해하지 못해 벌어지는 문제도 간과할 수 없다. 인터넷에서 본 건강정보를 토대로 자가진단을 내리고, 병원에 갈지 혹은 말아야 할지를 결정하는 이들이 많은데,

물론 이런 현상에 대해 피에르 레비는 "출판된 책 중에도 엉터리가 많고, 신문에도 잘못된 지식과 정보가 있는데, 이런 잘못들이 왜 인터넷에서는 허용되지 않아야 하느냐"고 반문하며, "정보의 정확성보다는 함께 그 지식을 구축해나간다는 사실이 중요하다"고 강조한다. 그러나 네트워크가 그 지식을 구축해 나가는 그 순간에도 수많은, 비판과 평가의 능력이 없는 이용자들은 진행중에 있는 검증되지 않은 정보들을 토대로 자신의 지식을 구축하며 그 지식이 때로는 자신의 생명을 앗아갈 수 있음을 알지 못한다. 이때 문제가 되는 것은 지식의 네트워크가 갖고 있는 익명성이다. 레비가 들고 있는 출판된 책이나 신문은 예외없이 실명이 게시된다. SNS의 경우 실명이 등장하지만 위키피디아나 지식iN과 같은 서비스는 단지 사용자의 아이디만이 등장할 뿐이다.

따라서 위키피디아나 지식iN은 더 이상 유토피아가 될 수 없다. 경우에 따라서는 디스토피아도 된다. 물론 피에르 레비는 그것을 디스토피아라고 생각하지 않는다. 그는 "지식이란 틀리지 않는 것을 말하는 게 아니라 사유를 통해 진리를 찾아나가는 힘"이라고 말한다. "지식이 완벽하다고 하는 게 오히려 잘못된 개념"이라는 것이 그의

이때 잘못된 판단을 내리는 경우도 왕왕 있기 때문이다.

또한, 사회적으로 건강 공포증이 확산되는 부작용도 생겨나고 있다. 고려대 사회학과 김문조 교수는 "대학병원과 제약회사, 주요 언론사, 개인 블로그 등을 망라한 국내 의료사이트는 약 20만개로 추산된다"며 "이들 사이트로 인해 과장되고 모순된 의료정보가 폭증하고 있고, 건강과 질병을 염려하는 사람들의 고민이나 고통을 경감시켜 주기는커녕, 오히려 공포를 증폭시킬 위험성이 크다"고 염려했다.

판단이다.

레비는 집단지성이 다수의 힘에 의한 교정이라는 비판적 기능도 갖추고 있어 이런 문제는 장기적인 관점에서 봤을 때 얼마든지 해결 가능하다고 판단한다. 위키피디아가 편집진의 필터링 기능을 보강하고 검증되지 않은 지식에 대해 사전 고지하는 것이 대표적인 예라고 그는 옹호한다. 하지만 검증되지 않은 지식에 대해 사전에 고지는 하겠지만, 어떤 지식이 잘못된 지식이라고 위키피디아나 지식iN은 고지하지 않는다. 이제 그 판단의 주체는 운영자가 아니라 사용자에게 넘겨지는 것이다. 좀 더 극단적으로 질병에 걸린 어떤 사람이 지식iN에 소개된 요법으로 치료를 받다가 사망했다고 가정할 때 네이버의 지식iN은 그 사망자 또는 유족에게 어떤 보상을 할 것인가?

그럼에도 불구하고 피에르 레비는 사이버스페이스와 웹에 대해 낙관적 전망을 펼치고 있다. 그래서 그는 사이버스페이스와 웹을 가리켜 아이디어의 생태 시스템이라는 표현을 빈번하게 사용한다. 하지만 웹과 인터넷이 그렇게 생각처럼 '친 생태적'인 것 같지는 않다. 게임에 몰입해서 사회적 정서적 인간성을 상실하는 젊은이들이 양산된다.[16]

피에르 레비는 집단지성의 토대와 목적은 인간들이 서로를 인정

---

16 그가 말하는 생태시스템은 가치판단을 수반하는 개념이 아니다. 그는 이렇게 부언한다. "미국과 유럽에서도 비디오 게임에 몰두해서 가족과의 식사를 거부하는 어린이들이 늘어난다. 하지만 시뮬레이션 게임을 보면 여러 사람들이 동시에 참여할 수 있는 게임들이 존재한다. 나름대로 복잡한 전략을 요구하며, 학습과 노동에 대한 개념을 요구하며, 나름대로의 심미성을 갖추고 있다. 나는 이 같은 게임들 속에서 새로운 공적 공간의 창출 가능성과 새로운 사회화 과정을 목격한다."

하며 함께 풍요로워지는 것이라고 말한다. 그는 이제 데카르트의 명제 "나는 생각한다."가 아니라 "우리는 생각한다"를 받아들어야 한다고 주장한다. 일종의 불분명한 마그마 속에 개인의 지성들을 혼합하는 것과는 달리 집단지성은 특이성들이 성장하고 구별되며 상호 부양하는 과정이라고 레비는 생각한다. 하지만 이런 차원에서 웹 생태계를 바라본다면 그것은 집단지성보다는 집단생존에 가까운 개념일 것이다. 그리고 집단생존은 지식과 정보에 정확성에 굳이 근거할 필요는 없어 보인다. 사실 한국사회에서 일어난 황우석 줄기세포 사건이나 미국산 쇠고기 사건은 집단지성보다는 집단생존의 논리가 작용한 것으로 볼 수 있다. 그리고 구성원들에게는 집단지성보다 집단생존이 더욱 절실한 문제이다.

5. 네트워크의 권력 지향성

인터넷은 정보의 보고이다. 와이어드의 공동 설립자인 케빈 켈리는 최근 보도에서, 인류는 현재 최소한 책 3천2백만권, 논문 및 평론 7억5천만편, 노래 2천5백만곡, 이미지 5억개, 영화 50만편, 비디오/TV 쇼/단편영화 300만편, 공개된 웹 페이지 1천억 개 등을 가지고 있다고 했다. 현재 날마다 끊임없이 새로운 지식이 추가되고 있으며 그 양은 너무나 엄청나서 인간의 지식은 5년마다 두 배수로 증가하고 있다.[17]

---

17 한국정보사회진흥원, 유비쿼터스 사회의 지식생태 전략, p.23. 2008.

또한 인터넷은 국가전략 차원에서 육성되기도 한다. 정보를 지배하는 자가 세계를 지배한다는 명제에 함몰되었기 때문이다. 따라서 "동북아의 지식집약 허브가 되어야 한다. 국가전략 차원에서 지식생태계를 집중적으로 육성해야 한다."[18]는 주장이나 "조직구성원이 보유한 노하우를 최대한 공유하고 활용하는 '수평적인 지식습득 문화'가 G.E.를 세계적인 기업으로 만드는 원동력이다".[19]라는 주장은 보편타당한 정언명법이 된지 오래이다.

이런 경향은 인터넷 정보의 양적인 팽창을 가속화시켰다. 특히 1990년대부터 가속화한 정보전송 기술은 인터넷 안에 무한대의 정보가 쌓이는 것을 촉진시켰다. 카스텔은 네트워크 시대의 특징을 설명하면서 생산양식과 발전양식의 개념을 사용해 정보화 발전양식과 정보화주의로 규정한다.[20] 정보화 발전양식은 정보기술을 기초로 하는 새로운 기술 패러다임으로 지식의 축적과 복잡하고 높은 수준의 정보처리 과정을 지향하는 정보화주의에 기반하고 있다. 또한 정보기술 패러다임은 네트워킹이 사회 전체에 파급되도록 하는 물질적 기반을 제공한다. 이렇게 볼 때 국가의 전략, 사이트를 운영하는 회사의 전략, 그리고 기술적 진보가 인터넷을 정보의 보고로 만들고 있다.

정보의 보고이자 정보의 채널인 인터넷은 이제 사회구조와 질서를 바꿀 만큼 거대한 영향력을 행사하고 있다. 이런 배경에서 지식과

---

18 윤승봉 삼성경제연구소 부사장, 2005.6.29 삼성경제연구소 정책발표회

19 잭 웰치, 한국능률협회 주최 '잭 웰치 회장 특별초청강연회', 2005.12.4

20 M. Castells, (2003), 네트워크 사회의 도래, 김묵한, 박행웅, 오은주 역, 한울아카데미, p.53.

정보에 대한 개념이 바뀌었다. 인터넷이 출현하기 이전에는 상대적으로 사회의 기성권력이 지식과 정보를 지니고 있었으나 이제는 인터넷을 통해 누구나 쉽게 지식과 정보를 접할 수 있게 됐으며 나아가 지식과 정보를 생산하게 되었다. 기성권력은 인터넷에서 지식과 정보 공유의 질서에 관여하면서 권력을 더 공고히 유지하는 이른바 '버추얼 엘리트'로 변모했다. 이에 대응해 지식과 정보의 공유로 대중을 설득하는 '디지털 다중'이 나타나 기존 기성권력에 대항한다. 따라서 인터넷의 사이버 공간은 해방과 지배의 기회를 동시에 제공한다.

사이버공간, 특히 포털 사이트에서 일반 대중들은 두 가지 양태를 보인다. 하나는 정보의 제공자이며 다른 하나는 정보의 수용자이다. 그리고 기성권력은 권력을 유지하기 위해 '지식과 기술의 상업적 왜곡'을 자행한다. 포털 사이트에 관여하는 세력들은 자신들의 이해관계에 따라 정보에 대한 배열과 규제를 결정한다. 사이버공간의 이런 모습은 세 가지 문제를 야기한다.

첫째, 포털 사이트에 나타나는 정보들은 관리자들에 의해 이미 한번 걸러진 정보이며, 소비자인 대중은 이러한 작동방식과 정보를 받아들이고 내면화하여 결국 '정보자기결정권의 박탈'을 초래한다. 또한 포털 사이트는 사용자가 올린 지식과 정보를 그대로 포털 속에 흡수시키는 정보의 착취도 일삼고 있다. 이를 해결하기 위해 "사용자의 신뢰가 포털의 권력구조를 좌우하는 핵심열쇠"라는 인식이 각인되어야 하지만 대중에게는 그럴만한 힘이 없다.

둘째, 기성권력에게 포털 사이트는 더 저렴한 비용을 통해 자신들의 권력기반을 강화할 수 있는 좋은 미디어이다. 포털 사이트와 인터넷에 수많은 정보가 떠다니고 수많은 여론들이 형성되지만 그 여론들을 독점하는 세력은 기성권력이다.

셋째, 대중은 정보의 제공자이면서 정보의 수용자이지만, 실상은 정보의 수용자에 더욱 가깝다. 피에르 레비의 이론을 옹호하는 편에서는 포털 사이트가 '구조적 권력의 오만함'을 반성하지 않을 경우 사용자가 기존 포털을 넘어 스스로 구성한 네트워크인 '집단지성'으로 포털 체제 변경을 꾀하게 될 것이라고 경고하지만 그것은 매우 이상적인 발상이다. 아직까지 그런 시도는 없었다. 왜냐하면 대중은 오늘 하루의 생계를 걱정하거나 아니면 포털 사이트에 관심을 갖지 않거나 둘 가운데 하나이기 때문이다.

물론 다양한 웹사이트 이용자에 의해 생산된 콘텐츠인 UCC를 볼 때, 개인이 행사하는 권력의 영향력이 매우 커졌음을 발견할 수는 있다. 인터넷에서의 권력은 전통적 권력인 물리적인 강제력이 아니라 보이지 않은 권력인 '영향력'이라고 할 때, 인터넷의 권력은 새로운 형태의 권력이라고 명명할 수 있을 것이다. 그리고 사이버스페이스에서는 권력을 행사하는 사람이 중요한 것이 아니라 그것을 수용하는 이용자의 인식이 중요하기에 콘텐츠에 대한 가치 부여는 생산자나 배포자가 하는 것이 아니라 그것을 이용하는 행위자의 몫이라고 볼 때, 인터넷 안에서 형성되는 이른바 권력은 수용자의 것이라고 할 수 있다.

이렇게 볼 때 이용자들의 지식과 정보를 다룬 UCC는 이미 그 자체가 하나의 권력이며 이 새로운 매체의 등장이 새로운 권력의 재편과 밀접한 연관이 있다는 것은 인정된다. 그런 점에서 볼 때에는 빅브라더보다는 오히려 자신의 이웃을 조심해야 하는 곳이 인터넷이다.

개인, 즉 '디지털 다중'은 이제 새로운 권력으로 부상하고 있으며 신중히 권력을 펼친다면 평등한 이상사회를 만드는 것에 긍정적인 영향을 미칠 수 있을 것으로 전망되기도 한다.

그러나 이런 인식에서 결코 외면될 수 없는 사실이 있다. 그것은 권력은 지성이 아니라는 것이다. 인류의 문명사를 볼 때 권력을 가질 수 있는 자는 지식과 정보를 가진 자이다. 권력자들은 자신의 권력을 유지하기 위에 지식과 정보를 철저히 독점했다. 그렇다면 디지털 다중이 권력을 갖기 위해서는 지식과 정보를 소유해야 한다. 지식과 정보의 소유란 그것을 생산하는 것을 의미한다.

사이서공간이 구현하는 또는 21세기 사회가 구현하는 이상사회는 버추얼 엘리트에 대응할 디지털 다중의 권력이 강화되는 사회이다. 디지털 다중이 지식과 정보를 생산하지 못할 때 21세기 사회가 이상사회로 나아가는 것은 불가능하다.

그렇다면 상대적으로 무지한 대중들에게 무조건 권력이양을 하는 것은 바람직한가? 이런 현상은 기성의 권력보다 더 큰 '집단의 새로운 빅 브라더'를 탄생시킬 것이다. 그리고 이런 현상은 현실화되고 있기도 하다. 한국 사회에서는 대중보다 더욱 전문적인 지식을 지닌 지식인 세력을 배척하는 사례들이 흔치 않게 발생한다.[21] 이런 사회

21 한국사회가 가진 현상 가운데 하나는 모든 대중이 자신의 개인적 주장을 절대화한다는 것이다. 이것은 "서울 안 가본 사람이 이긴다."는 속담에서도 드러나는데, 현실적으로도 그런 현상은 발생하며 이로 인해 갖가지 루머가 양산되기도 한다. 2003년에 발생한 부안 방사성 폐기물 처분장 반대 시위는 한국 사회의 아마추어리즘, 곧 비전문가가 전문가를 이길 수 있음을 보여준 대표적인 사례이다.

현상은 지식인 세력을 대중보다 '강한 힘'을 지녔다고 무조건 배척하고 대항해야 할 대상으로 여기며 디지털 다중에게 권력을 이양해야 한다는 논리로 이어진다. 그러나 대중들은 인터넷이 새로운 지식을 창조하는 것이 아니라 지식의 생산 장벽을 낮춘 것뿐이라는 것은 알려고 하지 않는다.

물론 21세기에도 기성권력이 기존에 가진 권력을 토대로 사회권력을 독점하는 '빅 브라더'가 되는 것은 바람직하지 않다. 하지만 '정확성과 신뢰성을 갖춘 지식과 정보'가 부족한 상태에서 권력을 가지는 것도 바람직하지는 않다. 이제 대중들에게 요구되는 것은 기성세력이 주는 지식과 정보를 그대로 수용하는 것이 아니라 검증하고 비판하고 정확한 정보를 찾아 나서는 태도, 나아가 정확성과 신뢰성을 갖춘 지식과 정보를 생산하고 제공하는 태도가 필요하다. 그런 태도가 집단지성을 형성하는 충분조건이다.[22]

---

22 이런 관점에서 네이버의 '지식iN'을 비롯해, 시민기자제로 운영됐던 초기의 오마이뉴스, 온라인 토론 광장 다음 아고라 등이 분석되어야 한다. 좀 더 언급하자면, 대중과 소통하고 교감하는 '대중지성 프로젝트'를 진행한다고 평가되는 연구공동체 '수유 너머', 연구공동체 다중네트워크센터 등도 분석될 필요가 있다. 한국사회에서 이런 조직들이 새로운 권력의 창출을 준비하는 것이 아니라 권력의 대중화를 실현하는 방향으로 나아간다면 한국사회에서 집단지성이 실현될 수 있을 것이다. 이런 기구들은 기존의 지성인이 네트워크로 무장한 집단지성으로 대체되고 있다는 분석한다. 그리고 2008년 서울시청 앞 광장을 뜨겁게 달군 촛불집회에서 대중지성의 새로운 가능성을 보기도 한다. 그러나 엄격히 말하면 그것은 가능성이다. 물론 집단생존이 있고 난 뒤에 집단지성이 있는 것이므로 집단생존의 발현이었던 촛불집회가 집단지성의 시원이 될 수는 있을 것이다. 하지만 집단생존이 집단지성으로 순탄하게 넘어갈 수 있을지는 의문이다.

6. 웹 생태계의 현실

'어디에나 분포하며, 지속적으로 가치가 부여되고, 실시간으로 조정되며, 역량의 실제적 동원에 이르는 지성'이 '집단 지성'에 대한 피에르 레비의 정의이다. 집단 지성의 이상은 '어디에나 분포하는 지성에 대한 기술적. 경제적. 법률적. 인간적 가치 부여를 통해 각각의 역량을 식별하고 동원하는 긍정적인 역할을 촉발하는 것'이다. 인터넷 기반이 잘 다져진 한국에서는 피에르 레비가 정의한 '집단 지성'에 대해 쉽게 이해할 수 있는 환경처럼 보인다.

그러나 이런 긍정적 요소에도 불구하고 대중지성에 대한 낙관주의를 경계하는 우려의 목소리도 크다. 대중은 과연 지혜로운가, 그들의 선택은 언제나 옳고 신뢰할 만한가, 포퓰리즘과 쏠림 현상은 어떻게 제어할 수 있는가? 이런 물음엔 분명한 해답이 주어져야 한다.

아무리 디지털 문명이 발달하고 네트워크가 만들어져도 집단지성에 이르는 것은 불가능하며 오히려 경우에 따라서는 디지털과 네트워크가 집단지성이 아닌 집단무지를 만들 수도 있음을 간과해서는 안 된다. 네 가지 측면에서 언급하겠다.

첫째, 먼저 피에르 레비는 인간이 지성화 하는 데 필요한 조건들을 무시하거나 낙관적으로 그리고 있다. 인간의 지성은 네트워크상에서 훈련되지 않는다. 정보가 넘치는 네트워크에서 인간이 지성을 얻으려면 합리성과 비판정신에 대한 훈련을 먼저 수행해야 하는데, 네트워크는 이런 훈련을 가르치지 않는다. 각 시대는 각 시대에 맞는 정보전달체계가 있었다. 신문, 라디오, 텔레비전 등이 바로 근대 이후의 정보

전달체계이다.

그렇다면 근대 이후 인류의 지성은 성장했는지를 묻게 된다. 신문과 라디오를 통해 성장한 인류의 지성, 특히 유럽의 지성이 1,2차 세계대전을 만들었는가? 여러 가지 반증 사례들이 제시될 수 있다. 신문, 라디오, 텔레비전 같은 정보전달체계는 집단지성을 창출하지 못하고 인터넷이 집단지성을 창출한다고 주장하는 것이 가능한가? 집단지성을 만들어내는 것은 면 대 면 토론과 철학적 훈련 같은 것이다. 그런 훈련을 통해서 옳은 정보와 그른 정보를 구분할 수 있는 능력이 만들어진다. 사이버공간은 오히려 인간의 감정을 자극하고 충동할 수 있다.

둘째, 한국을 위시한 전 세계 네트워크 산업의 목적은 돈을 벌기 위함이다. 거기에서는 가치의 구현보다는 새로운 기술을 통해 어떻게 하면 더 많은 돈을 벌 수 있을까의 효율성에 대한 관심만이 넘쳐난다. 물론 신문, 라디오, 텔레비전 모두가 돈을 벌기 위한 미디어들이었다. 인류 역사상 돈이 목적인 산업이 인간의 가치에 역점을 둔 경우는 없었다. 그리고 바로 이런 이유로 테크놀로지의 발전에는 늘 인문학적 성찰이 수반되어야 하는 것이다.

셋째, 오히려 네트워크의 속도성과 사이버 공간의 감정성으로 인해 집단지성보다는 집단무지가 더욱 활발해진다고 보는 것이 타당하다. 인터넷 네트워크나 휴대전화의 문자 메시지는 순식간에 전 지구로 퍼진다. 그리고 이런 네트워크는 익명성이 보장된다. 사람들은 면 대 면 토론에서는 얻을 수 없는 익명성 뒤에 숨어서 자신을 은폐한채 검증되지 않은 정보, 선하지 않은 의도가 담긴 정보를 무차별적으로 배포할 수 있다. 훈련되지 않은 군중들은 이런 정보를 접하고는 쉽게 흥분하며, 그것은 집단행동으로 비화한다.

조지 오웰의 《1984년》에 등장하는 빅 브라더는 익명성 뒤에 숨어 자신이 의도하는 허위 정보를 인터넷상에 올릴 수 있다. 경제의 법칙과 마찬가지로 인터넷에서도 좋은 정보는 나쁜 정보에 의해 축출된다. 특히 각종 인터넷 사이트의 점령자들은 '15 + α'이다. 이는 극소수의 인터넷 이용자들이 인터넷을 점령하고 있음을 상징적으로 보여준다.

넷째, 어느 시대에나 같은 현상이지만 디지털 시대와 네트워크 시대에도 빈부의 격차가 존재하고 그에 따른 지식의 격차가 존재한다. 특히 이런 현상은 디지털 디바이드 현상을 가져와 빈부의 격차 이상으로 디지털 격차를 만들어낸다. 그리고 그런 디지털 격차는 개인간, 인종간, 지역간, 국가간 다양한 형태로 일어난다. 한국에서 일어나는 현상에 대해 미국이나 일본, 중국에서는 관심을 가질 수 있겠지만 아프리카나 아마존에 사는 사람들이 관심을 가질 수는 없는 일이다. 피에르 레비의 집단지성의 영역이 이른바 문명화된 유럽에만 국한되는 것이라면 어느 정도는 설득력을 가질 수 있겠으나 그것을 전 지구적 현상으로 확대하기에는 지구 구성원의 편차가 너무 심대하다.

7. 집단지성인가? 집단무지인가?

따라서 집단이 반드시 지성적인 것은 아니다. 집단은 놀라운 능력을 가져오기도 하지만 반면 엄청난 무지와 맹목으로 인도하기도 한다. 집단지성이 실재한다는 사실이 집단반지성, 집단무지, 집단적 어리석음 역시 실재한다는 사실을 가릴 수는 없다. 다시 말해 집단은 항상 영리하다고 말할 수 없으며 그 반대도 마찬가지이다.

한국사회에서 산업화 시대의 집단 무지는 개발독재 및 대중의 애국주의와 결합했다. 정보화 시대의 집단 무지는 포퓰리즘 및 대중의 주관주의와 결합했다. 2000년대 들어 일어난 방사성폐기물처분장 사건, 황우석의 줄기세포 사건, 미국산 쇠고기 사건 등은 정보화 시대에 대중의 집단 무지가 어떻게 생기는지를 잘 보여준다.

정확한 답을 내리는 결정은 집단 내의 토론을 통해 결정을 내린다면, 한 사람이 가진 지식의 양보다는 많아지므로, 대개는 정답을 찾을 확률이 높아진다고 한다. 그러나 여러 정보를 수집해 의사결정을 내리는 판단 과제의 경우에는 집단의 의사결정과정은 집단의 영향을 받아 개인들이 내리는 결정보다도 못할 수 있다.[23]

---

[23] 네트워크에 의한 정보화와 회의 진행에 의한 의사 결정을 비교해보면 네트워크에 의한 정보화의 약점이 드러난다.

오리엔테이션 단계: 문제를 정의하고 과정에 대한 계획을 세우는 단계이다. 대부분의 모임에서 오리엔테이션 단계를 무시하는 경향이 있는데, 이 단계를 제대로 하는 것이 집단의 능력과 성과를 높이고 집단이 저지르는 과오를 치할 수 있다는 점에서 중요한 단계이다.

토의 단계: 이 단계는 정보 기억, 정보교환, 그리고 정보 처리의 3요소로 나눌 수 있다. 집단은 대개 교차 단서주기나 교류 기억체계를 통해 집단기억의 능력을 키운다. 이 단계가 많은 시간을 소요하는 단계이고, 다음으로 정보교환은 상호 보완적인 사람들이 교환함으로써 집단 능력을 키우는 것이고, 토의를 통해 정보의 질을 평가하는 것이다. 이 단계에서는 정보공유와 아이디어에 대한

소크라테스의 방식을 따른다면 무지에는 두 가지가 있다. 자신의 무지를 아는 무지와 자신의 무지를 모르는 무지이다. 정보화 시대 이전에는 전자의 무지가 많았으며, 정보화 시대에는 오늘엔 후자의 무지가 많다.

자신의 무지를 아는 무지는 사회에 위험하지 않으나 자신의 무지를 모르는 무지는 사회에 위험하다. 무지한 대중이 눈 먼 '애국주의'에 매몰되어 집단 광기로까지 치달을 수 있기 때문이다. 정보화 시대 이전에는 책이 중요한 기준이었다. 그러나 오늘날에는 인터넷과 휴대전화가 중요한 기준이 된다. 그것은 책을 읽지 않은 사람도 무지하지 않다고 주장할 수 있는 사회가 되었다는 것이다.

황우석 교수의 줄기세포 연구를 둘러싸고 일어난 혼란, 미국산 쇠고기 수입을 둘러싸고 일어난 혼란은 집단무지가 어떤 형태로든 일어날 수 있음을 잘 보여준다. 줄기세포 연구와 관련해서는 누리꾼들이 익명성을 타고 마녀사냥을 벌이며 이것을 방영한 PD수첩팀에게 집단 린치를 가했다. 미국산 쇠고기와 관련해서는 PD수첩을 옹호하는 시민

비판적 평가가 판단의 정확성을 높이는 데 기여하는 것으로 드러난다.
의사결정단계: 만장일치 방식은 도덕성과 같은 문제를 처리할 때, 그리고 지식을 요하는 판단은 다수결을 채택하는 경향이 있다.
수행단계: 모든 성원들이 참가하는 프로그램의 경우에 성과 향상이 높았고, 그러나 전체 조직구조와 상응할 때 성과가 있으며, 그렇지 않으면 일시적인 효과밖에 없다. 리더와 구성원, 그리고 정보수집과 의사결정을 양축에 놓고 독재와 민주를 구분한다면, 일반적으로 비구조화된 문제를 처리하는 데에는 민주적인 방식이 유효하고, 또한 구성원들이 수행에 참여하는 의제의 경우에는 더구나 민주적인 방식이 절대로 필요하다.

들이 정부에 집단 린치를 가했다.[24] 그런 집단 린치는 무지한 대중의 힘인 집단지성에 의해서가 아니라 개별적 지성에 의해서 진실이 밝혀진 뒤에 사라졌다.[25] 집단 린치의 배후에는 목적을 위해서는 수단과 방법을 가리지 않는 전쟁의 전략이 숨어 있다.

8. 무지로서의 집단지성

정보화 시대와 지식의 시대는 구분된다. 지금은 이른바 소위 정보화 시대라고 불리고 있긴 하지만 지식의 시대라고 불리지는 않는다. 아니 역사가 시작된 이래 단 한 번도 지식의 시대라고 불린 적은 없었다. 이 지점에서 우리는 정보와 지성을 구분해야 한다. 정보가 곧장 지식으로 바뀌지 않기 때문이다. 정보를 찾아서 흡수하고 이해하고 통합하고 간직하는 과정을 거쳐야 한다. 의사결정으로 돌아와서 사회적 증거 법칙에 의하면 우리는 다른 사람이 행동하는 대로 행동할 가능성

---

24 사실 황우석 줄기세포와 관련해서 문화방송 PD수첩은 진실을 추구함으로써 스스로 마녀사냥의 제물이 되었다. 그것은 또 다른 선정성의 추구가 아닌, 진실만을, 오직 진실만을 추구하려는 언론의 본연 자세에서 비롯된 것이다. 그들이 그 방송으로 인해 집단 무지가 발동할 것을 예상했는지의 여부는 확인되지 않는다. 미국산 쇠고기와 관련해서도 PD수첩은 자신들이 오로지 진실을 추구한다고 믿었기에 그렇게 방송했을 수 있다. 그 방송으로 인해 대중의 집단 무지가 발동하리라고 예상했는지의 여부는 여전히 확인되지 않는다. 그것은 양심의 문제이기 때문이다.

25 물론 무지한 대중의 힘 전체가 사라진 것은 아니다. 아직도 황우석의 줄기세포를 굳게 신봉하는 이들이 있는가 하면 미국산 쇠고기를 불신하는 이들도 있다.

이 높다고 한다. 그 이유는 많은 경우에 주어진 상황에서 가장 보편적인 행동이 가장 기능적이며 또한 적절할 가능성이 높기 때문이다

그러나 만일 인간에게 의도적으로 왜곡된 정보를 제공해 우리의 지름길식 의사결정을 악용하려 든다면 상황은 급변한다. 우리가 진정으로 반격해야 할 즉 참아서는 안 되는 행동은 지름길식 의사결정의 신뢰성을 볼모로 이익을 추구하는 행동이다.

누구든 이익 추구에 대한 동기는 일면 모든 사람들에게 공통적으로 적용되는 인간 본성의 일부분이지만 우리를 잘못된 방향으로 유도하는 사례가 점차 늘어갈수록 우리는 설득의 기초 법칙들을 불신하게 되어 결국은 의사결정에 있어서의 효과적인 지름길을 상실하게 될지도 모른다.

집단의 의사결정이 그러나 왜곡되는 경우가 많은데 이는 불량한 의사소통과 옆길로 새기, 그리고 이기적 행동, 열외하기, 간섭 등의 부정적 행동이나, 지도자의 문제가 심각할 경우에 특히 발생한다. 더구나 토론되는 정보가 특정한 정보가 노출되고 상당한 정보는 숨겨지고 특히 집단의 일반적인 규범에 동조하는 정보만이 드러나고, 도덕이나 심정이나 연대감에 부정적인 정보는 감추어지면, 정보가 공유되지 못한다. 특히 판단과제의 경우에 이런 경향이 심하게 드러난다. 이를 피하기 위해서는 집단지원체계를 갖추고, 충분한 시간을 갖고 토론하여야 한다. 또한 개인들은 대개 자신이 애초에 갖은 태도를 바꾸려 하지 않고, 구조적인 성향의 정보는 무시하는 경향이 있고, 표피적인 경험 정보를 중시하는 경향이 강하기에 더욱 심해진다. 이런 경향은 결국 집단의 결정은 개인들의 결정에 비해 한쪽을 치우친 결정을 내리게 된

다. 대개는 모험주의적 경향을 띄고, 개인들의 성향을 평균한 것에 비해 한쪽의 성향으로 치우치는 경향을 띤다. 치우치는 결론을 내리는 이유는 남들의 의견을 비교하고 동조하려는 경향, 집단의 규범에 동조하는 경향, 우세한 지위의 의견에 동조하려는 경향에 의해 나타난다. 그러나 집단의 사기를 올리는 경우, 혁신과 새로운 아이디어를 필요로 하는 경우에는 집단의 치우침 성향이 긍정적일 수 있다.

집단이 오류를 범하는 경우는 집단이 자신들의 능력이나 도덕성을 과신하고, 다른 집단에 대한 고정관념을 표출하고, 자신의 입장을 합리화하는 데 초점을 맞추는 경우, 스스로 남들 의견에 동조하려고 표현을 자제하는 경우에 발생한다. 이는 종종 회의 구성원 중에 규율부장 역할을 담당하는 사람에 의해 더욱 오류는 촉진된다. 또한 집단의 응집력은 특히 사회관계를 중시하는 응집력이 강한 집단은 대개 집단 무지의 상태에 빠지기 쉽다. 또한 조직 내에 명료성과 정보 유입의 차단, 스트레스를 많이 받는 의사결정에서 이를 벗어나려고 하는 마음 등에서 심하게 나타난다.

사이버 공간과 네트워크는 집단지성을 창출하기보다는 집단지성을 창출하지 않거나 오히려 집단무지를 창출하는 경향이 강하다고 보아야 한다. 네트워크와 사이버 공간은 집단지성과는 관계가 없는 현상일 수도 있다. 이른바 플라톤류의 인간의 영혼이 이데아를 인식할 수 있는 능력을 갖추었다는 관점을 가지더라도, 그렇다면 혼의 정화를 어떻게 할 것인가라는 과제가 등장하는데 사이버 공간과 네트워크는 혼의 정화를 실현할 수 없다. 따라서 네트워크는 집단지성을 만들어내지 못한다.

결과적으로 문명의 역사가 5000여년이라고 하지만, 르네상스와 과학혁명을 거치며 진보한 현대문명과 과학기술은 인간생활을 풍요롭고 윤택하게 했을지는 모르지만, 인간의 사유와 의식을 고도화하지는 못했다. 여론이라고 부르는, 상식이라고 알고 있는, 보편타당한 도덕률이란 것은 결국 시대의 산물일 수밖에 없으며, 이조차도 목적을 가진 개인 혹은 집단에 의해 얼마든지 왜곡, 조작될 수 있다.

집단지성에 의한 통치나 정책은 합리적이고 공익적인 방향으로 흘러가는게 일반적이라고 생각하지만, 인류사의 오점인 홀로코스트조차 당시엔 사회통념이었던 반유태주의의 산물이었다는 것을 보면 인류보편의 가치라고 판단되는 이성, 조화, 평화라는 것은 크리넥스 휴지처럼 얇아서 완전히 해소되지 못하는 인간의 욕망과 허영이 물거품처럼 터지는 시기에, 편견과 증오이라는 바람에 날려가다, 광기와 혐오의 불길 속에 쉽게 사그라져버린다.

그러면 집단지성은 어떻게 만들어질 수 있을 것인가? 집단지성을 만드는 것은 네트워크가 아니라 현실적 공간에서의 이성에 대한 훈련이다. 그것은 학교교육과 심포지온으로 대표된다. 학교교육과 심포지온은 공히 면 대 면 프로그램이며 돈이 아니라 인간성의 구현에 가치를 두고 있다.

그렇다면 사이버공간에서 학교교육과 심포지온을 대체할 수 있는 방법이 있을까를 고민하게 되는데, 아직까지 그런 프로그램은 개발되지 않았다. 그리고 설령 그런 프로그램이 개발된다 하더라도 현실적 공간에서의 이성 훈련 프로그램을 대체할 수 있을지에 대해서는 좀 더 고려와 실험을 해보아야 한다. 왜냐하면 그런 프로그램은 어디까지나

테크놀로지의 영역이지 인문학적 가치의 영역이 아니기 때문이다.

미국의 종교인이며 작가인 보엣커의 말을 인용하면서 이 글을 마치고자 한다. "움직이는 무지를 조심하라. 행동하는 초보자를 경계하라. 잘못된 정보로 정신이 마비된 다수를 주의하라. 왜냐하면 집단적 무지는 지혜가 되지 않기 때문이다." 이 말은 정보화 시대를 사는 모든 이들에게 적용될 것이다.

| 참고문헌 |

배리 리버트, 존 스펙터(김정수 옮김), 2010, 『나보다 똑똑한 우리』, 럭스미디어

재닛 로우(배현 옮김), 2010, 구글파워, 애플트리태일즈

에드윈 베이커(남궁협 옮김), 2010, 『미디어 집중과 민주주의』, 커뮤니케이션북스

찰스 리드비터(이순희 옮김), 2009, 『집단지성이란 무엇인가?』, 21세기북스

황주성, 최서영, 김상배, 2009, 『소셜컴퓨팅 환경에서 집단지성의 사회적 생산 매커니즘 연구』, 정보통신정책연구원

오마에 겐이치(양영철 옮김), 2009, 『지식의 쇠퇴』, 말글빛냄

벤 바그디키언(송정은 옮김), 2009, 『미디어 모노폴리』, 프로메테우스

마누엘카스텔(박행웅 옮김), 2009, 『네트워크 사회』, 한울아카데미

리차드 스피넬로(이범웅 외 옮김), 2008, 『정보화 시대의 사이버 윤리』, 인간사랑

캐이시 맨 콩럼(편)(이동후 옮김), 2008, 『미디어 생태학 사상』, 한나래

빌헬름 라이히(황선길 옮김), 2006, 『파시즘의 대중심리』, 그린비

스티븐 홀츠먼(이재현 옮김), 2002, 『디지털 모자이크』, 커뮤니케이션북스

피에르 레비(권수경 옮김), 2002, 『집단지성』, 문학과 지성사

스가야 아키코(안해룡 옮김), 2001, 『미디어 리터러시』, 커뮤니케이션북스

코린 쿨레(이선화 옮김), 1999, 『고대 그리스의 의사 소통』, 영림카디널

호모 모빌리쿠스와 네트화

| 강 철 |

네트의 바다

"나는 정보의 바다에서 태어난 생명체이다." 이 명대사는 오시이 마모루 감독의 애니메이션 〈공각기동대〉(1995)에서 프로젝트 2501, 일명 인형사가 인간과 닮은 의체를 통해 선언한 것이다. 상반신만 남은 채 로봇과 인간의 형체가 섞인 인형사가 자신은 생명체라고 말했을 때 필자는 상당히 아이러니한 느낌을 가졌다. 더 나아가서 정치적 망명을 한다고 선언했을 때는 실소를 금치 못했다. 왜냐하면 필자가 보기에 인형사는 인간이라기보다는 로봇에 가깝기 때문이다. 세상의 어떤 인간이 상반신만 남은 채 고통을 느끼지 않고 정치적 망명을 주장할 수 있을까!

그러나 인형사는 날카로운 논리를 통해 자신이 생명체이고, 왜

망명을 할 수 있는지에 대한 근거를 제시한다. 그는 자신이 인공지능의 존재가 아니라, 정보의 바다에서 자기 스스로 태어난 생명체라는 것이다. 즉, 하나의 정체성을 가진 생명체로서 정치적 망명을 하겠다는 것이다. 또한 그의 말 가운데에서 '정보의 바다'라는 말은 아마도 인형사가 탄생할 수 있는 자궁의 은유적 표현이라고 할 수 있다. 그렇다면, 프로젝트 2501이 태어난 독특한 자궁은 무엇인가? 그것은 기업의 정보망이 별을 덮고 전자와 빛이 보편화되어 있기는 하지만, 국가나 민족이 소멸될 정도로까지는 정보화되어 있지 않은 가까운 미래로 묘사되어 나타난다. 시간적으로 서기 2029년이고 공간적으로 아시아에 있는 도시 뉴포트이다. 이런 시공간의 자궁을 배경으로 인형사라는 괴물이 탄생할 수 있었던 것이다. 인형사는 인간의 뇌까지 정보 네트워크의 일부가 된 사회에서 고스트 해킹이라는 범죄를 저지른다. 이 범죄는 인간의 기억을 조작하여 인간의 정체성, 정신, 영혼을 조작하고 변경하는 것이기 때문에 당시에는 가장 악랄한 것으로 생각된다.

이런 정보 바다에서 태어난 괴물을 체포하려는 임무를 맡은 사람이 바로 주인공 쿠사나기 소령이다. 인형사가 무질서해 보이는 무수한 정보의 바다에서 태어나 살고자 하는 욕망으로 가득 차 있는 반면, 쿠사나기 소령은 인간과 기계가 결합한 사이보그일 뿐만 아니라 본인 자신이 하나의 네트장치로 살아가는 네트기계로서 위험한 정보를 시스템의 체계, 즉 네트에 종속시키는 임무를 맡는다. 이것은 외무성 조약 심의부의 별칭인 공안 6과를 감시하는 것으로 보여진다. 공안 6과는 외교 관계에서 발생하는 모든 문제들, 국제범죄, 테러 등등에 대해 정보수집과 감사를 하는 정보기관이다. 즉 정보기관의 감시, 감시의 감시를 하는 것이 쿠사나기 소령의 임무인 것이다. 오시이 마모루 감독은 정보의 바다에서 탄생한 인형사와 네트의 바다에서 태어난 쿠사나기 소령의 대결을 통해 네트와 정보감옥에 싸인 암울한 미래사회를 날카롭게 보여주고 있다.

그렇다면 21세기 고도정보사회를 살아가는 현대인은 어떨까? 〈공각기동대〉에서 나타난 기계와 인간이 직접 소통하는 체계인 전뇌화 시스템[1]이 아직 현실화되지 않았지만, 현대인은 이미 '네트의 바다' 속에 살고 있는 것이다. 그렇다면 네트란 무엇이고, 네트가 가지는 의미는 무엇인가? 그에 대해 철학자 이정우는 다음과 같이 설명한다. "사람들은 소통을 가능하게 하는 도구들을 개발하는 데 전념해왔다. 표정, 몸짓처럼 몸 자체를 도구로 사용하는 원초적 소통 방식으로부터 말, 글, 그림, 신호(봉화대 등) 등등 무수한 소통 방식들이 개발되어왔다. 이런 소통 기구들이 거미줄처럼 얽혀 있는 총체를 우리는 '네

---

1 이정우. 『기술과 운명』. 서울, 한길사. 49-50. 기계와 인간의 직접적인 소통, 그것은 곧 전뇌화의 단계를 가리킨다. 기계와 뇌가 회로로 직접 연결됨으로써 뇌 속의 정보가 컴퓨터로 흘러나오고 컴퓨터의 정보가 머릿속으로 입력되는 시스템, 그것이 전뇌화 시스템이다. 그 전뇌화 시스템을 통해 차량의 운행을 비롯한 각종 정보가 사람의 마음 속에 그대로 나타나게 된다. 영화는 이 전뇌화된 세계에서, 즉 컴퓨터와 연결된 뇌 속에서, 바로 그 뇌에 직접 나타난 도시의 도로망 이미지를 보고 있는 어떤 마음에서 시작되는 것이다. 사람의 마음 속 이미지들(차량을 추적하는 표식들)이 헬리콥터의 비행으로 자연스럽게 전이되면서 영화의 장면은 마음속으로부터 마음 바깥의 세상으로 전환된다. 그 헬리콥터의 아래로 카메라가 이동하면 초현대적 도시의 전경이 화면을 채운다. 사람의 마음/뇌 속에서 시작해 바깥 세상으로 바뀌는 이 도입부의 한 장면만으로 이 영화의 독창성은 의심할 바 없이 증명된다.

트'(net)이라 한다. 전자 수준의 테크놀러지가 발달하면서 네트의 의미는 현저히 변화한다. 편지의 전달, 역을 통한 운송, 봉화대를 통한 전달 등등 기초적인 네트의 개념에서 빛의 속도로 메시지가 전달되는 현대적인 네트의 개념으로 거대한 변환이 이루어진 것이다"[2]

그런데 현대사회에서는 네트라는 말보다 네트워크라는 말을 더 많이 사용한다. 네트워크는 좁은 의미로 컴퓨터와 컴퓨터를 연결해주는 연결망을 통해 정보를 교환하거나 처리하는 모든 일련의 시스템을 말한다. 물론 넓은 의미로는 송수신할 수 있는 전기단말장치들이 다양한 매체의 연결망을 통해 정보를 소통하고 교환하는 것을 말한다. 그렇다면 '네트화'란 무엇인가? 네트화는 네트워킹(networking), 즉 네트워크를 하는 행위를 말한다고 할 수 있다. 여기서 '행위'를 강조하는 것은 네트워크와 같은 하나의 고정된, 또는 닫힌 시스템이나 체계로서의 네트가 아니라, 무엇이든지 네트워크를 할 수 있다는 유동적이고 열린 개념으로서의 네트를 의미하기 위함이다. 이런 적극적 의미로서의 네트화는 현대인이 클릭 하나로 다른 세계와의 '무한 연관', 그것도 '열린 무한 연관[3]'을 이룩할 수 있게 했다. 이것은 낙타를 타고 가는 유목민이 단 한걸음으로 사막을 횡단함은 물론이거니와 전세계를 이미 관통한 것과 같다고 할 수 있다. 즉, 전자 유목민이 컴퓨터 모니터

---

2 위의 책. p. 48-49.

3 김열규. 『고독한 호모디지털』. 서울, 한길사. p. 47. 김열규는 네트화의 부정적 측면도 분석했다. 열린 무한 연관이 오히려 각 개인들을 '열린 자폐증'에 빠질 수 있게 만든다고 한다. 그런 측면은 다음과 같이 세 가지로 분석했다. 첫째는 정보권력의 등장이고, 둘째는 웹사이트가 가지는 거미줄과 같은 함정적 요소를 말한다. 마지막으로 관음증적 병리현상의 확산을 언급했다.

앞에서 모든 세계를 서핑하는 것과 일맥상통한다. 그러나 네트화라는 문제는 네티즌이 웹서핑하는 것을 넘어서 새로운 사회문화현상으로 논의되어야 할 것이다.

무한 연관이나 열린 무한 연관을 지향하는 적극적 의미의 네트화는 새로운 영역 '사이'에서 연관을 시도하는 포트만토(portmanteau)의 특성을 갖는다. 그 새로운 영역들 가운데에서 주목해야할 것은 정신과 물질, 육체와 기계, 사물과 감정 등이다. 이 영역들은 기존의 서양문화의 이항대립체계에서 서로 배타적인 관계로 치부하고 그 연결을 주저했다. 물론 테크놀로지의 한계성 때문에 두 영역의 연관 자체를 포기한 측면도 없지 않다. 그러나 인터넷 네트워크 기술과 디지털 혁명의 인터렉션 패러다임의 등장으로 불가능한 영역이 새롭게 네트화되고 있다. 이런 네트화 덕분에 퓨전과 크로스오버의 문화현상이 급속하게 나타나고 있다. 〈젊음의 탄생〉에서 이어령은 이런 현상들을 올바르게 이해하기 위해 새로운 세계관과 문화관이 필요함을 주장했다. 즉, "개체론에서 관계론으로, 절대주의에서 상대주의로 패러다임을 전환[4]"할 것을 역설했다.

관계론과 상대주의는 타자를 존중하는 철학적 사고이다. 이런 사고는 네트화의 근간을 이룬다고 할 수 있다. 네트화 사회에서는 "이제 더 이상 권력구조나 사회관계가 수직으로 계층화되고 구축되는 나무 모양일 수 없다. 그것은 네트워크 사회의 기본 설계도가 될 수 없다. 차라리 수평으로 다양하게 고리와 매듭이 얽혀 있는 리좀형의 사

---

4 이어령. 『젊음의 탄생』. 서울, 생각의 나무. p. 263.

회, 곧 나무뿌리 사회가 가능해질 것이다. 네티마티제이션은 곧 세계의 리좀화 작용이다[5]" 그렇기 때문에 네트화는 근본적으로 수평적 관계를 지향한다. 바로 이 점이 현대사회의 민주주의와 긴밀하게 연관되는 것이다. 어찌 보면 나무뿌리의 관계를 넘어 하나의 균일한 액체인 바다 그 자체가 진정한 네트화의 비유적 표현이라고 말할 수 있다.

제2의 자연

네트화는 궁극적으로 정보 전달을 목적으로 한다. 철학자 이정우는 정보를 정보-의미라고 표현하여 의미의 생산을 강조한다. 정보-의미가 진정한 의의를 가지기 위해서는 사람들 사이에서 외화되어야 하고 이를 통해 구체성을 획득해야 한다는 것이다. 그렇기 때문에 네트화의 하드웨어적 측면은 서로간의 소통 가능한 시스템이나 체계를 말하고, 소프트웨어적 측면은 바로 정보라고 할 수 있다. 그러나 네트화의 이 두 측면은 하나이자 둘인 양의적 관계에서 생각되어야 할 것이다. 그렇다면 네트화 속의 정보란 무엇인가? 국문학자 김열규는 '생태환경'으로 정의한다. 한 생명체가 생존을 위해 관련을 갖는 환경이 곧 생태라면 오늘날 정보는 바로 인간의 생태다. 기든스는 생산된 위난이 발생하게 되는 사회 변화를 과학과 결탁한 고도 기술의 발달에서 찾았고 거기에는 두 가지 동기가 작용한다고 보았다. 하나는 '전통의 끝'이고, 다른 하

---

5 김열규. 『고독한 호모디지털』. 서울, 한길사. p.72-73.

나는 '자연의 끝'이다. 여기서 말하는 자연의 끝이란 인간이 살고 있는 세계에서의 자연의 소멸을 의미하지는 않는다. 그것은 자연치고 인간의 간섭에서 자유로운 곳은 거의 없다시피 한 것을 의미한다. 그런 뜻에서 오늘날 우리는 자연 그 자체를 환경으로 삼고 있는 것이 아니라, 인간에 의해 만들어진 자연을 환경으로 삼고 있는 것이다.

이 같은 자연의 끝에서 정보의 네트워크는 인간에게 가장 밀착된 일차적 환경이요 생태환경이다. 그러면서도 범지구촌의 차원에서 그것은 사회의 뉴런이고 신경조직이고 피의 흐름이다. 그것은 사회와 인간의 새로운 섭리요 로고스다. 정보는 환경으로서 우리를 에워싸고 있기만 한 것이 아니다. 우리들 각자가 속해 있는 사회라는 개체의 생명 내부의 조직이요 현상이다. 정보문화와 그것을 담당하고 있는 미디어는 우리의 환경이자 내부이다. 이런 일은 산업이나 기술 분야에서 그야말로 미증유의 것이라고 해야 한다[6]. 즉 네트화된 정보는 이미 현대인에게 제 2의 자연, 즉 에콜로지 스케이프 그 자체라고 할 수 있다.

현대사회를 고도정보사회라고 정의한다면, 바로 거기에서 이미 현재의 생태환경이 정보임을 간접적으로 알 수 있을 것이다. 이런 생태환경은 정보의 디지털화를 통해 더욱 발전했다. 디지털화는 모든 정보가 비트 형태의 디지털로 처리된다는 것, 즉 0과 1의 숫자로 표현할 수 있다는 것이다. 이런 디지털화는 정보의 가변성을 극대화하여 멀티미디어의 다양한 요소를 매끄럽게 통합되어 있음(seamless integration)[7]의 상태가 가능하게 한다. 텍스트, 그래픽, 사운드, 데이

6 위의 책. p. 85.

7 이재현. 『모바일 미디어와 모바일 사회』. 서울, 커뮤니케이션북스. p. 12.

터, 비디오 등 다양한 미디어가 충돌 없이 혼합될 수 있게 만드는 것이 바로 디지털 테크놀로지의 영향인 것이다. 즉 네트화에 날개를 달아준 것이 바로 디지털 기술이라고 말할 수 있다.

이런 배경 속에서 새로운 인간형이 탄생했다. 그것은 호모 모빌리쿠스(Homo Mobilicus)이다. 호모 모빌리쿠스는 간략하게 말하자면 휴대전화를 사용하는 인간을 말한다. 그렇다면 연결성을 강조하는 네트화와 이동성(mobility)을 강조하는 호모 모빌리쿠스가 어떻게 현대사회 속에서 결합되고 있는지 살펴보기로 하자.

호모 모빌리쿠스의 탄생

현대인에게 있어 휴대전화는 필수품이다. 휴대전화를 사용한다는 점에서 현대인을 호모 모빌리쿠스라고 정의한다면, 너무나 과장된 표현이라고 말할 수 있다. 그러나 휴대전화가 컨버전스 미디어의 총아로 떠오르면서 이동통신기기를 소유하고 있다는 사실만으로도 현대인은 호모 모빌리쿠스라고 불리울 만하다. 호모 모빌리쿠스에 대해 정의를 내리자면, 그것은 정보와 테크놀로지의 디지털화와 소통 단말기의 이동성이 극대화되면서 나타나는 현대인의 모습을 설명하는 명칭인 것이다. 호모 모빌리쿠스는 특히 휴대전화를 생활화시킨 현대인을 지칭하기 위해서 만들어낸 라틴어 신조어로서, 문화인류학적 측면에서 지혜의 인간, 호모 사피엔스가 휴대전화 거는 인간 호모 모빌리쿠스로 변형되어가는 문명적 차원의 변화를 시사하는 인간형[8]을 설명하는 말이다.

그렇다면 휴대전화에 있어 이동성이란 무엇을 말하는가? 첫째, 가장 중요한 요소는 이동 중에(on the move)[9] 사용할 수 있음을 말한다. 시공간적으로 움직일 수 있음을 의미하며 이동 중에도 기기의 기능을 중단 없이 사용할 수 있는 경우를 말한다. 이를 위해서는 네트화된 환경이 뒷받침되어야 한다. 바로 이것과 관련하여 두 번째 특징을 언급할 수 있다. 그것은 무선 통신(wireless communication)이다. 무선 전화 시스템(wireless phone system)은 위성 전화(satellite phone)와 이동 전화(mobile phone)로 구분되는데, 위성 전화에는 이동체의 유형에 따라 항공 위성 전화, 선박 위성 전화 등이 있고 이리듐(Iridium)프로젝트에서 보듯 저궤도위성을 이용한 휴대전화도 이에 해당된다. 현재 3세대까지 발전한 휴대전화는 일반적으로 셀룰라(cellular) 방식에 의한 전화 시스템을 지칭한다. 셀 형태로 구역을 나눈 후, 각 셀에 위치해 있는 기지국과 셀들을 넘나들며 움직이는 휴대전화 단말기 사이에 통신이 이루어지도록 하는 방식으로 주파수 이용을 극대화할 수 있다는 장점 때문에 현재 보편적인 시스템으로 정착되었다. 셋째, 휴대성을 언급할 수 있다. 휴대성은 손이나 사용자 몸에 착용할 수 있는 것을 말하며 그 무게가 가볍고 크기가 크지 않아야 한다. 이 휴대성은 점차 손으로부터 자유로워지는 형식, 즉 핸즈 프리(hands-free) 형태로 발전하고 있다.

네 번째는 역시 이동성과 관련한 단말기 인터페이스의 문제이다. 단말기의 크기는 휴대성과 정보처리기능과 반비례적 관계에 있다.

---

8 김성도. 『호모 모빌리쿠스』. 서울, 삼성경제연구소. p. 13.

9 이재현. 『모바일 미디어와 모바일 사회』. 서울, 커뮤니케이션북스. p.8.

단말기가 크면 클수록 휴대하고 다니기는 불편하나 다양한 기능과 어포던스를 제공할 여지가 많지만 작으면 작을수록 그 역의 관계가 성립한다. 이와 같이 휴대전화의 이동성은 이동 중 사용가능성, 휴대성, 단말기 인터페이스 등과 관련이 있고, 네트화적 특성인 연결성은 무선연결 시스템과 관련이 있다. 이런 이동성과 연결성의 적절한 조화를 통해 휴대전화의 기능은 하루가 다르게 발전하고 있는 것이다.

여기에서 유비쿼터스의 문제를 안 짚고 넘어갈 수 없다. 어찌 보면 편재성은 연결성의 극대화된 속성이라고 할 수 있다. 유비쿼터스(Ubiquitous)는 라틴어'ubique'를 어원으로 하는 영어의 형용사로 '동시에 어디에나 존재하는, 편재하는'이라는 사전적 의미를 가지고 있다. 현대사회에서는 시간과 장소에 구애 받음 없이 언제나 정보통신망에 접속하여 다양한 서비스를 받을 수 있는 환경, 바로 이것이 유비쿼터스인 것이다. 그럼 유비쿼터스와 이동성의 차이는 무엇인가? 그 어느 공간이든 순식간에 이동할 수 있다면, 그것도 유비쿼터스가 아닐까? 그러나 그렇지 않다. 유비쿼터스는 이동성보다는 정주성을 기반으로 한다. 왜냐하면 유비쿼터스 환경은 컴퓨터와 정보통신기술의 결합을 통해 형성되기 때문이다. 즉 컴퓨터의 사용자는 모니터 앞에 서 있어야 한다. 물론 사용자가 이동하면서 간단한 전자통신장비를 조작하거나 이동식 컴퓨터를 사용하는 경우도 있다. 그렇지만 유비쿼터스는 하나의 장소에 정주하나 그 어느 곳에나 존재할 수 있도록 해주는 것, 즉 역설적 관계를 기반으로 하고 있다. 이와 달리 휴대폰의 이동성은 위에 언급한 것처럼 이동 그 자체에 더욱 강조점이 찍혀 있는 것이다.

그렇다면 왜 휴대전화가 컨버전스 미디어의 총아로 주목받는가?

그것은 휴대전화의 기능이 끊임없이 확장하고 발전하는 것에서 쉽게 그 이유를 발견할 수 있다. 휴대전화는 주요한 모바일 미디어로 평가되고 있는 PDA의 기능을 거의 모두 차용하고 있으며, 그것의 인터페이스를 차용하여 새롭게 재매개한다. 즉, 휴대전화가 가지는 이동성에 덧붙여 멀티미디어로의 전환을 실현하고 있는 것이다. 이런 것을 실현하고 있는 구체적 휴대전화가 바로 스마트폰이라고 할 수 있다. 스마트폰은 단순히 음성을 무선으로 송신하는 것을 넘어 텍스트, 이미지, 동영상 등을 전송할 뿐만 아니라 개인일정관리, 게임, 음악, 이북, 증강현실의 매체로까지 활용된다. 즉 이것은 다기능 휴대용 정보통신기기라고 정의내릴 수 있다. 정보, 신호, 그래픽, 애니메이션, 비디오, 오디오 등을 처리하고 또 다른 기기와 통신이 가능해야 하는 고기능 모바일 미디어와 동의어로 사용될 수 있다.

고기능 모바일 미디어인 휴대폰은 세 가지 시대로 구분되어 발전된다고 한다. 우선, 단순히 사람의 음성을 연결시켜주는 음성전화시대이다. 이 음성전화시대에는 카폰처럼 음성이 교류되는 것만으로 만족하는 시대였다. 이 시대에는 이동성과 음성교환이 주요한 특징으로 나타난다. 이것은 핸드폰의 LCD액정이 들어가면서 새로운 국면을 맞는다. 그것은 문자텍스트를 송수신할 수 있는 시대로의 전환이다. 이것은 음성기호뿐만 아니라 문자 텍스트를 전송할 수 있으므로 해서 새로운 대화의 수단을 창출한 것이다. 이것은 청각 우위의 전화문화에서 촉각의 중요성을 일깨우는 역사적 사건인 것이다. 이 단계를 SMS 시대라고 한다. 이 시대에는 인간의 엄지손가락의 중요성이 재발견되는 시기이기도 하다. 여기에서 더 나아가 멀티미디어 텍스트를 전달할 수 있는 데까지 테크놀로지가 발전한다. 이것은 이미지나 동영상을 수신자에게 보낼 수 있는 것을 말하는데, 음성이나 문자를 넘어 새로운 차원의 대화 질료를 얻은 것이다. 이 질료는 디지털 기술 덕분에 가속화된다. 이런 시기는 MMS 시대라고 한다. MMS 시대의 주요한 세 가지 특징은 미디어의 다중성, 디지털화, 상호작용성 등이라고 말할 수 있다. 물론 이 가운데에서 가장 중요한 것은 디지털화를 손꼽을 수 있겠다.

모바일-텍스트

호모 모빌리쿠스는 휴대전화로 정보를 교환한다. 아무리 훌륭한 휴대 통신기기일지라도 정보에 의미가 없으면 그 가치는 거의 없는 것이다. 이처럼 휴대전화로 소통되는 정보를 총체적으로 모바일-텍스트라고 할 수 있다. 모바일-텍스트와 관련하여 이재현의 『모바일 미디어와 모바일 사회』에서 자세히 언급되었다. 이재현은 미디어 요소들의 구성방식에 따라 미디어마다 독특한 감각양식을 만들어내게 될 것이라는 점을 강조하며, "모바일 미디어 속에 매끄럽게 통합되어 있는 디지털 구성요소들의 결합을 포괄적으로 모바일-텍스트[10]"라고 명명한다. 이것은 모바일-텍스트가 가지고 있는 디지털적 속성을 강조한 것으로 텍스트의 기능적 가전성을 중시한 말이다.

---

10 이재현. 『모바일 미디어와 모바일 사회』. 서울, 커뮤니케이션북스. p.70.

모바일-텍스트는 텍스트, 텍스트 그래픽, 이미지, 음성, 새로운 콘텐츠 유형 등으로 나뉠 수 있다. 즉 모노미디어인 음성에서 멀티미디어인 새로운 콘텐츠까지 다양하게 나타난다. 이런 다양한 텍스트들이 서로 호환가능하게 할 수 있는 것은 에버릿과 캘드웰의 디지텍스트성[11]을 기반으로 한다. 디지텍스트성은 이동 중의 텍스트 교환의 효율성을 극대화한다. 그런 예로 훌륭한 것이 바로 SMS라고 할 수 있다. 이런 단문의 텍스트 교환 측면을 이재현은 휴대성, 은밀함, 틈새 시간의 활용, 언어 과잉의 제거라는 속성 등으로 분석하였다. 그러나 이런 분석보다 더욱 중요한 것은 언어사용의 관행이 그 근본부터 바뀌었다는 것이다. 단순한 유선전화로 음성을 교환하는 즉자적이고 일시적이나 문자 및 이미지 등 멀티콘텐츠의 교환은 시간에 구애를 받지 않고 반복할 수 있으며 그 텍스트를 상당히 오래 보관할 수 있는 것이다. 바로 이런 것에서 구술적 문자성의 구현이 나타난다고 할 수 있다. 이것은 구술언어와 문자언어의 장점을 결합한 것으로 그야말로 새로운 언어[12]를 창조한 것이다.

모바일-텍스트는 귀에서 눈으로 전환하는 것을 극명하게 보여준

---

11 위의 책. p.69. 디지텍스트성(digitextuality)은 컴퓨터 미디어의 기술적 과정과 산물을 특징짓는 디지털과 후기 구조주의자 크리스테바가 텍스트 간의 관계를 설명하기 위해 사용한 상호 텍스트성 등 이 두 가지 개념을 포함한 것이다.

12 위의 책. 74. 이런 측면을 이재현은 구제 미디어로 설명한다. 구제미디어는 이전의 커뮤니케이션 과정에서 발생한 실패를 보상해주거나 회피할 수 있게 해주는 기능을 수행한다. 이런 점에서 SMS는 면 대 면 대화, 전화 통화, 음성메일 메시지가 주는 어색함이나 불편함 또는 즉각적으로 반응해야 한다는 부담감을 회피할 수 있게 해준다고 설명한다.

다. 청각텍스트가 시각텍스트로 그 비중이 옮아간 것이다. 그러나 사실 시각으로만 강조된 것이 아니다. 실제로는 모든 감각 기관이 다 확장되는 방향으로 발전한다. 그렇기 때문에 핸드폰은 모리스 메를로-퐁티가 언급한 "몸의 발화" 기계인 것이다. 입과 귀는 음성텍스트를 통해 그 기능이 확장되었다면, SMS와 MMS 등과 같은 소통은 눈과 손의 기능이 확장되었다고 할 수 있다. 그러나 대체적으로 손의 확장이 강조되는 경향으로 발전한다. 휴대폰 자체가 이미 손의 확장이지만 현대의 휴대전화는 버튼 또는 그 이미지를 통해 촉각이 발전한다. 이런 촉각에 기반한 버튼 조작에 대해 에버릿은 감각적 충실함(sensory plenitude)이란 개념으로 설명한다.

감각적 충실함은 클릭 도구를 통해 단순한 촉각적 움직임으로 기계를 사용하고 더 나아가 세상을 조작할 수 있다는 욕구를 충족하는 것을 말한다. 이것은 현대의 클릭문화를 이해하는 데에 주요한 이론적 근거가 된다. 그렇지만 사실 휴대전화에서 촉각만을 강조된 것이 아니다. 오히려 다양한 감각이 결합될 때 그 감각적 충실함은 극대화되는 것을 볼 수 있다. 아이폰의 경우 이미지로 그려진 키보드를 통해 글자를 입력하는데, 자음과 모음의 글자를 손으로 터치할 때 그 자음과 모음이 시각적으로 확장되어 시각을 자극하고 글자를 입력할 때마다 특유의 소리가 나와 청각을 자극하는 것을 볼 수 있다. 이것은 단순히 촉각만을 통해 기계를 조작하고 있다는 느낌을 주지 않는다. 오히려 공감각이 기계를 조작하고 더 나아가 세상을 조작하고 있음을 느낀다. 그렇기 때문에 모바일-텍스트는 시각과 촉각의 감각적 우위를 증명하기보다는 감각의 새로운 교차와 접목을 입증하는 것이라고 말할 수 있다.

모바일-텍스트는 의사소통의 진지함에서 벗어나 새로운 차원을 소개한다. 소통의 가벼움이라고 말할 수 있다. 소통의 가벼움은 스몰이 주장하는 언어게임이라는 말에서 뒷받침된다. 현대의 모바일-텍스트는 소통의 근원적 목적보다는 부차적인 목적에 더 봉사한다. 그 부차적 목적은 바로 즐거움이다. 현대인들은 정보교환보다는 즐거움의 생산을 위해 휴대전화를 활용하는 경우가 많아지고 있다. 스마트폰의 트위터가 그 좋은 예이다. 트위터는 전자 낙서라고 할 수 있다. 정보의 교환이 이루어지고 있으나 근본적으로 낙서하고자 하는 욕망, 또는 낙서의 즐거움이 구체화된 것이다. 모든 이가 볼 수 있는 벽에 낙서하고자 하는 욕망, 다른 이가 낙서한 것을 보고자 하는 욕망이 교차하는 곳이 바로 트위터이다.

이와 같이 모바일-텍스트는 구술성과 문자성이 상호교차하는 디지텍스트성을 기반으로 하여 총체적 감각의 결합을 통해 몸 대 몸으로 만나는 상호-몸-텍스트성이라고 할 수 있다. 그렇기 때문에 맥루한이 말하는 몸의 확장을 직접적으로 보여주는 것이 훌륭한 예가 바로 휴대전화기기라고 할 수 있다.

손 안의 창문

모바일-텍스트가 구현되어 나타나는 곳은 휴대전화 단말기이다. 휴대전화 단말기는 모바일-텍스트라는 소프트웨어가 구체적으로 드러나는 하드웨어라고 할 수 있다. 이런 하드웨어는 인터페이스의 형식으로 규정된다. "일반적으로 인터페이스라 하면, 시스템과 사용자 사이의 상호작용을 규정해주는 기기나 도구의 하드웨어 및 소프트웨어 구성 및 설계를 의미하는데, 좀 더 기술적으로는 조작방식들의 구현, 어포던스의 집합체라 할 수 있다"[13]. 어포던스의 집합체인 단말기 하드웨어는 최근 다양한 프로그램을 활용할 수 있는 스마트폰의 형태로 발전하는 경향이 있다.

스마트폰은 데스크탑의 은유를 잘 보여주는 경우이다. 즉 방안에 있는 데스크탑이 손 안으로 들어온 것이다. 그리하여 손 안에서 책상 위에서 하던 컴퓨터와 같은 일처리를 할 수 있는 것이다. 이것은 데스크탑의 재매개화라고 할 수 있다. 예전에는 데스크탑을 통해 어렵게 화상통신을 하던 것이 이제는 휴대폰을 통해 바로 즉시 화상통화를 한다. 물론 데스크탑이 할 수 있었던 기능들을 휴대전화 단말기가 할 수 있다고 해서 재매개화 되었다고 말하는 것은 아니다. 이때의 재매개화라는 것은 사용자가 데스크탑을 사용하려는 기본적 태도와 사용스타일이 휴대전화에도 그대로 차용되었다는 것이다.

휴대전화 단말기는 데스크탑의 크기를 가질 수 없다. 이동성을 강조하기 때문에 소량화 및 경량화를 추구한다. 그러나 휴대전화의 액정화면은 더욱 더 크기를 바란다. 이런 갈등구조 속에서 휴대전화 단말기의 크기가 결정된다. 물론 버튼의 숫자와 크기도 중요하게 작용한다. 이런 종합적 고려 속에 휴대전화 단말기의 구조가 결정된다.

그러나 최근에는 단말기의 크기보다 문화 인터페이스를 강조하

---

13 이재현. 『모바일 미디어와 모바일 사회』. 서울, 커뮤니케이션북스. p.51.

는 경향이 강하다. 문화 인터페이스는 범용 HCI, 영화나 TV와 같은 영상 양식, 책으로 대표되는 인쇄물 양식 등의 세 가지 영역들[14]이 서로 결합되어 표현될 수 있는 인터페이스를 말하는데, 이런 것들이 최대한 드러날 수 있도록 하고 있다. 그렇기 때문에 다소 휴대전화 단말기의 크기가 다시 커지는 경우도 종종 있다.

이런 문화 콘텐츠를 활용할 수 있는 단말기가 되기 위해서는 멀티미디어의 재매개화가 극대화되고 있다. 그리하여 기존의 데스크탑뿐만 아니라 다양한 미디어들이 휴대전화 단말기에 수렴 및 융합되어 나타나는 특징들이 두드러진다.

이런 재매개화를 통해 휴대전화 단말기의 사용자는 단순한 이용자 차원을 넘어 문화소비자 및 생산자, 즉 적극적 소통기능을 가진 문화인으로 변모되는 것이다.

신유목민의 오브제

현대인을 이미지로 표현한다면, 손 안에 휴대전화가 있을 것이다. 이제 현대인의 필수품은 휴대전화이다. 그렇기 때문에 휴대전화를 신유목민의 오브제라고 말한다. 휴대전화는 이미 현대인의 일상생활 속에 가장 많이 침투한 전자제품인 것이다. 이제 휴대전화가 없으면 현대인은 불안해한다. 왜냐하면 휴대전화가 현대인에게 공기와 물과

14 위의 책. p.53.

같은 존재가 되었기 때문이다. 이런 현상을 이재현은 모바일 리듬으로 설명한다. "새로운 테크놀로지의 도입은 세 단계를 거쳐 사회적으로 수용된다. 이를 모바일 미디어에 적용할 경우, 이 세 단계는 각각 테크놀로지의 시대, 수용자 리듬의 시대, 모바일 리듬의 시대로 명명할 수 있을 것이다. 테크놀로지의 시대인 첫 번째 단계는 모바일 미디어라는 테크놀로지 자체에 대한 신기함이 지배하는 단계로서, 테크놀로지가 바로 메시지가 된다. 모바일 미디어를 둘러싼 사회적 관행은 이벤트 중심으로 이루어진다. 사업자 입장에서는 새로운 테크놀로지에 대한 홍보의 필요성에서 이벤트에 치중하게 되고, 현재적 또는 잠재적 수용자 입장에서는 새로운 테크놀로지의 구입과 사용 또는 구경 자체가 이벤트가 된다. 이에 따라 서비스도 당연히 사회적으로 어필할 수 있는 몇몇 특이한 콘텐츠를 강조할 수밖에 없다.

수용자 리듬의 시대인 두 번째 단계는 테크놀로지가 사회적으로 확산되면서 테크놀로지가 주는 신기함이 약화되고 본격적으로 테크놀로지를 이용하기 시작하는 단계다. 수용자의 관심은 테크놀로지에서 벗어나 모바일 미디어가 제공하는 서비스와 콘텐츠로 전환된다. 수용자는 모바일 서비스와 콘텐츠를 이용하여 자신의 욕구를 충족하고 그로부터 재미를 얻게 된다. 사업자는 수용자의 욕구와 생활리듬을 파악하여 사용자 지향적인 콘텐츠를 제공함으로써 사용자의 요구에 부응하려는 노력을 하게 되는데, 이에 따라 체계적인 수용자 이용행태 조사 및 사용성 평가가 이루어지게 된다.

모바일 리듬의 시대인 세 번째 단계는 테크놀로지가 사회적으로 정착되면서 사용자가 중심이 되던 두 번째 단계와는 반대로 모바일 미디어가 사용자의 리듬을 지배하게 되는 단계다. 사용자는 보다 많은 시간을 모바일 미디어에 소비하고 모바일 미디어 이용이 관행화됨은 물론 모바일 미디어에 대한 친밀도가 매우 높아진다. 도구적 필요에 따라 합리적으로 모바일 미디어 사용하는 것이 아니라 모바일 미디어의 리듬에 종속되어 심리적 몰입상태에서 모바일 미디어 빠져들게 되고 심지어는 병리적 중독 상태에 빠지기도 한다[15]".

휴대전화는 모바일 리듬의 시대에 있으며 일상의 리듬마저도 지배한다. 그렇기 때문에 휴대전화 없이 하루를 살아간다는 생각할 수조차 없게 되었다. 기든스의 말처럼 휴대폰은 존재론적 안정성을 제공한다. 자크 아탈리의 말처럼 현대인을 신유목민이라고 한다면, 신유목민의 필수품은 바로 휴대전화기기인 것이다.

그러나 휴대전화가 단순히 필수품으로 그치는 것은 아니다. 휴대전화는 하이퍼-자아로 발전하여 자아의 또 다른 도플-갱어, 즉 분신으로 변모되었다고 할 수 있다. 다시 말해서 자신의 정체성을 보여주는 오브제로 발전된 형태를 띤다. 보편적이고 일반적인 휴대 단말기를 자신만의 개성화된 자아표현체로 만들기 위해 현대인은 다양한 추가 장치를 부가하거나 소프트웨어를 이용한다. 즉, 도구적 사용보다 표현적 사용이 확대되는 경향이 강화된다는 것이다. 이것이 신유목민 오브제에 나타나는 뚜렷한 특징이다.

---

15 이재현. 『모바일 미디어와 모바일 사회』. 서울, 커뮤니케이션북스. p.81-83.

휴대전화인의 크로노토프

크로노토프는 바흐친의 용어이며 시간과 공간을 합쳐 부른 말이다. 즉 시공간이라고 말할 수 있겠다. 필자는 이 장에서 휴대전화를 사용하는 현대인의 시공간을 살펴보면서 휴대전화의 부정적 측면을 몇 가지 분석하겠다.

우선 공간문제를 언급하겠다. 공간적 차원에서 언급될 휴대전화의 부정적 측면은 사적 공간과 공적 공간의 충돌이 대표적이다. 휴대전화는 개인의 의사소통이기 때문에 가장 사적인 대화공간이 형성된다. 그러나 그 대화가 발생하는 장소가 공적 스페이스라면 다양한 문제가 발생한다. 대학 강의실에서 교수가 강의하는 중에 학생이 휴대전화를 사용한다면 바로 이런 문제가 생기는 것이다. 이처럼 사적 공간이 공적 공간의 침투됨으로써 주변 사람들에게 피해를 주는 사례가 많다.

그리고 시간문제와 관련된 부정적 측면은 재퍼 신드롬과 연관하여 말하겠다. 재퍼 신드롬은 수시로 일정을 바꿔치기 하는 현상을 말한다. 이 신드롬은 모바일 미디어를 포함해 현대 커뮤니케이션 테크놀로지가 초래한 현대 사회의 통신 병리 현상으로 간주될 수 있다. 통제할 수 없을 정도로 축적되는 정보의 소용돌이 속에서 현대인에게는 먼저 닥친 일부터 먼저 처리하는 반사 행동이 요구된다. 즉 사람보다 전화를 먼저 받고, 편지보다 팩스를 먼저 읽고 모든 일에 앞서 삐삐에 반응해야 한다는 점에서 어떤 의미에서 현대인 전략적 논리보다는 전술적 논리에 유도되는 행동을 하고 있다고 볼 수 있다[16]. 이처럼 재퍼 신드롬은 시간과 연관된 휴대전화의 부정적 현상이라고 말할 수 있다.

이런 다양한 부정적 현상들은 휴대전화기기의 테크놀로지가 사회 및 문화적 규범의 발전 속도를 앞지른 것에서 비롯된다. 그렇기 때문에 사회는 탄력적으로 휴대전화가 초래하는 부정적 현상을 조절할 필요가 있다. 즉 휴대전화가 만들어내는 신국지성(neo-locality)을 올바르게 이해하는 데에서 그 문제점을 극복할 수 있는 열쇠가 있다고 할 수 있다. 이런 문제를 극복함으로써 호모 모빌리쿠스는 호모 커뮤니컨스로 발전할 수 있으며 진정한 소통인으로 변모될 수 있는 것이다.

16 이재현. 『모바일 미디어와 모바일 사회』. 서울, 커뮤니케이션북스. p.108.

| 참고문헌 |

김성도. 2008. 『호모 모빌리쿠스: 모바일 미디어의 문화생태학』. 서울(삼성경제연구소).

김열규. 2002. 『고독한 호모디지털: 사이버토피아를 꿈꾸는 인간의 자화상』. 서울(한길사).

네그리, 안토니오., 하트, 마이클(윤수종 옮김). 『제국』. 서울(이학사).

라투르, 브루노 외(홍성욱 엮음). 『인간 · 사물 · 동맹: 행위자네트워크 이론과 테크노사이언스』. 서울(이음).

마페졸리, 미셸(최원기, 최항섭 옮김). 2008. 『노마디즘』. 서울(일신사).

양명수. 1995. 『호모 테크니쿠스: 기술 환경 윤리』. 서울(한국신학연구소).

이글턴, 테리. 2007. 『성스러운 테러』. 서울(생각의 나무).

이어령. 2008. 『젊음의 탄생』. 서울(생각의 나무).

이재현. 2005. 『모바일 미디어와 모바일 사회』. 서울(커뮤니케이션북스).

이정우. 2003. 『기술과 운명』. 서울(한길사).

이진경 편저. 2007. 『모더니티의 지층들: 현대사회론 강의』. 서울(그린비).

최항섭, 배명훈, 최영주. 2007. 『디지털사회에서의 노마디즘 현상과 정책적 대응』. 서울(정보통신정책연구원).

디지털 생태계와 넷아트*

| 허정아 |

디지털 생태계와 예술 패러다임의 변화

인간은 도구를 창조하면서 문명의 역사를 시작했다. 그러나 도구를 창조하는 것이 인간에게만 있는 진화의 열쇠는 아니었다. 도구의 발명을 전수하고 확대, 발전시키는 데 있어서 지식의 소통은 필수적이었다. 인간에게만 있는 특수한 능력은 바로 도구의 제작에 지식을 소통시켰다는 것이다. 소통은 중요한 생존기술로서 인류 진화의 결정적 요인 중의 하나이다. 인류 역사상 21세기만큼 정보와 소통 자체가 사회의 쟁점이 되었던 적은 없다. 컴퓨터와 인터넷과 같은 디지털 기술은 곧 정보 소통과 네트워크의 혁명으로 통하고 있다. 이제 세계는 노드와 링크의 무한한 조합으로 움직이는 네트워크 커뮤니케이션의 사회가 되었으며, 소통은 21세기를 지배하는 핵심 키워드가 되었다. 정보 네트워크와 소통이 학문과 문화, 사회, 경제 등 세계의 모든 영역에 미치는 파급 효과는 정확히 가늠할 수 없을 정도이며, 우리는 아직도 그 변화의 소용돌이 한가운데 서있다.

마뉴엘 카스텔(Manuel Castells)는 오늘날의 사회가 지역적, 국가적, 전 지구적 차원에서 네트워크들을 중심으로 형성되어 있다는 점과 이런 강력하고 유연한 형태의 사회 구조가 컴퓨터 네트워크에 기반을 둔 상호작용적인 전자적 소통들에 의해 가능하게 되었다는 점을 강조한다. 그는 인터넷을 중심으로 형성되는 소통 체계를 '인터넷 갤럭시(Internet Galaxy)'라고 명칭하며, 디지털 커뮤니케이션이 이제 단순한 기술일 뿐만 아니라 사회적이고 경제적, 정치적으로 작용하는 요소로서 실질적으로 세계를 움직이는 원동력임을 확인시킨다. 이처럼 급속도로 발전하고 있는 소통 기술은 이제 인간의 의식구조, 시각 환경, 예술 등 사회 문화 전반에 걸쳐 영향력을 행사하고 있다.

디지털 테크놀로지로 인한 소통 체계와 기술의 변화는 예술의 존재방식과 예술의 개념을 새롭게 정립하고 있다. 컴퓨터 테크놀로지가 창작 과정의 하나로 자리 잡게 됨에 따라 컴퓨터 아트, 인터렉티브 아트, 미디어 아트, VR 아트, 알고리즘 아트, 넷아트 등 다양한 장르가 개발되고 있으며, 이와 함께 예술가들의 주요 활동 무대 또한 사이버 공간의 네트워크로 옮겨지고 있다. 마이클 러시(Michael Rush)는 예술에 있어 시각적 이해 능력은 더 이상 사물에만 제한되지 않으며, 컴퓨터 내에서 존재하는 유동적이며 끊임없이 변화하는 세계를 포용해야 한다고 피력한다. 피터 바이벨(Peter Weibel) 역시 테크놀로지 이미지들이 등장하고 이들이 전 지구적으로 연결되어 언제 어디서든 접근 가능한 열린 소통의 장이 만들어진 것이 오늘날 예술적 환경을 구성하는 중요한 요소임을 강조하고 있다.

이 글은 정보기술이 가져온 소통 환경의 변화로 인한 예술의 소통 문제를 고찰하고자 한다. 특히 이 과정에서 예술은 디지털적 소통을 어떻게 수용하고 있으며, 또한 소통은 어떻게 예술을 바꾸고 있는가에 초점을 맞추고자 한다. 이를 위하여 인터넷상의 네트워크와 소통, 즉 정보와 소통을 예술 창작의 재료이자 창작의 원천으로 삼고 있는 넷아트를 중심으로 현대 예술에서 나타나는 소통의 문제를 논하기로 한다.

이 글은 특히 컴퓨터와 인터넷이 창조해내는 소통이 단순히 그 내부의 소통에 그치지 않고 나아가 인류사회의 소통 자체를 진화시키고 있다는 점을 주목하고자 한다. 현대 사회에서 컴퓨터는 단순히 미리 정의된 방식대로 작동을 수행하는 기계가 아니며, 이미 가상 기계의 선을 넘어 일상의 실제 세계를 형성하고 세계를 창조하는 기계이다. 자연의 진화에서 유전자로 구성된 특별한 분자, 즉 DNA가 물리적 법칙에 따라 자기 복제를 하는 것처럼, 컴퓨터가 만드는 디지털 공간에서도 비트라는 '이진수 DNA'가 번식과 선택, 변이라는 진화의 과정을 겪는다. 컴퓨터와 인터넷이 창출하고 있는 디지털 공간은 단순히 가상공간에 그치지 않고 또 다른 생태계 즉 '디지털 생태계'를 형성하고 있다.

이러한 '디지털 생태계'라는 특수한 환경으로 인해 예술의 새로운 형태인 넷아트가 형성되었으나 현재로서는 그 개념과 현상의 범위를 제한하기가 매우 어려운 상황이다. 따라서 이 글은 다양하고 광범위한 넷아트 중에서도 특히 디지털 생태계의 진화나 정보 소통의 진화와 관련하여 알고리즘아트, 제너러티브아트(Generative Art), 유전자아트(Genetic Art)를 중점적으로 다루고자 한다. 이는 이 글은 단순히 넷아트에 대한 고찰에서 그치는 것이 아니라 넷아트를 디지털 생태계의 양상을 보여주는 하나의 대상으로 파악하고, 그를 통해 디지털 생태계에서 나타나는 소통의 근본적인 쟁점을 조명하려고 하기 때문이다. 이 글은 이를 통해 정보기술의 변화와 예술적 실천들이 어떻게 상호 영향을 주고받는지를 고찰하고자 한다.

소통의 예술로서의 넷아트

넷아트의 기원은 부크 코직 Vuk Ćosić의 이메일에서 출발한다. 코직은 어느 날 자신의 이메일에서 이상한 문자배열을 발견했는데, 메일의 메시지가 깨져서 읽을 수가 없었고 난수표처럼 흩어진 코드들 '[...]j8~g#\;Net. Art{-·s1 [...]' 사이에서 눈에 띄는 단어 'Net. Art'를 발견했다. 그리고 이를 웹을 이용한 넷 닷 아트라는 이름으로 사용하면서 넷.아트가 시작되었다. 이렇게 등장한 넷아트는 넷이라는 이름에서도 알 수 있듯이 인터넷을 기반으로 한다. 자유로운 인터렉티브 커뮤니케이션과 전송 시스템, 멀티미디어 정보전송, 가상현실 등을 제공하는 인터넷은 기존의 물리적 공간과는 다른 사이버 공간을 제공한다. 넷아트는 바로 이러한 인터넷의 매트릭스 안에서 형성되는 예술의 형태이다. 넷아트는 인터넷의 확장성, 상호작용성, 실시간적 즉시성을 특징으로 하면서, 인터넷이라는 네트워크 자체를 창작의 소재로 삼는다. 넷아트는 넷을 소재로 하여 넷에 의해서, 넷을 위하여 이뤄지는 예술의 형태이다.

넷아트의 가장 중요한 목표는 소통이다. 알렉세이 슐긴(Alexei Shulgin)은 1996년 선언문에서 갤러리와 미술관, 전통적 미술 개념에 대해 비판하며, 전통적 '예술'의 개념이 더 이상 유효하지 않다고 주장한다. 그리고 예술가들은 순수하고 진정한 커뮤니케이션을 지향해야 하며, 예술의 근본적 목표는 커뮤니케이션의 본질에 다가서는 것이라고 설파한다. 기존의 예술이 감상적 소통을 목적으로 했던 것과는 달리, 인터넷을 소통의 도구로 삼는 넷아트는 예술에 있어서 소통의 문제를 근본적으로 변화시켰다. 넷아트는 디지털 세계의 소통 문제를 가장 잘 드러내주는 예술의 형태라고 볼 수 있으며, 그 속에서는 정보를 어떻게 소통시키느냐의 전략적 문제가 창작에 가장 중요한 관건으로 작용한다. 이에 따라 넷아트에서는 아이디어, 정보, 리소스 등에 대한 기획적인 측면과 작품이 웹 사이트에서 장기간 머물면서 관객들과 반응하고 생장, 증식하는 프로세스적 측면이 동시에 강조된다.

넷아트에서는 작가와 관람자가 서로 정보를 공유하고, 작가, 작품, 관람자 사이의 소통이 새로운 방식으로 형성되고 있다. 여기서 가장 중요한 쟁점은 연결되고 소통된다는 것인데, 바로 이 연결성(Connectivity)이 디지털 미디어가 가지고 있는 소통의 핵심이다. 연결성은 넷의 구조이자 의미이며, 상호연결성이 넷의 맥락이다. 데릭 드 케르코브(Derrick de Kerckhove)는 "'넷'의 재미와 본질은 모든 복잡하고 의미심장한 구조의 살아 있는 생각들을 연결한다는 데에 있다"[1]는

---

1 Stephen Wilson, 2002, Information Arts, The MIT Press, 561-562.

점을 강조한다. 이 연결성을 바탕으로 모든 정보를 소통시키는 것이 넷아트의 주요 쟁점이다. 안정적인 것, 끝난 것, 완성된 것, 자라지 않는 것, 변하지 않는 것은 넷아트가 될 수 없다. 넷아트는 고정된 시각언어를 가지고 있지 않으며, 인터넷을 통해 광범위한 리소스를 수집하고 조직하는 과정에서 형상화된다. 전 세계적인 네트워크를 통해 실시간으로 정보를 수집하여 작품으로 형상화하는 넷아트는 컴퓨터 없이는 불가능한 예술 형태로서 매체 자체가 하나의 창조적 행위가 된다.

넷아트는 인터넷상의 정보를 수집, 가공, 재조직하여 소통시키는 '정보의 예술'이다. 이는 기존의 예술이 가지는 물질성을 탈물질화하는 예술의 형태라고 할 수 있다. 1960년대 말에서 1970년대 초, 많은 전시와 비평가들이 기존의 '예술 오브제'를 넘어 정보와 시스템을 다루는 예술에 집중하기 시작하였다. 1970년 뉴욕 유대인 미술관에서 열린 〈소프트웨어Software〉 전시와 같은 해 뉴욕 현대 미술관에서 전시된 〈정보 Information〉 전시는 그 대표적 사례이다. 1998년 아르스 엘렉트로니카(Ars Electronica)에서 기획한 정보의 흐름과 소통, 상호작용을 다루는 〈정보전쟁 Infowar〉 또한 넷아트의 형성에 중요한 전시 중 하나였다.

정보 네트워크로서의 넷아트

디지털혁명은 곧 정보 혁명이라고 할 수 있다. 그렇다면 넷아트의 재료이자 대상인 정보는 과연 어떻게 규정될 수 있을까? 레브 마노

비치(Lev Manovich)는 데이터베이스, 즉 정보가 뉴 미디어의 주도적 형식이라고 주장한다. 오늘날 정보는 아주 극미한 세포로부터 사회적 네트워크, 또는 시간과 공간, 우주에 이르기까지 매우 중요한 개념이다. 최근 여러 분야에서 전문가들은 정보는 눈에 보이지는 않지만 또 다른 현실을 형성하는 실체라고 본다. 블랙홀 이론을 밝혀낸 휠러 역시 '모든 것은 정보'라고 하며, 정보가 존재와도 관련성을 가지고 있음을 주장한다. 톰 지그프리트는 정보의 새로운 관점을 강조하면서 정보는 세포, 공간, 시간, 물질, 우주에까지 오늘날 거의 모든 분야에 침투해 있는 '슈퍼패러다임 Super-paradigm'이라고 주장한다.

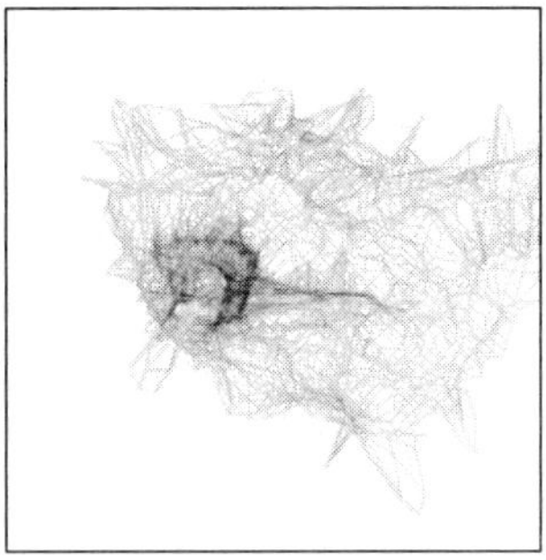

[그림 1] Alvaro Castro, 2008, *Vaccum Virtual Machine*

디지털 정보의 또 다른 특성은 어떠한 구조적 위계성을 가지지 않은 채 자유롭게 떠돌아다니며 서로 연계된다는 점이다. 이는 들뢰즈와 가타리가 『천 개의 고원』에서 내세우고 있는 리좀(Rhisome)의 작용 원리와 같다. 중심이 없는 뿌리로서의 리좀은 구조상의 위계를 가지지 않는다. 리좀 체계 내의 점들은 우선순위나 우위성이 없이 어느 점들하고나 연결될 수 있으며, 연결의 당위성이나 인과성이 없이 모든 점들은 그 어느 점들하고도 자유롭게 연결될 수 있다. 디지털 정보는 거대 집단 속에서 조직화되는 양상보다는 정보의 개체들이 자유롭게 떠돌아다니며 잡종 교배하는 양상을 보인다. 디지털 정보들은 점점 더 예상할 수 없는 방식으로 새로운 결합관계를 형성해 냄으로, 진화에 대한 단선적인 패러다임을 초월한다.

리좀처럼 연결되는 디지털 정보의 작동방식은 뇌과학이 발견한 뉴런의 작용원리와 유사하다. 뉴런 네트워크 이론은 19세기 말 카할(Santiago Ramón y Cajal)(1852-1934)이 제시하였다. 카할은 뉴런 네트워크는 변화 가능한 개방적 시스템이라는 것을 밝혔다. 이것은 이전까지 뉴런이 닫힌 구조이며 중심부가 있는 계층적 구조라는 것과는 확연히 다른 이론이었다. 카할이 제시한 뉴런 네트워크 이론에서는 뉴런은 모두가 서로 연결되어 있고 중심부가 따로 존재하지 않는다. 단지 받는 자극의 강도에 따라 세포들의 연결의 지속성이 다르게 작용할 뿐이다. 이처럼 서로가 복잡하게 연결되어 있는 뉴런은 그 구조를 통해 뇌의 전혀 다른 위치에 있는 세포들에게 정보를 전달할 수 있게 된다. 카린 오렌슐라거(Karin Ohlenschlager)는 '노드와 네트워크'에서 뉴런이 연결되어 있는 것과 비슷한 방식으로 '네트워크 사회'의 도시들이 연결되어 있다고 본다. 이와 함께 사회나 세포들의 시스템이 유지되기 위해 필요한 것은 물질적인 구조가 아니라 '연결능력(Connective capacity)'이라는 점을 강조한다.

다수의 넷아트 작품들이 네트워크 상에서 정보의 소통구조를 작품의 주제로 삼고 있다. 알바로 카스트로의 〈Vaccum Virtual Machine〉(2008)은 그 한 예이다. 이 작품은 스스로 진화하는 가상 기계를 통해 인간 뇌의 뉴런 시스템과 닮은 소통체계를 보여준다. 네트워크 상에서 정보의 순환이 인간 뇌의 작동과 유사하다는 사실은 정보와 그것의 연결이 보편적인 존재의 양식으로 이해될 수 있음을 시사한다.

이처럼 이질적인 영역에서의 유사한 네트워크의 양상을 연구하는 것이 최근 복잡계 이론의 쟁점이다. 네트워크 과학의 선두주자 중의 하나인 알버트 라즐로 바라바시(Albert-Laszlo Barabasi)는 이러한 네트워크의 구조를 자기 조절로 이뤄지는 '척도 없는 그물망(Scale-free-network)'으로 설명한다. 이 그물망에는 '멱함수 법칙(Power- law)'이 작용한다. 여기에는 어떤 중심이나 정점, 고유한 법칙이나 척도가 없고 단지 네트워크의 소통만이 문제가 된다. 오직 연결 정도에 따른 빈도수가 문제가 되는 것이다. 바라바시는 오늘날 복잡계 사회에서는 세포 조직이나 박테리아에서부터 테러리스트의 조직, 할리우드 배우들의 사회적 네트워크, 신진대사망, 인터넷 연결망들이 모두 이와 같은 네트워크의 법칙에 의해 지배받고 있다고 주장한다. 이러한 네트워크는 정해진 구조 속에서 진행되지 않는다. '척도 없는 그물망'에서는 노드와 링크들에 의한 무한한 조합이 가능한데, 그 조합의 과정은 생명체의 진화의 과정과 흡사하다. 디지털 세계의 정보들은 물질적인 구조를 통해 유지되지 않는다. 중요한 것은 소통의 능력과 방식이다. 정보는 자유롭게 네트워크 안에서 소통되지만, 연결의 능력이 강한 정보일수록 강하게 진화하고 그렇지 못한 정보는 도태된다. 사회나 세포들의 시스템 모두 유지되기 위해서 필요한 것은 이러한 연결의 능력이다. 웹 상에서는 유저들이 좋아하는 곳에 몰리는 부익부 빈익빈의 현상이 일어나는데, 이처럼 넷아트에서 중요한 것은 연결정도에 따른 빈도수 즉 소통이다. 넷아트 분야에서 가장 큰 관심을 가지고 작업의 열쇠로 생각하는 것이 바로 정보의 네트워크들이 어떻게 생겨나고 진화하는지에 대한 것이다.

정보의 시각화

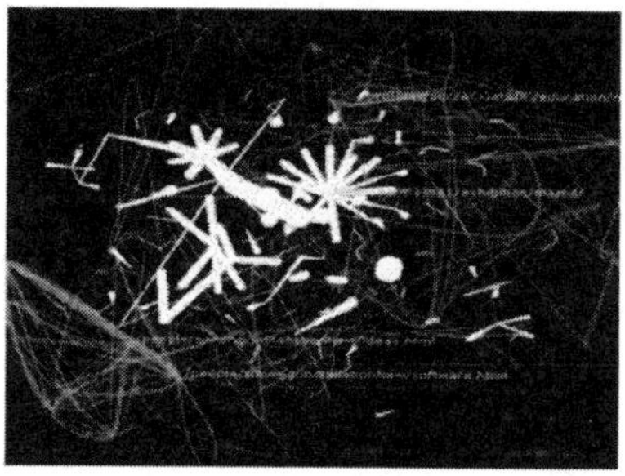
[그림 2] Ben fry, 2002, *Anemone*

인터넷상의 정보를 다루는 넷아트는 그 특성상 한 시점에서 고정된 이미지를 가지고 있지 않다. 넷아트는 정보의 소통 자체를 그 대상으로 하기 때문에 소통의 과정을 시각화하는 것이 관건이 된다. 여기서는 〈Anemone〉와 〈Shared Space〉라는 작품을 중심으로 정보가 시각화를 통해 넷아트가 구현하는 소통이 무엇인지를 조명하고자 한다.

벤 프라이(Ben fry)의 작품 〈Anemone〉(2000)는 인터넷 사용자가 복잡한 웹사이트와 정보를 주고받는 과정을 시각화한 작품이다. 유기적 정보 디자인(Organic information design)이라는 개념을 이용한 이 작품은 인터넷 사이트의 복잡한 구조를 흰색 가지들로 형상화하고 거기에 접근하는 사용자들의 불규칙한 경로를 오렌지색의 선으로 나타낸다. 흰색 가지들은 그것이 표현하는 사이트의 특정한 구조에 접속하는 사용자의 수가 변화함에 따라 두꺼워지기도 하고 얇아지기도 하며 사라져 버리기도 한다. 이러한 방식으로 유저와 사이트 사이의 소통을 실시간으로 시각화한 결과, 흰색 가지들의 구조는 그것들의 주변에 불규칙한 오렌지색 선이 생겨남에 따라 증식되었다가 더 이상 새로운 오렌지색 선이 나타나지 않으면 사라져 버리는 과정을 반복하게 된다. 〈Anemone〉는 웹사이트와 인터넷 유저와의 관계를 짧은 시간동안 증식하는 세포와 같은 형상으로 묘사하고 있다. 만약 웹사이트가 하나의 세포라면, 그것의 증식은 자신과 접속해 있는 유저와의 소통에 대한 반응인 것이다.

MIT의 악셀 킬리언(Axel Kilian)은 정보의 소통의 과정에 주목한다. 그는 디지털 세계의 정보의 소통을 체계화하기 위해 '시각'을 이용한다. 보통 우리가 인터넷 정보들과 소통하는 방식은 마우스 클릭이다. 그런데 마우스 클릭이란 방식은 단절적이고 비선형적으로 얽혀 있는 정보들의 흐름을 인위적으로 끊게 한다. 반면 시각은 관심이나 주의를 나타낸다. 이를 위하여 '아이트랙킹(Eyetracking)'이라는 기술을 사용하여 본능적이고 유연한 시각을 통해서 디지털 세계의 정보가 찾아지는 시스템을 구축하였다. 이 프로젝트의 일련의 작업들은 시각에 따라 정보들이 움직이는 것을 구현하였고, 그를 통해 정보들이 나열되고 무리를 짓는 형태를 보여준다.

킬리언의 작업 중 〈Shared Space〉라는 프로젝트에서는 시선이 관심을 가지고 어느 정보 공간을 바라보느냐에 따라 정보가 무한으로 증식된다. 디지털 공간이라는 하나의 공통된 공간 안에 정보들이 무한

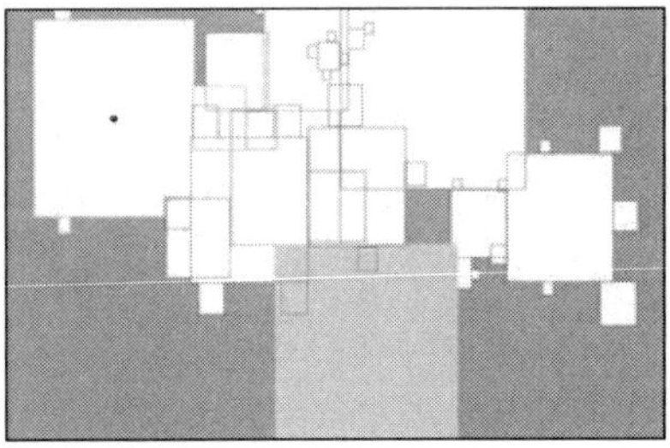

[그림 3] Axel Kilian, *Shared Space*

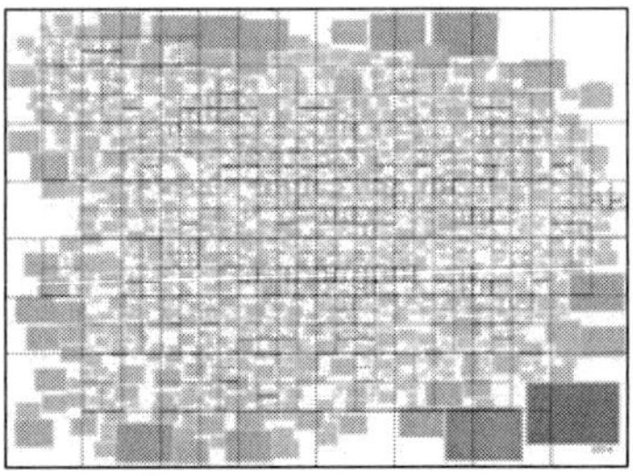

[그림 4] Axel Kilian, *Loose Topology*

증식되는 모습은 마치 자궁 안에 수정된 난자가 세포 분열을 하여 생명체가 탄생되는 것과 같다. 또한 〈Loose Topology〉는 하나의 공통된 디지털 공간 안에서 정보들이 경쟁하고 싸우며 공존하는 모습을 보여준다. 한 프레임 안에 산만하게 흩어진 수많은 정보들이 시선을 끌기 위해 흔들거리고, 어느 정보에 시선이 머무르면 그 정보는 점점 커지게 되고 다른 정보들은 구석으로 밀려 나가게 된다. 유저의 시선이 여기저기를 움직이면 몇몇 정보들은 점점 더 커지게 되고, 나머지는 점점 작아진다. 작게 변해버린 정보들은 커져버린 정보들 주위를 맴돌며 시선을 얻기 위해 계속 흔들거린다. 마치 밀림의 살아 있는 동물들처럼 경쟁하고 선택받기 위해 애쓰고 있는 것이다.

이 작업을 통해서 그가 우리에게 보여주고자 하는 것은 정보가 소통이 되는 과정 속에서 일종의 살아 있는 유기체의 위상을 가지게 된다는 것이다. 다시 말해 유저와의 인터렉티브한 소통을 통해서, 정보는 마치 생명체가 끊임없이 진화하는 것과 같은 양상을 보인다. 정보를 실체화하고 진화시키는 것은 네트워크와 그 속에서 이뤄지는 소통이다. 디지털 세계에서 소통은 정보를 진화시키는 데 결정적 역할을 한다. 〈Shared Space〉에서는 유저의 시선이 어느 정보에 관심을 가지고 있느냐에 따라 정보가 무한 증식이 되며, 〈Loose Topology〉에서는 하나의 공간에서 정보들이 선택받기 위해 서로 경쟁하고 싸우는 적자생존의 법칙이 나타난다. 이러한 디지털 공간에서 정보는 가상생명체로서 소통을 통해 진화하게 되는 것이다.

5. 정보의 진화

정보의 소통이 시각화됨으로써 나타나는 양상은 정보가 살아 있는 유기체와 같다는 것이다. 여기서 우리는 디지털 세계와 자연계와의 연계성을 생각해볼 수 있을 것이다. 0과 1의 이진법으로 만들어진 디지털 세계와 자연의 세계는 유사성을 가진 중복된 세계일 수도 있다. 『디지털 생물학』의 저자 벤틀리(Peter Bentley)는 디지털 세계가 우리가 살고 있는 자연과 비슷하다고 말하며 이것이 새로운 생태계, 즉 디지털 생태계를 이루며 우리의 삶과 과학기술을 변화시킬 것이라고 예측하고 있다. 디지털 도메인 안의 생태계에는 자연계와 마찬가지로 디지털 신경세포, 디지털 유전자, 디지털 뇌, 디지털 면역계, 디지털 생물체들이 생명을 유지하고 짝을 찾고 번식하면서, 변화하는 환경을 구성한다. 디지털 세계는 자연계와 마찬가지로 적자생존, 돌연변이, 번식과 같은 진화의 법칙을 따르고 있다. 디지털 생태계에서는 능력 있는 개체가 더 많아지고 그렇지 못한 개체들은 도태되는 등, 끊임없는 진화의 과정을 거친다. 이 진화에 있어 비트는 탈물질화된 소통의 유전자로서 무한 복제될 수 있는 시공간을 넘어선 정보이다.[2]

---

[2] 컴퓨터 프로그램도 이와 같은 방식으로 규칙에 따라 만들어지게 된다. 1과 0으로 이루어진 이진수의 상호작용 방식을 정의하는 규칙이 다른 암호들의 상호작용을 조절하고 이들의 상호작용에 많은 피드백이 작용하여 필요한 일이 수행되는 것이다. 컴퓨터의 진화 알고리즘도 자연 진화와 같이 작동한다. 이진수 문자열로 구성된 진화 알고리즘의 유전자도 유전, 변이, 선택이 수반된 번식을 이용하는데, 이 모든 일이 컴퓨터 안에서 일어난다. 디지털 유전은 또한 상호작용, 피드백, 교란을 이용하여 결과를 생산한다. 컴퓨터는 프로그램을 진화시킴으로

[그림 5] Karl Sims, 1997, *Galapagos*

알고리즘 아트, 제네러티브 아트, 유전자 아트 등 최근 넷아트의 주류를 이루고 있는 이러한 경향들은 디지털 생태계를 자연계의 연장선상에서 인식하고 있다는 것을 말해준다. 기존의 예술과는 달리 오늘날의 첨단예술은 가상공간 안에서 유저와의 소통을 통해서 생명체를 만들고 있다. 그러나 예술의 이러한 작업은 단지 가상공간에만 국한된 것이 아니라 그러한 인공적인 세계를 자연세계로까지 확장하고 있으며, 그러한 두 세계의 상호소통을 통해서 두 세계의 경계를 넘어서고 있다. 인터넷 상에서의 정보의 소통은 곧 기계와 자연의 소통, 인간과 컴퓨터와의 소통으로까지 이어지고 있다. 이는 오늘날 예술의 존재 기반이 기계적이면서도 동시에 또 다른 현실적 생명을 가진다는 의미를 부여해주고 있다.

칼 심즈의 〈Galapagos〉는 3D 가상으로 만들어진 유기체들을 관람객들이 진화시킬 수 있는 인터랙티브 설치 작품이다. 12대의 컴퓨

써 자기 스스로의 프로그램을 만들 수 있다. 결국 그것이 물질계인가 디지털의 가상세계인가의 차이만 있을 뿐, 양상 자체는 동일하게 나타난다고 할 수 있다.

터들이 설치되어 있고 각 컴퓨터들은 추상적인 형태들의 성장, 발달의 과정을 보여준다. 관람객들은 스크린에 비춰진 유기체들 중에서 가장 아름답다고 생각되는 것을 고르게 된다. 선택을 받지 못한 가상 유기체들은 제거된다. 그리고 컴퓨터는 남아 있는 가상 생명체들이 번식하도록 하여 그 자식들로 채워지게 된다. 유전자는 유저들의 선택에 의해 선택과 변이, 변형의 진화를 거치며 모습을 변화시켜나간다. 1994년에 발표한 〈가상 진화생명체 Evolved Virtual Creatures〉라는 작품은 다윈의 진화론을 슈퍼컴퓨터를 통해 시뮬레이트한 것이다. 블록으로 이루어져 있는 가상 생명체들이 슈퍼컴퓨터의 프로그램에 의해 만들어지고 이 생명체들은 자신의 능력을 시험받기 위한 과제들을 수행하게 된다. 가상 생명체는 '수영하기', '걷기', '뛰기', '따라가기' 등과 같은 과제를 수행하는데, 과정이 진행될수록 가상 생명체의 과제수행 정도도 진화하게 된다. 그리고 세대를 거치면서 진화한다.

『이기적 유전자』의 저자로 유명한 리처드 도킨스 역시 그의 책 『눈먼 시계공 The Blind Watchmaker』에서 진화 프로그램 〈Biomorphs〉를 제시하고 있다. 이 프로그램은 시각적 심미성이 적자생존의 원칙인 진

[그림 6] Richard Dawkins, 2002, *Biomorphs*

화 시스템이다. 〈Biomorphs〉에서 유저는 자신의 마음에 드는 생물체를 선택하고 선택된 생물체들은 서로 교합하여 후세대의 생물체들을 양산하게 된다. 즉 적자생존의 원칙에 따라 선택된 생물체들이 다시금 결합하면서 양질의 유전자들을 결합한 새로운 생명체로 진화해나가는 것이다.

제인 프로팻(Jane Prophet)과 고든 샐리(Gordon Selley)가 기획한 〈Technosphere〉는 1995년 9월 1일 런칭된 온라인 디지털 환경으로 전 세계에 있는 유저들이 가상의 3D 자연환경에 인공생명체들을 만들고 방생할 수 있는 가상공간이다. 유저들은 사이트에 접속하여 자신이 원하는 동물을 〈Technosphere〉에 만들 수 있는데, 먼저 초식동물일지 육식동물일지를 정할 수 있다. 그러면 프로그래밍된 그들의 '디지털 유전자'가 연결되어 각 동물의 습성, 속도, 소화기 작용, 시각 등이 결정된다. 유전적 알고리즘을 이용한 이 프로그램에서 가상 동물들은 짝을 이루고, 새끼를 낳을 수도 있다. 경우에 따라 새끼들은 부모 중 한 쪽을 더 닮을 수도 있다. 즉 유전자의 선택에 따른 진화가 이뤄지는 것이다. 그런데 '뭉쳐서 무리를 이룬다'는 알고리즘이 없었음에도 불구하고 가상 동물들은 무리를 짓는 행동을 보였다. 주로 짝짓기를

[그림 7] Technosphere을 기어 다니는 동물들의 모습과 동물의 예시

하거나 먹이를 먹기 위해서였는데, 생물학적 알고리즘을 이용하여 만들어진 가상생명체들의 이러한 행동은 역으로 생태학 연구에도 많은 도움을 주고 있다.

이외에도 네덜란드 암스테르담에서 활동하고 있는 부부 예술가 드라이센스(Drissens)와 베르스타펜(Verstappen)은 〈E-volver〉나 〈E-volved Cultures〉와 같은 작품들에서 컴퓨터 알고리즘을 이용하여 유전자로 이루어진 가상 생명체를 만들고, 이 생명체들이 움직이고 행동하며 남긴 흔적들로 이미지가 생성되게 한다. 이 이미지들에 코딩되어 있는 생명체들의 행동방식 유전자가 저장되어 가상 생명체의 움직임과 함께 이미지가 진화하게 된다. 이렇게 해서 생명체들이 조성한 이미지에 따라 생명체들의 움직임 패턴도 같이 진화한다.

한편 이러한 진화 알고리즘을 넘어, 유전자 코드 자체에 접근한 작품들도 있다. 크리스티나 소머러(Christa Sommerer)와 로랑 미뇨노(Laurent Mignonneau) 부부가 제작한 일련의 작품들이 그것인데, 대

[그림 8] Christa Sommerer & Laurent Mignonneau, *Life Spacies*

[그림 9] Christa Sommerer & Laurent Mignonneau, *Life Writer*

표적으로 〈Life Spacies〉와 〈Life Writer〉를 들 수 있다. 이 두 작품은 텍스트를 유전적 코드로 활용하여 가상의 인공 생명체를 만드는 작업이다. 〈Life Spacies〉의 경우는 이메일을 이용한다. 해당 웹 사이트에 이메일을 보내면 이메일의 내용에 따라 가상 인공 생명체가 만들어진다. 한 개의 이메일 당 한 개체가 태어나며, 복잡한 메시지를 보낼수록 복잡한 개체가 만들어진다. 이렇게 만들어진 인공 생명체들은 스크린을 통해 선보이게 되는데, 이들은 관객들의 움직임에 반응하고 서로 의사소통하면서 결합하고 새로운 개체를 낳기도 한다. 〈Life Writer〉의 경우에는 아날로그식 타자기에 타이핑을 하면 타이핑된 텍스트들이 유전적 코드가 되어 가상 생명체들이 지면 위를 기어 다니게 된다. 이들은 각기 다른 유전적 코드를 갖고 있으므로 다른 모양을 하고 있다. 이들은 에너지를 얻기 위해 다른 생명체들을 먹고, 서로 결합하여 자식을 낳기도 한다. 특히 〈Life Spacies〉에서는 문장이나 구문과 같은 텍스트의 변수에 따라 생명체의 모양이나 색이 결정되고 이메일 메시지가 보내지자마자 가상 생명체가 살아가기 시작하는데, 이는 디지털 생태계의 진화의 한 단면을 그대로 보여준다. 즉 메시지를 통한 소통이 생명체의 진화를 결정짓는다는 것이다. 이것은 〈Life Writer〉에서도 마찬가지이다. 아날로그식 타자기에 타이핑을 하는 행위 자체가 기계와 소통을 하는 행위로서, 이러한 소통을 통해 생명체가 탄생하고 진화하는 것이다.

요컨대 디지털 생태계에서 나타나는 진화의 메커니즘은 소통에 기반을 둔다. 유저의 반응에 따라 정보의 네트워크가 구성되고 소통이 이뤄진다. 그리고 그 과정에서 생명현상과 같이 도태와 진화가 반복해서 일어난다. 생명체의 시작이나 그 진화 과정, 최종의 도태까지 모두 소통의 과정에서 이뤄지는 현상들인 것이다.

소통의 과정으로서의 넷아트

디지털 생태계에서 나타나는 가장 큰 쟁점은 정보가 일종의 가상 생명체로서 진화한다는 것이다. 정보의 진화가 가능한 것은 소통 때문이다. 인터넷 온라인 상에서의 지속적인 소통, 즉 'Inter-Action', 'Inter-Relation'이라는 상호작용적인 소통이 디지털 정보를 생명체로서 진화시킨다. 이러한 관점에서 넷아트 장르에서 구현하고 있는 작품들이란 무엇인가라는 질문을 던져볼 수 있다. 넷아트에서 예술 작품은 더 이상 개인의 영감이나 창의성의 발현이 아니며 완결된 창작품도 아니다. 작품은 끊임없는 상호작용적 소통을 거치는 과정으로서 존재한다. 요컨대 넷아트의 작품들은 완성된 형태로 고정되어 있는 것이 아니라, 소통에 의해 항상 변화하고 진화하는 과정으로 존재한다. 바로 이러한 과정으로서의 예술이 넷아트를 다른 기존의 예술과 구별시키는 점이다. 〈Life Spacies〉와 〈Life Writer〉에서 소머러와 미뇨노는 '살아있는 과정으로서의 예술'을 강조한다. 컴퓨터 화면에서 진화하는 이미지는 더 이상 기존 회화의 고정적 이미지가 아니며, 베르그손이 말하는 '지속'을 근간으로 하는 이미지이다.

지금까지 살펴본 넷아트에서의 소통에 의한 이미지들의 진화와 그 소통의 진화 속에서 탄생되는 가상생명체는 가상공간에서의 '이미지'의 위상에 대한 성찰을 요한다. 가상공간에서의 이미지는 0과 1이라는 비트의 조합으로부터 비롯되는 이미지에 불과하지만, '디지털 생태계'라는 생명적 공간에서 생명체의 위상을 부여받는다. 이것은 들뢰즈 철학의 생명사상과 일맥상통한다. 들뢰즈에게 있어서 생명은 우선적으로 존재하는 것, 물리적 실체에서 비롯되는 것이 아니다. 오히려 생명은 지각작용 또는 관계짓기이고 '이미지화하는 잠재적 역능'이다. 즉 각각의 대상들이 관계를 맺는 것 자체가 곧 생명이라는 것이다. 예컨대 뇌, 신체기관들, 그리고 외부의 자극 사이의 접속이 없다면 정신이나 의식 또한 있을 수 없다. 한 세포의 생명 또한 그것이 다른 세포들과 맺는 관계들에 의해 현실화된다. 인간이라는 유기체가 세계와 맺는 모든 관계들을 통해 존재가 형성된다. 들뢰즈는 이것을 '이미지'로 설명한다. 어떠한 현실적 조건이 있기 전에 생명이란 그것들에 대한 반응에서 출발하며, 그 반응이 바로 지각작용이며 그 대표적인 작용이 이미지화인 것이다. 따라서 생명 자체를 보여주기란 불가능하다. 생명을 보여주기 위해서는 지각하는 반응들의 그물망에 주목해야 한다. 그런 의미에서 "진화하는 생명은 지각하는 반응들의 그물망에 다름아니다"라고 말할 수 있다. 넷아트의 작품들에서 유저와의 소통에 의해 이미지가 진화하고, 그 진화로부터 가상생명체를 키워가는 것은 바로 들뢰즈가 말하는 생명현상으로서의 관계맺기와 이미지화 작업의 과정에 대한 한 예시가 될 수 있다.

예술은 변화하는 사회를 민감하게 받아들이는 분야이다. 하지만 이를 넘어서, 사회적 진화를 앞당기는 견인차의 역할을 수행하기도 하는 것이 바로 예술이다. 1997년 설립된 Biota.org는 〈Nerve Garden(1997)〉

이라는 프로젝트에서 가상공간에 자연환경과 생명체들을 알고리즘으로 구현해내는 작업을 실행하였다. 유전적 알고리즘을 이용한 가상의 생태계는 이제 자연의 생명체들을 그대로 모방하는 것을 넘어서 고유의 알고리즘으로 새로운 생명체들을 시뮬레이트하는 것으로 발전했다. 이 작품은 실제 생물학 분야의 새로운 시도들을 가능하게 하고 통합된 인프라와 프로토콜을 구축함으로써 인공 자연, 유전적 알고리즘을 연구하는 사람들에게 도움이 되는 것을 목표로 하고 있다. 예술은 사회의 반영이기도 하지만 이를 넘어서 예술이 직접 자연계에도 영향을 주고 있다는 것을 우리는 최근의 넷아트에서 확인할 수 있다. 넷아트가 작품의 근간으로 하고 있는 소통은 단순히 인간 사회에 머무는 것이 아니라 비인간적 대상까지 포함하고 있으며, 인간과 비인간 사이의 네트워크와 소통을 통한 공진화를 대변해주고 있다.

| 참고문헌 |

고이즈미 요시유키(이정우 옮김). 2003. 『들뢰즈의 생명철학』(ドゥル-ズの哲學 : 生命・自然・未來のために). 동녘.

그린 레이첼(이수영 옮김). 2008. 『인터넷 아트 : 사이버 시대의 예술』(Internet Art). SIGONGART.

카스텔 마뉴엘(김묵한 외 옮김). 2003. 『네트워크 사회의 도래』(The Rise of the Network Society). 한울아카데미.

러시 마이클(심철웅 옮김). 2003. 『뉴미디어 아트』(New Media in Late 20th-Century Art). 시공사.

하트 마이클(김상운 외 옮김). 『들뢰즈 사상의 진화』(Gilles Deleuze : an Apprenticeship In Philosophy). 갈무리.

미노루 가네히사(삼성 SDS 정보기술연구소 옮김). 『포스트 지놈 시대의 생물정보학』(Post-Genome Informatics). 한울아카데미.

박용관. 1999. 『네트워크론』. 커뮤니케이션북스.

라투르 브루노 외. 홍성욱 엮음. 2010. 『인간・사물・동맹 : 행위자네트워크 이론과 테크노 사이언스』(Science in Action : How to Follow Scientists and Engineers through Society). 이음.

바디우 알랭(박정태 옮김). 2001. 『들뢰즈 : 존재의 함성』(Deleuze : La Clameur de l'Etre). 이학사.

베르그손 앙리(박종원 옮김). 2005. 『물질과 기억』(Matiere et Memoire). 아카넷.

라키도프 A.N.(이득재 옮김). 1996. 『컴퓨터 혁명의 철학』(**илософи**

я компьэтерной револэции). 문예출판사.

바라바시 A.L.(강병남 외 옮김). 2002. 『링크 : 21세기를 지배하는 네트워크 과학』(Linked-The New Science of networks). 동아시아.

미첼 윌리엄 J.(김은조 옮김). 2005. 『디지털 이미지론 : 포스트포토그래픽시대에서 시각적 진실』(The Reconfigured Eye : Visual Truth in the Post-photographic Era). 클라이닉스.

맨 콩 럼 캐이시(이동후 옮김). 2008. 『미디어 생태학 사상 : 문화, 기술, 그리고 커뮤니케이션』(The Media Ecology Tradition : Perspectives on Culture, Technology and Communication). 한나래.

에메케 클라우스(오은아 옮김). 2004. 『기계 속의 생명 : 생명의 개념을 바꾸는 새로운 생물학의 탄생』(The Emerging Science of Artificial Life). EJB.

콜브룩 클레어(정유경 옮김). 2008. 『이미지와 생명, 들뢰즈의 예술철학』(Deleuze : a Guide for the Perplexed). 그린비.

지크프리트 톰(고중숙 옮김). 2003. 『우주, 또 하나의 컴퓨터 : 양자컴퓨터에서 M이론까지, 정보물리학으로 본 우주』(The Bit and the Pendulum : from Quantum Computing to M Theory - the New Physics of Information). 김영사.

카프라 프리초프(강주현 옮김). 2003. 『히든 커넥션 : 나와 세상을 바꾸는 새로운 힘의 패러다임』(The Hidden Connections). 휘슬러.

드 메르디와 플로랑스(정재곤 옮김). 2005. 『예술과 뉴테크놀로지 : 비디오 · 디지털 아트, 멀티미디어 설치예술』(Arts et Nouvelles

Technologies). 열화당.

벤틀리 피터(김한영 옮김). 2003. 『디지털 생물학 : 자연이 우리의 삶과 과학기술을 어떻게 변화시키는가』(Digital Biology : How Nature is Transforming Our Technology and Our Lives). 김영사.

Ars Electronica Center. 1999. LIFESCIENCE : Ars Electronica 99, Springer Wien New York.

Paul Christiane. 2004. L'Art numérique, Thames & Hudson.

State Corporation for Spanish Cultural Action Abroad, SEACEX. 2009. Banquete : nodes and networks, State Corporation for Spanish Cultural Action Abroad, SEACEX / TURNER,

Wilson Stephen. 2002. Information Arts, The MIT Press.

http://benfry.com/anemone/

http://www.designexplorer.net/newscreens/thesis2000/shared.html

http://www.designexplorer.net/newscreens/thesis2000/loose.html

http://www.karlsims.com/

http://www.interface.ufg.ac.at/christa-laurent/

트위터와 미시사*

| 설혜심 |

각각의 시대는 자기의 관점에서 역사를 다시 쓸 것을 요구한다.[1]

-Gorden S. Wood-

현재 역사학에서는 상반된 두 흐름이 두드러지게 나타나고 있다. 하나는 국가나 민족과 같은 경계를 허물고 지구 전체의 역사를 조망하는 거대사[2]의 흐름이고, 다른 하나는 줌인(zoom-in)으로 보듯이

---

* 이 논문은 〈한국사학사학보〉 제 21호(한국 사학사학회, 2010년 6월)에 실린 것을 재수록한 것이다. 또한 트위터의 운용방식과 기술적 내용에 대해서 IT & Social Network 전문가인 고영혁 님의 도움을 받았음을 밝힌다.

1 Wood, Gordon S.. 1995. "A Century of Writing Early American History", *American Historical Review*. Vol. 100. p. 679.

2 거대사는 지구사 혹은 다른 이름으로 불리기도 한다. 유럽중심주의 혹은 중화주의에 입각한 기존의 세계사를 극복하는 개념으로서의 새로운 세계사(new

아주 작은 단위를 연구의 대상으로 삼는 미시사이다. 무릇 역사가에게 보편에 대한 희구가 있고, 일반적인 흐름에 천착해 온 분위기가 지배적이었음을 감안한다면 이렇게 전혀 다른 두 흐름이 동시대에 공존한다는 것은 매우 흥미로운 현상이 아닐 수 없다. 그런데 우리의 일상생활에서도 비슷한 움직임을 포착할 수 있는데 바로 '트위터'로 대표되는 소셜 네트워킹 서비스(social networking service)가 그것이다. 트위터는 전 세계를 대상으로 한다는 범지구적 틀을 가지고 있으면서도, 그 틀의 중심이 미시사가 주목하는 아주 작은 단위인 개인이기 때문이다.

트위터(Twitter)[3]는 개인용 컴퓨터나 휴대전화를 통해 수신자들에게 짧은 메시지를 실시간으로 배포하는 온라인 서비스이다.[4] 2006

---

world histories), 지구상 모든 것을 포함하는 개념으로서의 보편사(universal histories), 기존의 모든 세계사와 역사들을 통합하는 개념으로서의 통합사(ecumenical histories), 기존의 역사틀인 국민국가를 넘어서 역사를 보아야 한다는 개념으로서의 초국사(transnational histories), 국민국가 등의 미시적인 것들보다는 더욱 더 큰 역사현상을 살펴보아야 한다는 개념으로서의 거시사(macrohistory), 인간의 역사는 자연의 시작인 빅뱅으로부터 살펴보아야 한다는 개념으로서의 거대사(Big history) 등이다. 조지형, 「해제: 새로운 세계사 지구사, 그리고 거대사」, 데이비드 크리스천(김서형 · 김용우 옮김). 2009. 『거대사: 세계사의 새로운 대안』. 서해문집. pp. 200~01.

[3] twitter는 새들의 짹짹거림을 의미하는 말이자 "하찮은 정보의 짧은 터뜨림"을 의미하기도 한다. 이성규. 2009. 『트위터, 140자의 매직』. 책보세. p. 25.

[4] 트위터는 무료 소셜 네트워킹 겸 마이크로블로그 서비스라고 정의할 수 있다. 사용자들은 단문 메시지 서비스(SMS), 인스턴트 메신저, 전자 우편(e-mail) 등을 통해 140자 한도 내의 '트위트(Tweet)'를 트위터 웹사이트로 보낼 수 있다. 트위터 서버는 전송받은 트위트를 팔로어(follower-전송자의 트위트 수신을 신

년 미국의 한 회사에 의해 개발된 후,[5] 2007년 3월 중순부터 본격적으로 이용되기 시작했으며 우리나라에서도 2009년 후반부터 급속히 확산되기 시작했다. 개인이 다른 사람들에게 자신의 생각이나 일상을 알리는 소셜 네트워크 사이트는 이미 존재하고 있었다. 세계적으로 널리 사용되고 있는 블로그나 우리나라에서 인기 있는 싸이월드 미니홈피와 같은 것들이 그것이다. 그런데 트위터는 기존의 매체가 기본적으로 인터넷 접속 가능한 컴퓨터에 기반하고 있던 것에 비해 SMS(Short Messaging Service) 서비스, 즉 휴대전화, 혹은 기타의 휴대 가능한 단말기를 이용할 수 있다는 점에서 큰 차이가 있다. 기존의 소셜 네트워크 서비스에 이동성과 즉시성이 보태진 것이다. 이 점에서 트위터는 '짧게 빨리 대화하고 싶어한다'는 사람들의 욕구를 충족시킨 기제로 평가된다.[6]

이런 혁명적 변화는 곧 많은 사람들을 이 온라인 소통의 장으로 끌어들였다. 트위터가 소개된 뒤 이전의 블로그나 휴대전화를 통해 작성되었던 메시지의 수가 몇 배 이상 늘어났고, 2010년 3월 5일 누적 기준으로 100억 트위트가 기록되기에 이르렀다. 곧 트위터의 파급력을 인지한 기업들이 트위터를 이용한 판촉활동에 뛰어들었으며 연예

청한 사람들)의 명단에 연결하여 팔로어들의 휴대전화에 문자 메시지로 보내지거나 개인용 컴퓨터의 인스턴트 메시지로 보내진다.

5 트위터는 2006년 7월 프로그래머 출신들인 이반 윌리엄스(Evan Williams)와 잭 도시(Jack Dorsey), 비즈 스톤(Biz Stone)이 공동으로 설립했다. 컴, 조엘., 버지, 켄. (신기라 옮김). 2009.『트위터: 140자로 소통하는 신 인터넷 혁명』. 예문. p. 43.

6 이성규,『트위터, 140자의 매직』, p. 7.

인과 정치인들도 트위터를 적극적으로 이용하는 홍보활동을 시작했다.[7] 물론 유명인이나 기업보다 훨씬 많은 '평범한' 사람들이 트위터의 주 사용자이다. 사회현상을 연구하는 사람들은 트위터의 폭발적인 인기를 일종의 '신드롬'이라고 부르며 그 원인을 찾으려는 노력을 하기 시작했다.[8]

나도 역시 왜 사람들이 트위터에 열광하는지가 궁금했다. 그 이유를 살펴보는 과정에서 트위터의 운용원리가 바로 역사학에서 현재 나타나고 있는 상반된 두 흐름, 즉 거대사와 미시사의 속성을 함께 담고 있다는 생각을 하게 되었다. 그런데 더 깊이 파고들어가 보니 트위터에서 거대사보다 미시사적 특성을 더 많이 발견할 수 있다. 우선, 트위터에서 이야기되는 내용들은 공식 언론이 다룰만한 이른바 주요 사안이기보다는 신변잡기에 가깝다. 그러면서 핵이 되는 개인의 관심사를 따라 관계망이 퍼져나가는 양상을 보여준다. 마치 미시사가 역사를 보는 새로운 방식을 제시한 것처럼, 트위터는 개인을 중심으로 펼쳐지는 또 다른 세계의 모습을 보여주는 셈이다.

---

7 김연아, 노회찬, 김형오, 이찬진, 김수현 등 수많은 사회 인사들이 트위터에 가입하면서 한국에서 트위터 열풍을 불러일으켰다. 이미 해외에서는 버락 오바마 대통령이 선거를 앞두고 트위터를 이용하여 선거판의 판도를 바꿔놓았으며 교황 베네딕토 16세, 티벳의 달라이 라마도 트위터를 새로운 소통의 수단으로 사용하고 있다.

8 트위터가 선풍적인 인기를 끌게 된 계기에 대해서는 코구레 마사토(コグレ マサト)·이시타니 마사키(いしたにまさき) (손진성 옮김) 2010. 『트위터, 140문자가 세상을 바꾼다』. 김영사. pp. 81~83을 참조하라. 한편 2009년 트위터를 대중적으로 각인시킨 3대사건은 허드슨강 비행기 추락사건, 이란 대선, 마이클 잭슨 사망을 꼽고 있다. 이성규. 『트위터, 140자의 매직』. p. 65 참조.

이런 맥락에서 보자면, 트위터의 인기는 곧 왜 현재 시점에서 우리에게 미시사가 값지고 유용한 역사학적 방법론인가를 보여줄 수 있는 중요한 실마리가 된다. 이 글에서는 트위터라는 엄청난 영향력을 지닌 새로운 매체를 창으로 삼아 미시사의 특성을 검토한다. 이를 위해서는 먼저 현재 미시사에 대해 잘못 알려진 요소들을 짚어가며 미시사의 성격을 간략하게 정리할 필요가 있다. 그 다음에 본격적으로 트위터의 운용방식이 함의하고 있는 미시사적 특성을 살펴보고, 현재사를 서술하는데 있어 트위터가 지닌 사료적 가치와 이용가능성을 진단해 보려고 한다. 이 실험적인 작업은 미시사의 어떤 특성이 2010년대를 살아가는 사람들에게 어필하는지를 알아보고자 하는 노력이다. 그리고 그 바탕에는 첨단 테크놀로지와는 동떨어진, 고루한 지식으로 치부되곤 하는 역사학이 시대의 흐름에 발맞출 수 있다는 것을 보여주고 싶은 소망이 깔려 있다.

1. 미시사에 대한 이해와 오해

서양에서는 1970년대부터 미시사에 대한 논의가 시작되었지만 우리나라에 미시사가 본격적으로 알려지기 시작한 것은 1990년대 후반이다. 곽차섭, 조한욱, 김기봉과 같은 뛰어난 학자들이 여러 차례에 걸쳐 미시사를 친절하고도 정교하게 소개한 바 있다.[9] 더욱 반가운 일

[9] 곽차섭 엮음. 2000.『미시사란 무엇인가: 역사학의 새로운 가능성-미시사의 이론, 방법, 논쟁』. 푸른역사.; 곽차섭. 1998.「까를로 진즈부르그와 미시사의 도

은 단순히 이론의 소개에 그친 것이 아니라 미시사적 방법론을 적용한 연구성과가 우리나라에서도 나타나기 시작했다는 사실이다. 곽차섭의 『조선청년 안토니오 코레아, 루벤스를 만나다』[10]는 그 대표적 사례로 꼽을 수 있겠다.

최근에는 한국사 분야에서도 '미시사'라는 제목이 붙은 책들을 만날 수 있게 되었다. 하지만 미시사의 개념을 이해하는 일은 여전히 어려운 일로 보인다. 가장 최근에 출간된 두 권의 저서는 이 문제를 뚜렷하게 드러낸다.

> 이 책의 제목에 '미시사'라는 용어를 사용한 것에 대해서는 많은 고민이 있었다. 사실 미시사라는 것은 인문학에서 역사를 서술하는 하나의 방식이며, 특정한 연구 방법을 필요로 한다. 이 연구가 정통적인 인문학의 한 갈래로서 미시사라는 역사 자체를 서술하기 위해 출발한 것은 아니지만, 주거라는 주제를 다루면서 '현미경으로 들여다보듯' 보통사람들의 주거생활을 살펴본다는 의미에서 이 용어를 사용했다.[11]

> 피분석자는 정신분석가 앞의 카우치에 누워 분석가에게 이야기, 자유연상(free association)을 한다. … 자유연상 속에서 거시사와 미시

전」, 『부산사학』 제 34집; 곽차섭. 1999. 「미시사-줌렌즈로 당겨본 역사」, 『역사비평』 제46호; 김기봉. 1997. 「미시사-하나의 '포스트 모던적' 역사서술?」, 『역사교육』 제 61호; 조한욱. 「평범한 사람들이 만드는 역사이야기」, 김호기 · 임경순 · 최혜실 외. 2002. 『지식의 최전선』 한길사.

10 곽차섭. 2004. 『조선청년 안토니오 코레아, 루벤스를 만나다』. 푸른역사.

11 전남일, 양세화, 홍형옥. 2009. 『한국 주거의 미시사』. 돌베개. p. 6.

사의 텍스트는 혼재한다. 미시사는 합쳐서 거시사가 되고 거시사가 나누어지면 미시사가 된다.[12]

이 저서들이 과연 미시사적 서술인가 하는 문제는 논외로 하자. 그런데 이 문제와는 별도로, 이 예들은 미시사적 방법론에 대한 학자들의 애정과 관심이 '현재적 실체'임을 분명하게 보여주며, 지금 다시 미시사를 논의할 필요와 당위성을 제공해 준다. 사실 미시사에 대한 충실한 소개서들이 나타난 지 10여 년이 흐른 지금에도, 미시사에 관해서는 여전히 많은 오해가 존재한다. 그 오해는 크게 네 가지 정도로 분류할 수 있겠다.

우선, 이른바 사소해 보이거나 작은 규모의 주제를 다루는 모노그래프를 미시사로 취급하는 경향이 그렇다.[13] '연필의 역사'나 '먼지의 역사'와 같은 연구를 미시사로 착각하는 일은 특히 인터넷 서점의 역사서 분류 카테고리에서 흔히 찾아볼 수 있는 현상이다. 그러나 미시사는 고찰의 '범주'가 작은 규모라는 뜻이지 주제 자체가 작은 것이라는 뜻은 아니다. 미시사는 작은 공동체와 같은 상대적으로 작은 규모를 대상으로 하기는 하지만 그것을 '현미경으로 보듯' 자세히 살핀다는 데서 더 큰 의의가 있다.

둘째로, 일상생활사를 미시사로 착각하는 경향을 들 수 있다. 곽

---

12 서울대학교병원 병원역사문화센터 엮음. 2009. 『미시사, 100년 전 동아시아 의사들을 만나다』. 태학사. p. 21.

13 이미 10여 년 전에 조한욱이 이 문제를 지적한 바 있다. 조한욱. 「평범한 사람들이 만드는 역사이야기」. p. 516.

차섭이 이미 지적했듯이 한동안 우리나라 출판계에 유행한 '~는 어떻게 살았을까'와 같은 류의 저술을 미시사라고 생각하는 통념이 그 대표적 사례이다.[14] 당혹스럽게도 아직도 대학의 사학과 학부수업 현장에서 이런 오해를 자주 접하게 된다. 그런데 일상생활사와 미시사는 기존 주류 역사학이 배제해 온 대중의 소소한 일상을 다룬다는 점에서 문제의식을 공유한다 할지라도 사실은 전혀 다른 카테고리이다. 좀 더 쉽게 말하자면, 일상생활사에 있어서도 미시사와 거시사적인 전혀 다른 두 접근법이 있다고 볼 수 있겠다. 일상생활사의 대부분은 거시사적 접근법으로, 과거 사람들의 반복적인 일상을 평균적인 층위에서 서술하여 일종의 '전형'을 제시한다. 반면 미시사는 개인이나 작은 공동체의 구체성을 부각시키는 관점에서 기술되는 것이다.[15]

셋째, 미시사를 둘러싼 오해 가운데 다른 하나는 사례연구와 혼동하는 것이다. 특정한 지역이나 주제를 구체적으로 기술한다는 점에서 흔히 미시적인 접근법으로 보일 수 있겠지만, 문제는 그것이 '사례연구(case study)'라는 점에 있다. 여기서 사례란 "거시적이고 인과적인 틀에 주어진 설명"[16]에 제공되는 증거일 뿐이다. 따라서 사례연구는 그 큰 틀을 설명할 수 있는 가장 적합하고도 '전형적인' 예시가 선택, 추출되곤 한다. 반면 미시사는 탐구의 대상 자체가 보여주는 본질

---

14 곽차섭. 「미시사-줌렌즈로 당겨본 역사」. p. 84.

15 긴즈부르그, 카를로. (장문석 옮김). 2000. 「미시사: 내가 알고 있는 몇 가지 것들」, 『역사연구』 제 7집. p. 231.; 곽차섭. 「미시사-줌렌즈로 당겨본 역사」, p. 84.

16 조한욱. 「평범한 사람들이 만드는 역사이야기」, p. 521.

에 주목하고, 오히려 그것이 거시적인 틀과 어긋나는 경우에 더욱 의미를 부여한다. 카를로 긴즈부르그(Carlo Ginzburg)[17]는 이렇게 말한 바 있다.

> 이탈리아 미시사는 사료로서 그럴듯하지 않은 문서를 잠재적으로 더 가치 있는 것으로 전제한다. … 미시규모에서 얻어진 결론들은 거시규모에 곧장 적용될 수 없다(그 역도 마찬가지이다). 그리하여 이러한 이종성, 그러니까 이제 와서야 비로소 우리가 그 이종성이 무엇을 함의하고 있는지를 막 느끼기 시작하는 이종성이야말로 미시사의 가장 큰 어려움이자 동시에 가장 큰 잠재적 이득이라고 할 것이다.[18]

마지막으로, 미시사는 일관적이고도 통합적인 학파라는 오해를 들 수 있다. 이 오해는 우리나라뿐만 아니라 외국 학계에서도 만연한 것이어서, 미국사학계에서는 "미시사는 유럽에서 근대 초 전공자들 사이에 성립된 것으로 미국에는 아예 미시사 학파가 없고, 만약 있다 하더라도 몇몇 연구자들이 가끔씩 장난삼아 손을 대 보는 정도"[19]라는 인식이 있었을 정도였다. 하지만 미시사는 미국, 프랑스, 독일, 이탈리아 등 여러 나라에서 동시다발적으로 일어난 움직임이고, 그 성격상

---

17 이 글에서는 까를로/ 카를로, 진즈부르그/ 긴즈부르그 등 다양하게 번역된 이름을 카를로 긴즈부르그로 통일해서 사용하고 있음을 밝힌다.

18 긴즈부르그. 「미시사: 내가 알고 있는 몇 가지 것들」. pp. 268~70.

19 Lepore, Jill. 2001. "Historians Who Love Too Much: Reflections on Microhistory and Biography", *The Journal of American History*. Vol. 88, No. 1. p. 130.

여러 갈래가 있다. 흔히 미시사의 본령을 형성하고 있다고 알려진 이탈리아의 미시사가들 사이에도 통일된 방향성은 존재하지 않는다.[20]

사실 미시사를 정확하게 정의하는 것은 여전히 어렵다.[21] 하지만 일단 표피층에서부터 미시사의 본질에 접근해 보자면 미시사라는 말이 나오게 된 이유가 '거시사'라는 안티테제를 상정하고 이루어진 것임을 부정할 수는 없다. '거시경제', '미시경제'의 예가 보여주듯이, 1960년대 전후로 사회과학의 많은 분야에서 미시-거시의 이분법적 틀이 유용했고, 미시사에 대한 논의가 일어났다. 이를 기반으로 1970년대에 들어 일단의 학자들이 뚜렷한 이념적 지향성을 가지고 '미시사'의 확고한 연구방법을 만들어 내고자 했다. 그렇기 때문에 거시사와는 다른 면면, 즉 지배층이 아닌 이름 없는 사람들의 삶의 복원, '구조'가 아닌 '인간'과 그들이 지닌 개성을 찾는 것이 중시되었다. 하지만 그것을 복원하는 작업은 단지 큰 규모를 잘게 잘라 보는 것이 아니라 작은

---

20 이탈리아 미시사가들은 "'역사 서술의 실제'이자 '실험적인 작업'에 관심을 두고 있었던 것이지 어떤 정통적인 학파를 수립하려는 생각을 가졌던 것이 아니다." 조한욱. 「평범한 사람들이 만드는 역사이야기」. p. 518.

21 곽차섭은 미시사 이론과 방법의 특징으로 다섯 가지를 들었다. 첫째, 미시사는 역사의 리얼리티를 작은 규모 또는 척도를 통해 보는 것이지만 그 대상은 '잘 경계 지워진 것' 이어야 한다. 둘째, 연구의 초점이 개인에게 있든 공동체 전체에 있든 간에 미시사는 반드시 실제의 이름을 추적한다. 셋째, 미시사는 대체로 사회를 문화적 텍스트로 취급하는 경향이 있다. 넷째, 소규모 공동체의 개개인들을 추적하여 그들의 행적과 관계망을 구체적으로 밝히기 위해 미시사가들은 자연스럽게 이야기식으로 서술한다. 다섯째, 미시사는 거의 예외 없이 '가능성의 역사'를 지향한다. 곽차섭. 「미시사란 무엇인가」, 곽차섭 엮음, 『미시사란 무엇인가』, pp. 24~28.

규모 '안'에서 안과 밖을 보는 새로운 시각을 의미하는 것이었다.

시간이 흐르면서 미시사 서술은 훨씬 더 다양한 방식으로 시도되고 있다.[22] 그러면서 학자들이 미시사를 정의하는 양식도 훨씬 유연해지고 있다.[23] 고찰하는 대상의 지역과 시기적 특성에 따라 확대되고 있는 것이다. 마찬가지로 역사학자가 살고 있는 시기에 따라 미시사 접근의 성격이 달라지는 것은 물론이다. 그렇다면 인터넷이 일상생활에서 빼놓을 수 없는 도구가 되었고, 거리의 제약 없이 실시간 소통이 가능해진 지금 미시사의 특성으로 무엇을 꼽을 수 있을 것인가? 지금부터 트위터가 미시사와 닮은 점을 찾아 현재 우리에게 어필하는 미시사의 특성을 추출해 보고, 향후 미시사 서술의 확장 가능성을 짚어 보도록 하자.

2. 관계, 소통, 이야기의 진화

트위터는 "현재 일반적으로 사용 가능 커뮤니케이션 매체 가운데 최정점에 있는 것"[24]이라고 알려진다. 커뮤니케이션 매체란 사람과

---

22 미시사의 다양한 서술방식에 대해서는 Peltonen, Matti. 2001. "Margins, and Monads: The Micro-Macro Link in Historical Research," *History and Theory*, Vol. 40, No. 3. pp. 347~59.를 참조하라.

23 Brown, Richard D.. 2003. "Microhistory and the Post-Modern Challenge", *Journal of the Early Republic*, Vol. 23, No. 1. 특히 pp. 11~13.

24 김영훈. 2009.「미국 신종 웹서비스 트위터, 괄목할만한 미디어로 등장」,『신문과 방송』. (2009년 6월호). p. 160.

사람을 연결해 주는 것을 본령으로 삼고 있는 것으로 특히 소셜 네트워크 사이트(social network sites)는 이런 연결짓기를 극대화시켜주는 매체이다. 여기서 트위터는 수많은 개인을 핵으로 삼아 펼쳐지는 얽히고 설킨 수많은 관계망을 자랑한다. 트위터의 이런 속성은 미시사가들이 접근하고자 했던 인간 사이의 관계망을 마치 그대로 보여주는 것 같다. 미시사는 "사람들 사이의 관계를 실명을 통해 면밀하게 살펴서 그 마을의 인적 관계망을 복원하려는 일종의 집단전기학적 접근"[25]을 특징으로 삼고 있었는데, 특히 이 특징은 긴즈부르그에게는 일종의 강박증처럼 작용했다.

> 즉, 『전쟁과 평화』로부터, 그러니까 하나의 역사적 현상은 오직 그에 참여하는 '모든' 개인들의 행위들을 재구성함으로써만 온전히 이해될 수 있다는 톨스토이의 확신으로부터의 명제, 그리고 이 명제를 낳은 정서들이 내가 그 책을 읽은 순간부터 내게 지울 수 없는 강렬한 인상을 남겼다. 1분 전에는 결코 그의 이름을 들어보지 못했던 저 멀리 떨어져 있는 한 사람(교황)에 의해 사형이 언도된 한 방앗간지기의 역사인 『치즈와 구더기』는 톨스토이의 위대하지만 본디 실현될 수는 없는 기획의 소박하고 왜곡된 산물로 간주될 수 있다. 그 기획이란 다름 아니라 보로디노 전투를 앞두고 나폴레옹이 걸린 코감기와 군대의 분위기와 아울러 가장 하찮은 병사를 포함하여 모든 전투 참여자들의 삶들을 한데 엮는 무수한 관계들을 재구성하는 것이었다.[26]

---

25 곽차섭. 「미시사-줌렌즈로 당겨본 역사」. p. 78.

26 긴즈부르그. 「미시사: 내가 알고 있는 몇 가지 것들」. p. 252~53.

개인의 트위터는 현재 그 사람과 관계를 맺고 있는 사람들을 한눈에 파악할 수 있게 해 준다. 근대 초의 사료에서 '그 자리에 두 명의 마을 사람이 있었다'와 같은 모호한 표현을 만났다면 역사가는 그 두 사람이 누군지를 파악하기 위해 수많은 실마리를 좇았어야 했다. 하지만 트위터는 그 사람이 누구인가를 곧바로 정확하게 알게 해 준다. 대부분의 트위터 사용자들은 실명을 사용하며 자신의 사진을 내걸고 있을 뿐만 아니라 GPS적 정보(geotag)로 인해 그 당시 어디에 있었는가 하는 사실관계를 분명하게 확인할 수 있기 때문이다. 이제 웹상에 존재하는 방대한 기록은 과거 아주 작은 단서와 제한된 문서를 가지고 사람들을 추적해야 했던 역사가들의 노고를 무색케 해 버리는 셈이다.

그렇기 때문에 트위터 데이터센터에 축적된 어마어마한 자료는 과거 미시사 연구가 겪어온 '예외성' 논쟁을 상당 부분 가라앉게 할 것으로 보인다. 에도아르도 그렌디(Edoardo Grendi)가 제창한 '이례적 정상(eccezionalmente normale)'이라는 개념은 사실 사료의 제한성에서 비롯된 것으로, 그 이면에는 보편에 대한 희구가 깔려 있었음을 부인할 수 없다. 그런데 이제 트위터의 어마어마한 자료의 풀은 '이례적 사안'으로 보이는 것일지라도 다른 예들을 쉽게 찾아내게 할 수 있을 것이고, 한 발 더 '정상성'에 근접하게 할 수 있을 것이다.

같은 맥락에서 트위터 데이터가 사료로서 지닌 장점을 조금 더 논의해 보자면 우선, 왜곡된 사료를 만날 가능성이 매우 줄어들게 된다는 점을 들 수 있다. 이것은 데이터센터에 축적된 트위트의 내용이 방대하기 때문에 상호비교를 통해 진위를 걸러내기가 용이해졌기 때문이다. 더욱이 트위터 데이터는 즉시성으로 인해 그 자체가 오류를 적게 지닌다는 특성도 있다. 왜냐하면 트위터 자체가 실시간 필터링 시스템이 가동하는, 일종의 자정작용이 가능한 생태계와도 같기 때문이다. 즉, 잘못된 정보가 퍼져나갈 수도 있지만 동시에 그 오류를 바로 잡는 일도 즉각적으로 이루어지곤 하는 것이다. 제프 자비스(Jeff Javis) 교수는 "이미 증명됐지만 웹에는 루머가 퍼지는 것처럼, 진실도 그만큼 빨리 퍼져나간다"고 말한 바 있다.[27]

또한 트위터는 하나의 사안에 대해 동시다발적으로 반응하는 수많은 사람들의 생각을 '시간지체' 없이 한 공간에 모아놓는다는 특성을 지니고 있다. 따라서 과거 이야기나 문헌의 전파 과정에서 발생하곤 하는 변질이라는 요소를 제거한 온전한 사료군을 확보하게 해준다. 따라서 '즉각적 반응'을 연구하고자 한다면, 트위터는 과거 어느 기록도 제공하지 못했던 새로운 자료를 제시하는 셈이다. 여기에 계층을 초월한 다양한 반응을 볼 수 있다는 사실도 장점으로 덧붙일 수 있을 것이다.

한편, 트위터 대문에 기재된 약력(bio)은 한 사람이 사회적 관계를 위해 자신을 어떻게 표현(representation)하고 있는가를 보여주는 좋은 예가 된다. 나탈리 제몬 데이비스(Natalie Zemon Davis)가 마르땡 게르와 베르뜨랑드의 행위를 설명하기 위해 동원한 '자기만들기(self fashioning)'[28] 전략이 웹이라는 공간에 투영된 단편적 예이다.

---

27 이성규. 『트위터, 140자의 매직』. p. 49.에서 재인용.

28 Davis, Natalie Zemon. 1983. *The Return of Martin Guerre*. Cambridge, Mass. pp. 4, 40~41. 자기 만들기의 개념은 Greenblatt, Stephen. 1980. *Renaissance Self-Fashioning: From More to Shakespeare*. Chicago. pp. 1~9을 참조.

따라서 트위터는 정체성(identity)과 같은 주제를 다룰 때 무척 유용한 자료가 될 수 있다. 찰스 틸리(Charles Tilly)가 공언했듯이 정체성은 사실 사적이거나 개인적인 개념이기보다는 공적이고 관계적인 개념이다.[29] 트위터는 철저하게 소통을 전제로 하고 있기 때문에 여기에 나타난 정체성이란 틸리의 정의를 그대로 적용시킬 수 있는 철저하게 사회적인 정체성이다. 이러한 자기표현의 몇 가지 예를 들어보자.

> 화가이자 미술치료사이고 특수교육자입니다. 주로 심신의 어려움이 있으신 분들에게 미술을 도구로 이용하여 도움을 드립니다.[30]

> 나는 열심히 놀고 있는 여인. 근데 요즘 슬슬 노는 게 지겨워지고 있는 기현상. 내 남자의 여자, 안녕 프란체스카 시즌 1&2, 멀홀런드 드라이브, 김지운의 위트, 윌리엄 포크너의 건조한 문체, 반짝반짝 빛나는 곤, 드래곤 볼, 오디션, 테니스, 커피중독, 혼자 놀기의 달인들_내가 사랑해 마지않는 것들.[31]

> 성남시 주최 성남야외조각축제(100인) 기획위원(2006~), 조각(sculpture)에 미친 기획자! 조각비엔날레, 융합, 초 긍정적 마인드.[32]

---

29 틸리, 찰스. 2001. 「미시적, 거시적 아니면 편두통?」., 위르겐 슐룸봄 엮음(백승종 · 장현숙 · 장석훈 옮김). 2201. 『미시사와 거시사』. 궁리. p. 76.

30 http://twitter.com/ppinippinia

31 http://twitter.com/lhjin

32 http://twitter.com/gobbi7

위의 예들이 잘 보여주듯이 트위터 사용자들은 자신을 표현하는 데 여러 요소들을 동원한다. 역시 틸리가 지적했듯이 이 예들은 한 사람이 여러 개의 정체성을 가지고 있다는 단면을 분명하게 보여주며,[33] 자기와의 관계맺음의 성격, 관계 맺는 사람에 따라 여러 개의 정체성으로 관계를 '열어 두는' 행위로 볼 수 있다. 여기서 미시사를 "항상 적응을 지향하는 지형들 사이에 존재하는 일단의 유동적인 상호관계들을 연구하려는 시도"[34]로 본 자끄 르벨(Jacques Revel)의 정의는 트위터의 속성을 탐구할 때에도 매우 유용한 명제가 된다. 따라서 이 정체성은 상황에 따라 매우 유동적이다. 대화가 진행될 때마다 주제와 상황에 따라 대화 참여자의 정체성은 끊임없이 새로 만들어지기도 한다. 그래서 '아, 전에 열변을 토했던 바로 그 애견인이시군요'와 같은 말이 나타나곤 하며, 그런 대화의 흐름 속에서 사용자는 자신도 몰랐던 자신의 새로운 정체성을 확립해 가기도 한다.

한 사람을 팔로우(트위트의 내용을 수신하는 사람)하는 사람의 트위터로 옮겨가 보면 다시 그 사람을 중심으로 펼쳐지는 또 다른 인적 관계망이 한 눈에 잡힌다. 사람들 사이의 복잡하고도 거대한 관계망이 트위터를 통해 펼쳐지는 것이다. 그렇게 옮겨가며 트위트의 내용을 상호비교하는 과정에서 관계의 속성도 추출해 낼 수 있다. 물론 트위터가 한 사람이 맺고 있는 모든 관계를 다 보여준다는 것은 아니다. 그리고 개인이 숨기고 싶어 하는 내용이나 재산의 이전과정과 같이 트

---

33 틸리. 「미시적, 거시적 아니면 편두통?」. p. 76.

34 Revel, Jacques. 1989. "L'historie au ras du sol", in Giovanni Levi, *Le Pouvoir au Village*. Paris. p. xxiv.

위터에서 정확하게 파악할 수 없는 사안도 존재한다. 하지만 분명한 것은 트위터로 인해 역사가가 고찰할 수 있는 내용은 훨씬 더 풍부해졌다는 점이고, 더욱이 '사안별'로, '순간적이고 즉시적인' 반응을 파악하고자 한다면 트위터야말로 현재 최고의 자료를 제공한다는 사실이다.

기존의 소셜 미디어가 계정소유자가 제공하는 콘텐츠에 의존한 다소 일방적인 소통이라면 트위터는 쌍방향 소통이 특징이다.[35] 짧고 즉각적이며 끊임없는 대화를 근간으로 삼는 '끊임없는 조잘거림'은 이야기의 진화과정에 다름 아니다. 그런데 이 과정이란 단선적이고 뚜렷한 방향성을 가진 거시사적인 서사가 아니라, 수많은 사람들이 끊임없이 끼어들고, 때로는 비틀고, 방해하면서 흘러가는 어떤 것이다. 한 예를 들어보자. 작가 김수현은 2010년 2월 24일 코미디언 배삼룡의 타계를 두고 세상의 인심이 매정하고 무정하다고 한탄하는 트위트를 날렸다. 그에 답하는 트위트들을 보면 김수현의 비판 섞인 발언에 동조하는 내용도 많았지만 동시에, 퀵으로 나물 좀 받을 수 없느냐는 말부터 대본의 진행상황을 궁금해 하는 팬의 문의, 기운을 북돋워 달라는 말, 방송국의 독촉에 이르기까지 다양하기 그지없다.[36]

이렇게, 어디로 튈지 모르는 이야기들은 대부분 결말도 없고, 기원도 불분명하다. 그래서 기존의 전통적 역사학이 해 왔던 분류, 단순화, 이분법적 가설 및 유형화를 할 수 없는 어떤 것이기도 하다. 그래

---

35 다른 소셜 미디어와 트위터의 차이점에 대해서는 조엘 컴 · 켄 버지, 『트위터: 140자로 소통하는 신 인터넷 혁명』, pp. 31~47을 참조하라.

36 http://twitter.com/Kshyun.

서 트위터에 나타나는 수다는 미시사가 추구해 온 복잡성 자체에 의미를 두는 경향 속에서만 온전히 역사적 서사로 자리매김할 수 있다. 그리고 그것은 르벨이 미시사에 대해 제안한 슬로건인 "복잡하게 만들 수 있는 사물을 왜 단순화시키는가?"[37]라는 명제를 가장 충실하게 적용할 수 있는 자료를 제시한다. 여기서 이야기의 진화가 보여주는 복잡성은 '이야기체의 역사'[38]가 가장 온전히 재현해 낼 수 있는 것이다. 그런데 이 맥락에서 이야기체의 역사는 기존 미시사가들이 강조해 온 '사료를 해석하는 역사가의 견해, 추론과정, 한계까지를 포함'하는 것보다 확장된 임무를 부여받게 된다. 즉, 역사가의 작업을 서술에 짜 넣을 뿐만 아니라, 사료 자체가 지닌 지극히 번잡스러운 속성까지를 포괄하는 서술이 필요해졌다는 말이다.

이야기체 역사의 구현이라는 문제를 두고 토머스 큔(Thomas Kuehn)은 미시사 서술 자체가 지닌 심각한 한계를 지적한 바 있다.[39] 미시사가들이 재현하고자 하는 민중문화라는 것이 결국은 법정기록이나 심문관의 기록이라는 렌즈를 통해 추출해 내는 만큼 엘리트의 언어

37 Revel. "L'historie au ras du sol". p. xxiv.

38 미시사는 이야기체의 역사를 지향하는 것을 큰 특징으로 삼고 있는데, 그것은 로렌스 스톤(Lawrence Stone)이 강조한 이야기체의 역사의 속성에 기인한다. 스톤은 구조적 역사서술과 대비되는 관점에서 이야기체 역사의 중요성을 설파하면서, 분석적이기보다는 묘사적이라는 점에서, 그리고 구조나 상황이 아니라 사람을 중심에 둔다는 특성을 강조했다. Stone, Lawrence. 1979. "The Revival of Narrative", *Past & Present*, Vol. 85.

39 Kuehn, Thomas. 1989. "Microhistory: The Example of Giovanni and Lusanna", *The Journal of Modern History*. Vol. 61, No. 3. pp. 516~18.

적 재현, 특히 법률용어가 가져오는 메타포, 알레고리, 기술전략 등으로부터 자유로울 수 없고, 따라서 과거의 완전한 재현이란 불가능하다는 것이다. 이런 측면에서 보자면 트위터는 자신이 직접 쓰는 기록이라는 면에서 다른 계층에 의한 대필이라는 필터를 거치지 않은 온전한 사료군을 형성한다. 하지만 동시에 140자 한계[40]가 또 다른 제한적 틀로 작용하리라는 것을 염두에 두지 않을 수 없겠다. 언어사용에 있어서의 길이제한이란 결국 그 틀에 맞춘 사고의 제한을 가져오기 때문이다.[41]

3. 탈영토성

잘 알려져 있듯이, 미시사는 거대서사에 저항하며 역사의 실제를 작은 규모, 혹은 작은 척도를 통해 보려고 했다. 이것은 근대 거대서사의 중심이 되는 민족국가의 영토적 경계를 고찰의 공간적 대상으로 삼지 않는 것을 의미한다. 긴즈부르그는 과거 사회사가 채택한 역

40 메시지 길이는 140자를 넘길 수 없다. 트위터가 고안되기 시작한 시점에서 대부분의 휴대전화 모델의 기본적인 SMS 글자 수가 140자로 제한되어 있었기 때문이다. 이 제한은 미국에서 완결된 문장의 평균 길이의 70%가 110자라는 사실에서 비롯되었다고 한다. 110자에 추가 공간 30자를 더해 140자 제한이 애초에 생겨났다는 것이다.

41 140자에 불과한 짧은 글쓰기를 요구하기 때문에 트위터 고유의 용어도 존재하며 트위터 에티켓도 존재한다. 이성규. 『트위터, 140자의 매직』. pp. 139~40. 을 참조하라.

사 인식의 준거틀을 '민족중심주의적 환상'이라고 부르며 그 틀에서 벗어날 것을 천명했다.[42] 이렇게 미시사는 지역적 단위를 중요시하기는 하지만, 그것은 정치적 영토와 일치하지 않으며, 오히려 국민국가가 위로부터 '부과하는' 질서와는 다른, 작은 공동체 나름의 질서, 신념, 혹은 인간관계의 전략 등을 파헤치는 것을 미덕으로 삼는다.

트위터 역시 민족국가의 영토적 경계를 기반으로 삼지 않는다. 트위터는 개인이 핵이 되는 독자적인 관계망이자 그 자체가 독자성과 자율성을 지닌 작은 우주이다. 그런데 동시에 트위터는 범세계적인 네트워크를 기반으로 한 '열린' 우주이다. 여기서 민족국가라는 공간에 제약받지 않는 것을 탈영토성이라고 부른다면, 그것은 한편으로는 작은 지역이 지닌 탈국가적 고유성과 자율성을 부각시키는 측면과 다른 한편으로는 국경을 초월하는(월경적, transnational) 측면 두 가지로 이루어져 있다는 것을 주목할 필요가 있다. 전자의 측면은 많은 미시사가들의 작업과 해제에서 이미 널리 알려진 것이므로 여기서는 월경적 탈영토성에 좀 더 초점을 맞추기로 하자.

앞서 언급했듯이 트위터는 범세계적 네트워크에 기반하고 있으며 민족국가의 영토적 경계를 자유롭게 넘나드는 소통체계이다. 이렇게 영토적 제한을 해체할 수 있게 된 이유는 무엇보다도 기술적 인프라의 발전 때문이다. 원격통신과 정보기술의 진보가 생산과 유통, 나

42 긴즈부르그. (곽차섭 엮음). 「이름과 시합: 불평등교환과 역사책 시장」. 『미시사란 무엇인가』. p. 46. 여기서 긴즈부르그는 민족중심주의적 환상이 사라져 가는 시기가 역설적이게도 세계시장의 통합과 시기상으로 일치하고 있다고 말한다.

아가 소통에 있어 구조적으로 탈영토화를 가져왔고, 그 대표적인 예가 인터넷으로 대표되는 범지구적 소통망의 확립이었다.

> 비결정적이고 잠재적으로 무한한 수의 상호 접속된 노드들(nodes, 연결점들)은 어떠한 통제 중심점 없이 소통한다. 즉 모든 노드들은 영토적 위치와 상관없이 무수한 잠재적 경로와 중계를 통해 모든 다른 노드들과 접속한다. 그러므로 인터넷은 전화 네트워크 구조와 닮았고, 그리고 실제로 인터넷은 자신의 소통지점들을 위해 컴퓨터 기술에 의존하는 것처럼, 일반적으로 전화 네트워크를 자기 자신의 소통경로로 통합한다. 더욱 더 급진적인 방식으로 네트워크의 소통지점들을 풀어헤치는 휴대폰과 휴대용 컴퓨터의 발전은 탈영토화 과정을 강화했다.[43]

언제 어디서나 대화를 주고받을 수 있다는 특성 때문에 트위터는 현존하는 커뮤니케이션 수단 가운데 탈영토성이 가장 극대화된 매체이다.[44] 그리고 이 특성이야말로 트위터가 세계적으로 파급효과를 갖게 된 계기를 제공하기도 했다. 2009년 4월 초 구소비에트 연방의 작은 나라인 몰도바의 반정부 시위자들은 자기들의 트위터에 해시태그(hashtag, 검색 가능한 태그)를 달았고, 이를 통해 거의 잊혀진 구소

---

[43] 네그리, 안토니오., 하트, 마이클. (윤수종 옮김). 2001. 『제국』. 이학사. p. 389.

[44] 김영훈. 「신종 웹서비스 트위터, 괄목할만한 미디어로 등장」. p. 162. 상호작용성(interactivity)과 이동성(mobility)의 결합은 트위터 성공의 원인으로 풀이되고 있다.

비에트 연방의 한 나라에서 벌어지고 있는 일이 실시간으로 세상에 알려지게 되었던 것이다.[45] 이렇듯 트위터 망 속에서 개개인의 작은 우주는 국경을 초월해 더 큰 세상에 열려있고, 끊임없이 영향을 주고받는다.

그런데 트위터가 지닌 이런 월경적(transnational) 속성은 사실 '작은 규모'를 대상으로 삼은 기존의 미시사에서도 이미 엿볼 수 있었던 요소이다. 레비는 "현실에서 극히 사소하게 보이는 행동, 예를 들어 빵 한 덩어리를 사려고 하는 어떤 사람의 행동조차도 사실상 전 세계의 곡물시장이라는 훨씬 더 넓은 세계를 아우르는 것은 분명하다"고 말한 바 있다.[46] 그렇기 때문에 매티 펠토넨(Matti Peltonen)은 긴즈부르그와 데이비스 등의 미시사 저술을 예로 들면서 "도대체 무엇이 미시적이란 말인가?"라고 반문하며 이런 비난을 퍼부었다.

> 미시사가들은 실제로는 현미경과 확대경 두 개를 다 들고서 매우 큰 것을 발견하려고 노력한다. 미시사적 기획이란 작은 지역에 초점을 맞춘다고 묘사되는 공간적 메타포로는 적절히 설명될 수 없다.[47]

실제로, 미시사의 저작들은 민중문화를 형성하는 요소를 추적하기 위해 영토적 경계를 훌쩍 넘나들기도 했다. 긴즈부르그의 『마녀와 베난단티의 밤의 전투』[48]는 그 대표적인 예로, 저자는 16-17세기 이탈

45 위의 책. p. 161.

46 레비, 조반니. 「미시사에 대하여」, 곽차섭 엮음. 『미시사란 무엇인가』. p. 62.

47 Peltonen. "Margins, and Monads". p. 350.

리아 북동부의 프리올리 지방에 존재했던 베난단티 신앙의 기원을 추적하기 위해 아주 광범위한 영역을 아우른다. 멀리는 발칸반도, 가깝게는 알자스에서 헤센, 스위스와 바바리아에 이르는 지역에 존재했던 고대적 풍요제의 흔적을 프리올리 지방으로 끌어온 것이다.[49]

20세기 후반 사학계의 강한 조류로 떠오른 트랜스내셔널리즘은 미시사에도 영향을 미쳤고, 두 방법론을 접목시킨 연구들은 국경을 넘나든 개인의 행적을 파헤침으로써 미시사가 담지한 '열린' 탈영토성을 더욱 분명하게 보여주었다. 정통 역사가가 아니라는 이유로 학계에서 폄하되는 경향이 있는 가일스 밀턴의 『수수께끼의 기사: 존 맨드빌 경을 찾아서』[50]를 비롯하여 곽차섭의 『조선청년 안토니오 코레아, 루벤스를 만나다』, 데이비스의 『책략가의 여행: 여러 세계를 넘나든 한 16세기 무슬림의 삶』[51]은 그 좋은 예이다.

마찬가지로 조너선 D. 스펜스(Jonathan D. Spence)의 『중국인 후의 기이한 유럽편력』[52]은 18세기 한 중국인의 월경적 경험을 파헤친 미시사 서술이다. 광저우 출신의 후는 본래 예수회의 포교성성 문지기

---

48 긴즈부르그. (조한욱 옮김). 2004. 『마녀와 베난단티의 밤의 전투』. 길. [원제: I Benandanti(1966)].

49 위의 책. pp. 121, 156~59.

50 밀턴, 가일스. (이영찬 옮김). 1996. 『수수께끼의 기사』. 생각의 나무. [원제: The Riddle and the Knight(1996)].

51 데이비스, 나탈리 제몬. (곽차섭 옮김). 2006. 『책략가의 여행: 여러 세계를 넘나든 한 16세기 무슬림의 삶』. 푸른역사. [원제: Trickster Travels(2006)].

52 스펜스, 조너선 D.. (김복미 옮김). 1988. 『중국인 후의 기이한 유럽편력』. 서해문집. [원제: The Question of Hu(1988)].

였는데, 장 프랑수아 푸케라는 예수회 신부를 따라 유럽으로 건너가 다양한 경험을 하게 되었다. 스펜스는 이 책에서 정신병원에 갇히게 된 후가 과연 미쳤던 것이었을까를 규명한다는 문제의식을 내세우고 있지만, 후의 기이한 행적이 '동양'과 '서양'이라는 애매한 두 범주가 불러온 문화갈등이 빚어낸 산물이 아닐까 하는 정도의 설명밖에 내놓지 않는다. 오히려 중국과 유럽을 횡단하는 후의 여정, 전 세계에 그물망처럼 퍼져 있던 예수회의 존재가 더욱 뚜렷하게 부각된다. 여기서 중요한 것은 후에게 국적은 큰 의미가 없었고, 그것은 예수회 신부들에게도 마찬가지였다는 사실이다.

4. 저항성

한동안 새로운 미시사(new microhistory)라고 불렸던 1970년대 이후의 미시사는 저항성을 담지하고 출발한 것이기에 '새로운'이라는 수사가 붙었다. 이 운동에 동참한 사람들은 대부분 좌파 막시스트로, 거시사가들이 결국 역사서술을 통해 근대국가의 협력자 역할을 하게 되었다고 비판했다. 또한 '인간에 관한 과학'이라는 정의로 출발했던 아날학파가 시간이 흐르면서 구조와 계량화를 통해 인간은 없고 구조만 남게 되었다고 비난하며, 아주 가까이 보면서 인간의 삶을 다시 재구성함으로써 구조적 시각을 해체하려는 전략을 구상했다.[53] 위르겐

[53] 김기봉. 「미시사-하나의 '포스트 모던적' 역사서술?」. p. 115.

슐룸봄(Jürgen Schlumbohm)은 "지금도 그렇지만 당시의 미시사도 스스로를 기존의 역사 서술에 역행하는 운동으로 이해하고 있었다"고 말한 바 있다.[54]

미시사가 지닌 저항성 혹은 전복성은 때로는 20세기 후반에 가장 빈번히 차용되었던 젠더적 대립구도 혹은 페미니즘적인 문제의식을 통해 설명될 수 있는 것이었다. 일찍이 1968년 멕시코의 학자 루이스 곤살레스(Luis González)는 한 촌락에서 사백 년 동안 일어난 일을 기록한 자기 연구서에 '미시사'라는 용어를 부제로 넣으면서 미시사를 부성의 역사에 반대되는 모성의 역사, 음(陰)의 역사라고 설명했다.[55] 그에게 모성의 역사란 가족과 촌락의 주위에서 회전하는 작고 약하며 여성적이고 감성적인 어머니의 세계를 나타내는 표현이라는 것이다.

이런 여성성의 부여는 젠더적 대립구도를 답습하는 것으로, 에드워드 사이드(Edward Said) 식의 동서양 대립구도로 쉽게 치환될 수 있는 것이다. 곤살레스는 음의 역사가 동양적 정서를 함의한 것으로 "여성적이고 보수적이며 향토적이고 안락하며, 불확실하고 애처로운" 일체의 의미를 상기시키는 도교의 용어에서 가져온 개념[56]이라고 설명

---

54 슐룸봄. 「미시사-거시사 토론을 시작하며」, 슐룸봄 엮음. 『미시사와 거시사』. p. 31. 곽차섭은 "미시사는 이미 테두리지어진 거대 이론이나 인식틀을 정당화하는 또 하나의 사례를 제공하는 역할보다는 종종 그것을 뒤집기도 하는 잠재적 반발력을 그 미덕으로 삼는다"고 정리한 바 있다. 곽차섭, 「미시사-줌렌즈로 당겨본 역사」, p. 81.

55 González, Luis. 1968. *Pueblo en Vilo: Michohistoria de San José de Gracia*. Guanajuato.

했는데, 전형적인 '동양관'이 드러나는 발언이라고 볼 수 있겠다.

그런데 미시사나 페미니즘적 문제의식은 단순히 거시/남성중심적이 지닌 특성과 다른 것을 찾는다는 것이 아니다. 즉 가부장적인 사회구조와 역사서술에서 여성적인 것을 찾는다는 것은 단순히 남성들의 영역이 빈 공간으로 남겨둔 소소한 일상을 채워 넣는 것이 아니라, 다른 시각으로 봄으로써 기존의 구조에 대한 이해가 불완전한 것이었다는 것을 알리고, 결국 그 구조를 뒤집을 수 있는 실마리를 주는 것이었다.

이런 기획이 역사서술에 있어 가장 충실하게 구현된 예로 『산파일기』[57]를 꼽을 수 있다. 로렐 대처 울리히(Laurel Thatcher Ulrich)는 미국 메사추세츠에 살았던 산파 마서 무어 밸러드(Martha Moore Ballard)가 27여 년 동안 작성한 일기를 토대로 18세기 미국의 작은 마을의 삶을 재구성했다. 미 공화국 초기 평범한 사람들의 삶에 대한 생생한 묘사이자 공동체에서 이루어지는 관계의 구조를 파악하게 해준다는 점에서 인류학적 특성을 강하게 보이지만 동시에 미시사의 또 다른 개가이다. 그런데 방대한 이 저작에서 스쳐 지나가듯이 짧게 언급되는 한 문단은 미시사가 품은 저항성의 정수를 보여준다.

1790년에 마서는 자기 가족 외에 299[58]명과 집 안이나 밖에서

---

56 González, 1973. "El arte de la microhistoria", in González, *Invitacion a la microhistoria*. Mexico City. p. 12~14. 긴즈부르그, 「미시사: 내가 알고 있는 몇 가지 것들」, p. 229~30에서 재인용.

57 울리히, 로렐 대처. (윤길순 옮김). 2008. 『산파일기』. 동녘.

만난 642번의 만남을 기록했다. 흥미로운 것은 이들의 남녀비율(남자 157명 여자 142명)이 그 해의 연방 인구조사에 나타난 남녀 비율과 정확히 똑같다는 사실이다. 연방 인구조사에서는 그해에 할로웰에 백인 남자 622명, 백인 여자가 565명 있었다(12명의 자유로운 흑인은 성별이 구분되지 않았다). 마서의 관계망에는 파란 색 실과 흰 실이 모두 들어 있었다. 그런데 이와는 대조적으로 헨리 슈얼은 115명과 184번 만난 것을 기록했는데, 이 가운데 13명만 여자다.[59]

여기 언급되고 있는 헨리 슈얼(Henry Sewall)은 같은 시기 밸러드와 한 마을에 살고 있던 미국 지방법원의 서기로 역시 오랫동안 자세한 일기를 썼던 남성이었다. 그가 남긴 기록에는 밸러드의 일기에서는 희미한 배경일 뿐인 혁명과 헌법의 비준, 워싱턴의 선출과 같은 정치적 사건이 두드러지게 나타나고, 당연하게도 역사가들은 슈얼의 기록을 더 주목하곤 했다. 그런데 위의 문장은 보잘것없는 한 여성의 기록이 공적 지위를 지닌 남성의 기록보다 오히려 정확하게 과거 사실을 재현하고 있음을 보여준다. 미시사에 동조하는 사람들에게 이 에피소드는 아마도 일종의 짜릿한 승리감을 안겨주지 않았을까.

울리히가 『산파일기』의 메인 텍스트에서 가장 주목한 것은 지루할 정도의 일상성이다. 그것은 "하찮은 이야기"로 폄하되곤 했던 것이었다.[60] 그런데 그 일상성은 트위터의 본질과 정확히 일치하는 것이

58 우리말 번역본에는 229명으로 오기되어 있다. Laurel Thatcher Ulrich, 1991. *A Midwife's Tale*. New York. p. 92.

59 울리히. 『산파일기』. p. 119.

다. 주류언론이나 엘리트의 서사가 다루지 않는 개인적 차원에서의 소소한 관심사를 끊임없이 조잘대는 것이 곧 트위터의 본령을 형성하기 때문이다. 그리고 미시사가 그런 하찮은 일상사를 재구성함으로써 거시사의 기획에 저항하고 해체하려 했다면, 트위터 사용자는 하찮은 수다를 통해 기존의 구조에 도전하고 저항한다. 그 저항성이 드러나는 방식은 크게 두 가지이다.

우선 트위터가 가진 수평적 소통의 속성을 꼽을 수 있다. 이 온라인 공간에서는 계층이나 기타 신분의 장벽을 뛰어넘는 평등한 소통이 이루어진다. 유명인사와 직접 대화를 할 수도 있고, 직접 만났을 때 어렵거나 기타 이유로 할 수 없는 이야기나 표현이 거리낌 없이 가능하다. 그렇기 때문에 '수직적 커뮤니케이션이 아닌 평등한 커뮤니케이션'이라는 요소가 트위터의 인기를 설명하는 가장 큰 이유로 꼽히곤 한다.[61]

다른 하나는 트위터에서의 소통을 통해 '민주주의적 실천'을 꾀한다는 점이다. 사실 트위터에 내재된 이런 실천적 성격은 거시사적 시각에서 사회의 흐름을 바라본 안토니오 네그리(Antonio Negri)의 희망 섞인 분석을 상기시킨다. 그는 현재 세계를 설명하기 위해 전지구화의 새로운 정치질서인 '제국' 개념을 도입하면서, 그것을 움직이는 힘 가운데 하나로 전지구적 정보 인프라를 꼽았다. 그것은 네트워크

---

60 다른 역사가들은 이 일기를 "농촌여성이 쓴 여느 일기와 마찬가지로 자질구레한 집안일과 하찮은 소일거리로 가득 차 있다"고 말하며 역시 하찮은 것으로 치부해 버렸다. 울리히. 『산파일기』. pp. 23~24.

61 이성규, 『트위터, 140자의 매직』, pp. 20~21.

체계의 서로 다른 모델에 따라 민주주의적 매커니즘과 소수독점적 매커니즘으로 나뉘며, 현재 이 둘은 혼재하는 양상으로 전개되고 있다는 것이다. 전통적인 방식에 기반한 소수독점적 네트워크 모델이 신문과 책의 공급, 방송국 등으로 대표되며, 중심화된 생산, 대량살포, 일방향 소통을 특징으로 삼고 있다면, 민주주의적 모델은 인터넷으로 대표되는 완전히 수평적이고 탈영토화된 모델이다. 그리고 네그리는 이 모델이 지닌 상호작용성과 탈중심성에서 제국의 통제에 저항할 힘을 찾는다.[62]

잠시 네그리의 개념을 빌어 설명하자면 트위터는 '제국' 안에 현존하는 민주주의적 매커니즘 가운데 제국 권력의 훈육에 저항하고 자율적인 삶의 형태를 보여줄 수 있는 최고의 기제이다. 트위터는 즉시성과 현장성이라는 매체의 특성을 통해 주류문화가 개입하기 이전에 대중적 차원에서의 독자적 활동을 가능케 한다. 이것은 조직화되지 않은 개인을 일시적으로 결집시키며 힘을 발휘하게 하기도 한다. 이 새로운 미디어는 뉴스 미디어가 도달하기 어려운 현장의 상황을 알려주며, 혹은 뉴스 미디어보다 신속하게 사건을 다른 사람들에게 알리기도 한다. 이제 기자들은 거꾸로 트위터를 통해 뉴스를 수집하곤 하게 되었다. 잘 알려지지 않은 나라의 반정부 시위나, 아이티 참사, 이란 대선과 같은 예들은 트위터의 속보 위력이 발휘된 사건들이고, 그로 인해 '역사를 창조'할 수도 있었다.[63]

---

62 네그리, 하트. 『제국』. pp. 392~93.

63 이성규. 『트위터, 140자의 매직』. p. 67~68을 참조하라. 2009년 6월 12일 당시 외신들과 이란 내부 젊은층의 예상과는 달리 아흐다미네자드 대통령이 야당

그렇기 때문에 특히 언론의 각종 규제가 횡행하는 나라에서 트위터는 일종의 정치적 해방구로 인식되기도 한다.[64] 우리나라의 경우 트위터는 국내 포털과 소셜 미디어에 만연하게 나타나는 권리침해로부터 자유롭고 서버가 해외에 있는 덕에 국내의 각종 인터넷 규제로부터도 제약을 받지 않는다.[65] 현재 선관위를 비롯한 정부기관들은 트위터를 규제하려는 움직임을 강화하고 있는데, 이런 통제가 향후 트위터가 지닌 저항적 속성에 어떤 변화를 가져올 지는 지켜봐야 할 문제이다. 하지만 소셜 미디어를 통해 대의제 민주주의가 지닌 폐단을 극복하고 참여민주주의를 고취하고자 하는 사람들은 "트위터가 풀뿌리 정치를 복원할 수 있는 기막힌 우회로를 가르쳐 준다"고 말하기도 한다.[66] 여기서 미시사가들이 해야 할 몫은 그러한 참여민주주의의 개인적 차원,

---

후보인 무사비를 압도적인 표차로 누르고 재선에 성공할 것으로 공식 발표되었다. 이날 트위터에선 #iranelection이라는 해시태그가 등장했다. 13일부터 트위터의 활약은 두드러지게 나타났고, 이란 대선에 불복한 젊은이들이 대규모 시위에 나서며 이란의 젊은이들은 이 사실을 인터넷을 이용해 전 세계에 알리기 시작했다. 19일부터는 시위가 격화되면서 사망자가 늘어나게 되었고 한 여성의 사망 동영상이 트위터를 통해 급속히 퍼져나갔다. 이란 정부의 강경진압은 전 세계적인 비난을 받게 되었고 동시에 선거기간 동안 이란 국민들의 정치참여를 극대화시켰다.

64 이성규. 『트위터, 140자의 매직』. p. 21.

65 우리나라에서도 2009년 최초로 트위터 시국선언이 나타나기도 했다. http://dotweets.com/declaration에 선언의 내용과 참여자 명단이 나와 있다.

66 이성규. 『트위터, 140자의 매직』. p. 7, 107. 기존 미디어에 의한 매개기능을 제거하고 시민들이 직접 미디어를 통해 공적 토론과정에 참여할 때 실제적 민주주의가 구현될 수 있다는 것이다. 이러한 커뮤니케이션에 가장 최적화된 온라인 툴이 소셜 미디어다.

즉 공통된 특성을 지닌 집합적 '대중'이 아니라 각각 고유의 특성을 지닌 '다중' 가운데 개개인의 동기와 행동양식을 파헤치는 일일 것이다.

5. 트위터가 보여주는 미시사의 호소력

지금까지 나는 20세기 후반 나타난 미시사의 접근방법이 21세기 초반 세계적인 인기를 얻게 된 트위터의 운용원리와 어떤 유사성이 있는가를 밝히고자 했다. 결과적으로 트위터에 나타나는 내용이 풍부한 사료적 가치를 지니고 있을 뿐만 아니라 직접기술, 현장성, 즉시성과 같은 특성으로 인해 역사서술의 지평을 엄청나게 확장시킬 수 있음이 드러났다. 그런데 역사가의 해석방식과 커뮤니케이션 매체의 속성이라는 전혀 별개의 범주를 상호비교하는 '낯선 시도'라는 점에서 과연 역사학 논문으로 성립할 수 있을까 하는 의문과 걱정이 끊이지 않았다.

나에게 용기를 불어넣어 준 것은 두 가지였다. 하나는 미시사가들의 특징에 대해 레비가 한 말로, "특히 의사소통의 문제를 대상으로 삼으며, 역사연구란 단지 결과를 책으로 써내는 일에 국한되지 않는다는 점을 잘 인식하고 있다"[67]는 구절이었다. 미시사 분야의 전문가는 아니지만 언제나 미시사가가 가진 지향성과 방법론을 높이 사던 필자에게 레비의 말은 '비록 논문감이 되지 못할 사안이라도 역사가는 관

67 레비, 「미시사에 대하여」, p. 78.

심을 기울이고 기술해야 할 사명이 있다'는 격려로 들렸다. 특히 그것이 트위터와 같이 '소통'에 대한 것이라면 더더욱 그러할 것이었다.

다른 하나는 나의 사적인 경험에서 비롯된 것이다. 학부에서 사학사를 강의할 때마다 학생들이 미시사를 생활사나 사례연구와 혼동하곤 해서 어려움을 겪었다. 어느 날 싸이월드 미니홈피를 예로 들어가며 미시사를 설명했는데, 그렇게 설명했을 때 학생들의 이해도가 가장 높다는 것을 깨닫게 되었다. 그때부터 미시사의 이론적 속성을 현실, 특히 학생들에게 가장 익숙한 인터넷이라는 매체와 연결시켜 제시할 필요가 있다는 생각을 하게 되었다.[68]

이 글은 트위터 사용자의 작은 세계를 주목하고, 거기서 펼쳐지는 세상을 본다는 일이 미시사의 접근법과 비슷하다는 데 착안했다. 그래서 일반적으로 알려진 미시사의 특성보다는 트위터와의 관련성에서 미시사의 속성을 고찰했기 때문에 둘의 차이점이나 트위터를 미시사의 사료로 사용할 때 맞닥뜨릴 수 있는 한계 등은 별로 다루지 않았

---

68 이 논문이 2010년 3월 27일 한국사학사학회 연구발표회에서 발표되고 약 한 달 후인 4월 30일 『뉴욕 타임즈』 지에는 "When History is Compiled 140 Characters at a Time"이라는 기사가 실렸다.

http://www.nytimes.com/2010/05/02/business/02digi.html?scp=1&sq=Digital%20History&st=cse

흥미롭게도 이 기사에서는 필자와 같은 문제의식을 지닌 미국의 역사학자들이 트위터가 엄청난 가치를 지닌 사료임을 주장하고 있으며, 트위터사가 2010년 3월부로 트위터 메시지를 미국 의회도서관에서 자료(archive)로 기부하게 되었음을 밝히는 내용이다.

다. 트위터라는 창으로 미시사에 접근해 본 결과 흥미롭게도 척도의 문제, 이야기체의 역사, 실명과 관계망 추적과 같은 미시사의 전통적 특성을 상당부분 포괄하게 되었다. 하지만 탈영토성과 저항성은 기존 미시사 소개문헌에서보다 훨씬 두드러지게 나타나는 요소이다.

트위터와 미시사를 연결시켜 볼 때 내게 가장 흥미롭게 다가온 부분은 저항성이었다. 미시사가들이 지녔던 문제의식이 트위터라는 공간을 통해 실제의 행동으로 연결되는 것을 볼 수 있었기 때문이다. 여기서 트위터의 저항적 속성은 '근대의 주체'라는 문제를 떠올리게 한다. '아래로부터의 역사'에 천착했던 미시사가들의 의지는 사실 레비가 이야기한 바 있는 "급진적 세속주의(radical secularism)"나 에드워드 톰슨(Edward. P. Thompson)의 "정치적 급진주의(political radicalism)"와 잇닿아 있었다. 그리고 이들은 모두 스스로가 세계를 변화시키는 '실천적 주체'라는 주체의 근대 담론, 특히 민중적 담론에 뿌리를 두고 있는 것이었다.[69] 트위터의 인기는 이런 '실천적 주체'에 대한 열망이 실제 생활에 반영되고 있는 좋은 예이다. 즉, 탈근대 시대를 살고 있는 지금에도 사람들은 이미 지나간 근대에 미처 완수하지 못했던 '근대적 주체'의 사명에 강하게 집착하고 있다는 말이다. 이런 차원에서 볼 때, 미시사가들의 문제의식과 실천은 여전히 유효하며, 그 열망이 지속되는 한 미시사는 강한 호소력을 지닐 수밖에 없다.

---

69 고원. 2005. 「역사를 미분하기: 브로델과 미시사」. 『서양사론』 제 85호. pp. 256~57.

| 참고문헌 |

고원. 2005. 「역사를 미분하기: 브로델과 미시사」. 『서양사론』 제 85호. pp. 256~57.

곽차섭. 2004. 『조선청년 안토니오 코레아, 루벤스를 만나다』. 푸른역사.

곽차섭 엮음. 2000. 『미시사란 무엇인가: 역사학의 새로운 가능성-미시사의 이론, 방법, 논쟁』. 푸른역사.

긴즈부르그, 카를로. (장문석 옮김). 2000. 「미시사: 내가 알고 있는 몇 가지 것들」, 『역사연구』 제 7집.

긴즈부르그, 카를로. (조한욱 옮김). 2004. 『마녀와 베난단티의 밤의 전투』. 길.

김영훈. 2009. 「미국 신종 웹서비스 트위터, 괄목할만한 미디어로 등장」, 『신문과 방송』. (2009년 6월호).

네그리, 안토니오., 하트, 마이클. (윤수종 옮김). 2001. 『제국』. 이학사.

데이비스, 나탈리 제몬. (곽차섭 옮김). 2006. 『책략가의 여행: 여러 세계를 넘나든 한 16세기 무슬림의 삶』. 푸른역사.

밀턴, 가일스. (이영찬 옮김). 1996. 『수수께끼의 기사』. 생각의 나무.

서울대학교병원 병원역사문화센터 엮음. 2009. 『미시사, 100년 전 동아시아 의사들을 만나다』. 태학사.

스펜스, 조너선 D.. (김복미 옮김). 1988. 『중국인 후의 기이한 유럽편력』. 서해문집.

이성규. 2009. 『트위터, 140자의 매직』. 책보세.

컴, 조엘., 버지, 켄. (신기라 옮김). 2009. 『트위터: 140자로 소통하는 신 인터넷 혁명』. 예문.

크리스천, 데이비드(김서형 · 김용우 옮김). 2009. 『거대사: 세계사의 새로운 대안』. 서해문집.

전남일, 양세화, 홍형옥. 2009. 『한국 주거의 미시사』. 돌베개.

Brown, Richard D.. 2003. "Microhistory and the Post-Modern Challenge", *Journal of the Early Republic*, Vol. 23, No. 1.

Davis, Natalie Zemon. 1983. *The Return of Martin Guerre*. Cambridge, Mass.

Greenblatt, Stephen. 1980. *Renaissance Self-Fashioning: From More to Shakespeare*. Chicago.

Kuehn, Thomas. 1989. "Microhistory: The Example of Giovanni and Lusanna", *The Journal of Modern History*. Vol. 61, No. 3.

Lepore, Jill. 2001. "Historians Who Love Too Much: Reflections on Microhistory and Biography", *The Journal of American History*. Vol. 88, No. 1.

Peltonen, Matti. 2001. "Margins, and Monads: The Micro-Macro Link in Historical Research," *History and Theory*, Vol. 40, No. 3.

Revel, Jacques. 1989. "L'historie au ras du sol", in Giovanni Levi, *Le Pouvoir au Village*. Paris.

Wood, Gordon S.. 1995. "A Century of Writing Early American History", *American Historical Review*. Vol. 100.

네트워크 과학과 생명체 네트워크*

| 이정희 |

네트워크 과학의 시대

오랫동안 과학은 세계를 분해하는 데 지속적으로 몰두해왔다. 이 세계에서 일어나는 모든 현상을 기초하는 물질의 끝에 이르기까지 물리학은 물질을 환원시켰다. 생물학은 생명을 유지하는 복잡한 신체를 분해하여 기관, 조직, 세포, 단백질, 핵산으로 환원시켰다. 오랜 시간동안 과학자들은 세계를 그 구성요소를 통해 바라보고 있었다. 하지만 분해의 방법과 내용에 익숙해진 과학자들은 더 이상 분해할 것이 남아있지 않은 이 세계에서 앞으로 무엇을 해야 할지 난처한 상황에 맞닥뜨리게 되었다. 분해하는 작업만으로는 과학의 나아갈 방향을 알

---

* 이 글은 "철학논총"(새한철학회, 제62집 제4권, 2010)에 발표된 논문을 수정 보완한 것임.

아내기 어려울 것이기 때문이다. 이 시점에서 과학자들은 "네트워크"를 구상하게 되었다. 네트워크 과학은 환원주의 과학이 모든 것을 조각조각 쪼개어 이해할 수 있게 되었음에도 우리가 자연이라는 복잡계를 이해하기에는 역부족이었다는 반성에서 출발했으며, 세계의 복잡성을 이해하기 위해 전체적으로 사고하는 세계관을 추구하게 되었다.[1]

네트워크 과학은 인터넷의 등장과 확산으로 도래한 네트워크 사회의 산물이기도 하다. 물론 "네트워크"도 "네트워크 사회"도 전적으로 새로운 사유를 담고 있다고 보기는 어렵다. 아리스토텔레스로부터 이어져 내려온 존재의 대연쇄 개념에서도, 혹은 19세기 초 프랑스에서 전 국토를 네트화하기 위해 도로, 운하, 철도를 개설했던 나폴레옹 공병대의 프로젝트에서도 "네트워크"는 중요한 이슈였다. 하지만 전 지구적인 인터넷망의 광범위한 확산과 더불어 네트워크는 21세기 사회의 중심 키워드로 자리 잡게 되었으며, 이는 과학 분야에서도 예외가 아니게 된 것이다.

이러한 네트워크 과학은 생명체를 인식하는 방식에도 크게 영향을 주었다. 20세기 생물학 연구를 통해 기관, 조직, 세포, 단백질, 핵산 등의 요소들로 분해되었던 생명체는 포스트유전체 시대로 불리는 21세기에 접어들면서 요소들 간의 상호 네트워크로 이해되기 시작했다. 생명체 네트워크 이론은 포스트유전체 시대 새로운 생물학의 핵심적 아이콘으로 떠오르고 있다. 네트워크 개념이 새로운 사유가 아닌 것과 마찬가지로 생명체를 네트워크로서 이해하려는 시도 역시 전적으로

1 "네트워크 과학"에 대해서는 바라바시, 2002 참조.

새로운 사유는 아니다. 18세기 뷔퐁의 내부주형 이론에서, 그리고 19세기 라마르크나 퀴비에 및 생틸래르의 조직화 개념에서 생명체를 네트워크로 이해하는 사유는 중요한 비중으로 자리해왔다. 나아가 이러한 사유는 20세기 생물학의 사이버네틱스, 후성유전학, 그리고 21세기 시스템생물학의 인식론적 토대로 작용했다. 물론 생물학의 역사 속에서 네트워크적 사유가 시대에 따라 부침을 겪었고 각 시대마다 다른 맥락으로 존재했음은 분명하며, 그 연속과 단절을 짚어내기 위해서는 정치한 분석이 요구될 것이다.

이 글에서는 생명 현상을 그 구성요소로서가 아니라 요소들의 네트워크로서 인식하는 생물학 이론이 소개될 것이다. 먼저, 21세기 시스템생물학에서 시도하는 생명체 네트워크 연구의 현황과 의미를 짚어보고, 이어서 이 시스템생물학이 19세기 조직화이론과 20세기 후성유전학에 내포된 네트워크적 생명인식과 어떻게 유사하게 드러나는지 살펴볼 것이다. 유전자 중심의 환원적 생명인식을 넘어서 생명체의 유전자나 단백질, 세포, 나아가 생물체와 환경과의 네트워크를 규명하고자 시도하는 포스트유전체 시대의 시스템생물학은 20세기 중반 유전적 결정론에 대응하여 환경과의 상호 네트워크 속에서 구성되어가는 생명체를 상정하면서 등장한 후성유전학이나 혹은 19세기 초 무기체와 구분되는 생명체의 고유한 본성으로 간주된 조직화를 통해 생명체를 부분이 아닌 전체의 상호 네트워크 관계로서 파악했던 조직화이론과 물론 각기 서로 다른 시대적 인식론적 맥락 속에서 다르게 기능해왔다. 하지만 생명현상에 대한 환원론적 접근을 비판하고 네트워크를 이루는 전체로서의 생명체 인식을 시도한다는 점에서 이 이론들은 공통분모를 지닌다.

생명체 요소에서 생명체 네트워크로

프랑스 생물학자 자콥(François Jacob)은 과학자로서 살아온 자신의 삶을 토대로 쓴 한 책에서 어릴 적 친구가 보여주었던 일명 '특별한 놀이'를 소개한다. 파리가 어떻게 이루어져 있는지 살펴보기 위해 파리를 분해하는 놀이였다. 친구는 먼저 파리의 몸통에 붙어있는 여섯 개의 다리를 하나하나 뜯어냈다. 연약한 날개는 찢어지지 않도록 더 조심스럽게 잡아당겼다. 그런 뒤에 친구는 '조직을 복원시키기' 원했고 각 부위를 제자리에 붙여놓았다. 하지만 조직을 복원시키기는 불가능했고 결국 그들이 할 수 있었던 전부는 파리가 발버둥치는 모습, 차츰 떨림이 잦아들다가 조용해지는 모습을 관찰하는 것뿐이었다고 회상한다.[2]

다음으로는 자동차의 주행 원리를 생각해보자. 주행 원리를 이해하기 위해 우리는 무엇을 해야 하는가? 먼저 자동차를 분해하여 자동차가 너트, 볼트, 금속판 등으로 이루어져 있음을 알아낼 수 있다. 하지만 자동차를 구성하는 요소들만으로는 주행 원리를 이해할 수 없다. 너트, 볼트, 금속판들의 무작위적 집합체만으로는 주행이 불가능하다. 공학적으로 설계된 물체의 근원적인 복잡성을 이해하는 데 있어 구성요소의 목록을 제시해주는 리스트만으로는 충분하지 않다. 우리는 이 구성요소들이 어떻게 자동차의 구조로 결합되어 있는지를 알아

---

[2] 자콥, 1999, 55-56. 그리고 반세기가 지나 유전학이 한창 주가를 올리던 무렵 자콥은 유전자의 조절 기제를 규명하여 르보프(André Lwoff), 모노(Jacques Monod)와 함께 노벨생리의학상을 받았다.

야 한다.

두 일화는 모두 환원론적 인식방법의 불충분성을 드러내주고 있다. 여기서 우리는 생명현상과 물리현상의 중요한 차이를 찾아볼 수 있다. 적어도 자동차의 경우 복잡한 네트워크로 설계된 시스템을 분해하고 이를 다시 재조립하는 일이 가능하다. 하지만 파리는 일단 분해된 후에는 살아있는 상태로 재조립이 불가능하다. 이는 19세기 초 라마르크가 무기체와 구분되는 생명체의 고유한 본성을 연구하는 분야로서 생물학을 정초했을 무렵부터 이미 예고되었다. 라마르크는 유기체의 생명현상을 이해하는 핵심적 열쇠로 조직화이론을 제시했는데, 조직화는 무기계와 유기계 사이의 근본적인 차이를 드러내는 기준이었다. 이 시기 생물학의 주요 과제는 생명분자의 특성을 넘어 살아서 기능하는 전체 안에서 요소들의 조직화, 즉 네트워크를 파악하는 일이었다(이정희, 2005, 63).

생명체는 다수의 유전자, 단백질, 화합물 등이 유기적으로 복잡하게 네트화된 종합적 시스템이다. 따라서 생명은 "네트워크들의 네트워크"라고도 표현된다. 생명의 고유한 기능과 특성을 이해하기 위해서는 생명체를 구성하는 요소들 개개의 특성뿐만 아니라 다른 요소와의 네트워크를 파악하는 일이 중요하다. 하지만 많은 요인들을 한꺼번에 관찰하고 고려하는 일은 어렵다. 따라서 생명현상을 이해하기 위해 20세기 생물학이 채용한 방법은 주로 각 구성요소를 분해하여 개별적인 구조와 기능을 밝히는 환원주의적인 방식이었다.

20세기 내내 생물학은 생명현상의 비밀을 이해하기 위해 생물체를 구성하고 있는 세포, 분자, 혹은 유전자 같은 요소를 연구하는 데

몰두해왔다. 이 시기 생물학의 중심적 지위를 점유해온 유전학은 생명 현상의 비밀을 감추고 있다고 여겨진 유전자의 물질적 구조를 밝혀내는 데 주력했고 이는 생명체를 요소로 분해하는 환원주의적 접근방식의 전형을 보여준다. 혹은 생명 개체를 기관과 조직으로, 세포로, 단백질로, DNA로 분해하는 작업은 이미 베살리우스가 인체를 해부했던 460여 년 전부터 예고된 것이었다. 보다 가까이는 19세기 말 유전의 입자적 메커니즘을 제시했던 드브리스와 바이스만 같은 생물학자들의 이론에서도 환원적 접근 방식을 찾아볼 수 있다. 드브리스와 바이스만이 제시한 유전자 작용의 전성적(preformationist) 개념에서 유기체는 다양한 구조와 기능의 단위들로 분해되었으며, 유기체의 복잡한 구조와 기능이 그들의 형성을 제어하는 유전자 그룹으로 설명되었다는 점에서 이 개념은 환원적이었다(Morange, 2006, 356).

오랜 전통의 환원적 생명연구 방식은 20세기 유전학의 괄목할만한 성과로 꼽히는 이른바 "인간 유전체 프로젝트"의 유전자 서열 해독 작업으로 일단락 지어졌다. 인간 유전체 지도가 완성됨으로써 20세기 유전학은 자신에게 주어진 임무를 충실히 완수한 셈이다. 하지만 무기체와 구분되는 생명체의 본질적인 특성에 물음을 던지는 생물학 본연의 기능과 관련하여 환원적인 유전학 연구가 가져다준 가장 중요한 기여는 이후 생명연구에 있어 환원주의적 접근의 불충분함을 깨닫게 해주고 새로운 방향전환의 계기를 제공했다는 점이다.[3]

---

[3] 노블은 환원주의적 관점으로는 생명체를 구성하는 유전자들 중 어느 것이 활성화되고 어느 것이 작용하지 못하게 하는가에 대한 문제를 설명할 수 없다는 점에서 환원주의적 관점은 한계가 있음을 지적한다. 그는 유전되는 단위를 DNA

최근 20여 년 사이 생물학자들은 유전체 지도에 숨겨져 있는 생명의 비밀을 풀기 위해 더 이상 물질적 구조의 연구만으로 불충분하다는 사실을 인식하게 되었고 이를 극복하기 위한 새로운 방식의 연구를 시도하게 되었다(이정희, 2005, 61-84; Morange, 2006, 355-360). 포스트유전체 생물학에서 새로운 유전자 작용 모델은 노화유전자, 지능유전자, 눈 색깔 유전자 등으로 널리 알려져 있는 "~를 위한 유전자(a gene for~)" 개념의 종말을 고했다(Morange, 2006, 357). 새로운 생물학에서는 생명현상을 전체론적 관점[4]에서 해석하는 시스템적 접근이 활발하게 전개되고 있다.

20세기 중후반 생물학의 주류를 이루었던 유전자와 단백질의 분석적 이해는 이제 전체 시스템의 네트워크 구조와 동력을 이해하는 연구로 전환되었다. 시스템의 특성은 개별 유전자나 단백질의 특성만으로 이해될 수 없으며, 한 시스템은 유전자들과 단백질들의 단순한 집합체에 불과한 것이 아니기 때문이다. '시스템 수준의 이해'는 생물학에서 "무엇을 연구할 것인가"에 대한 개념 전환이 요구되며(Kitano, 2002, 1662), 전체론적 접근을 지향한다는 점에서 20세기의 환원론적 생명연구방식과 근본적인 차이를 드러낸다.

환원론적 생명인식과 전체론적 생명인식 사이에는 방법과 목적,

가 아닌 완전한 수정란 세포로 간주하면서, 하위 수준의 DNA에서부터 상위 수준의 세포나 조직 사이의 상호 연락이 유전자 발현에 중요한 영향을 미친다는 점을 강조한다. Noble, 2006, 21.

4 여기서 전체론적 관점이란 환원론적 관점에 반대되는 개념으로 한 단위체가 그 구성요소들로 설명될 수 없고 전체를 이루는 연관성을 중시하며, 부분이 전체 현상을 규정하는 것이 아니라 전체가 부분을 규정한다고 보는 입장을 지칭한다.

언어, 개념, 설명은 물론이려니와 가장 근본적으로 문제의식에 있어 차이가 드러난다. 모랑쥐는 20세기 중후반 우위를 점했던 환원주의적 생명연구가 최근 들어 전체주의적 네트워크 연구로 교체되었음을 드러내주는 좋은 지표로 "생명이란 무엇인가?"라는 질문의 중요성을 든다. 환원주의가 명백히 우위를 점하고 있었던 20세기 말에 생물학자들은 "생명이란 무엇인가?"에 관한 문제제기를 하지 않았고 생명은 단지 유기체 내에 존재하는 구성요소 이상이 아니었다. 생물학자들이 이 문제를 논하게 되면서 유기체 내에 존재하는 구성요소의 구조만으로는 추론될 수 없는 특별한 무엇이 존재한다고 여기게 되었고, 이는 요소를 중시하는 환원주의로부터 전체적인 네트워크 시스템으로 관심의 이동을 의미한다는 것이다(Morange, 2006, 356).

생물학사에서 요소를 중시하는 환원주의와 네트워크를 중시하는 전체주의 사이의 논쟁은 어제 오늘의 일이 아니다. 최근 생물학계에서 전체론 대 환원론 논쟁이 중요한 논제로 다시 떠오르게 된 것은 인간 유전체 프로젝트의 성공으로 자신의 본령을 성실히 수행해낸 분자생물학의 환원주의적 접근이 궁지에 몰리게 되면서부터다. 환원론자들과 이를 비판하는 학자들 사이의 입장 차는 분명해 보인다. 전자는 한 걸음 후퇴하여 전체론자들의 조언을 일부 수용하고 있지만 그래도 역시 유전자와 유전자 생성물을 연구의 중심에 두며, 후자는 생명의 질서가 유전자나 유전자 생성물 안에 존재하는 것이 아니라 세포질이나 혹은 분자 이상의 조직화 형태에 존재한다고 믿는다. 전체론적 시각이 생물학 분야에서 중요한 위치를 점하게 되면서 이러한 상황은 환원론적 접근에 제한적으로 몰입해 온 분자생물학 분야에도 큰 파장을 일으키고 있다. 포스트유전체 시대가 열리면서 생명체 네트워크의 복잡한 구조와 기능이 일정 수의 유전자가 만들어낸 특성들로 설명될 수 있다는 식의 환원주의는 생물학에서 입지가 약화되었다. 그렇다면 네트워크 과학을 지향하는 시스템생물학이 무엇인지 좀 더 구체적으로 살펴보자.

21세기 시스템생물학과 생명체 네트워크

생명의 근원은 분자와 자율적으로 살아있는 단세포 사이의 어느 지점에서 발견될 수 있다. 살아있는 유기체는 조직화되어 있는 물질적 구성분의 네트워크 시스템이자 지속적으로 그 자체를 만들어낼 수 있는 자율적 네트워크 시스템이라는 점에서 살아있지 않은 무기체와 차이가 있다. 살아있는 가장 단순한 체계는 단세포생물이므로 거대분자와 살아있는 세포 사이에서 시스템생물학은 죽은 분자들과 생명 사이의 간극을 연구한다. 생명체가 지닌 복잡성은 그를 구성하는 거대분자의 성질에 담겨있는 것이 아니라 이들 구성요소가 복잡한 구조와 기능을 생성하도록 결합하고 상호작용하는 방식으로 나타난다. 이 복잡한 네트워크를 해석해내는 것이 시스템생물학 연구의 핵심이다(Morange, 2006, 357).

20세기의 유전체학 연구는 다양한 생물학적 정보를 제공해주었다. 하지만 시스템적 인식이 없이는 유전체학이 살아있는 세포, 즉 생명의 이해에 도달할 수 없다는 점에서 시스템생물학의 확산은 생물학사에서 중요한 의미를 지닌다. 생체네트워크의 변화를 반영하는 단백질의 발현 양상이나 변형 과정 및 생명시스템의 변화를 이해하려는 시도로서 현재 유전체학, 단백질체학 연구와 더불어 대사체의 분석도 중요한 분야로 부상하고 있다. 현재 시스템생물학은 생물정보학의 범주로부터 나아가 유전자, 단백질 등의 기능과 상호작용을 이해하기 위해 여러 층위의 오믹스(-omics)로 표현되는 데이터(genomics, transcriptiomics, proteomics, metabolomics)를 축적하여 이를 종합적으로 분석함으로써 전체적인 생명시스템을 지배하는 네트워크의 작동원리를 발견하고자 시도한다.

이와 같이 시스템생물학 연구는 다량의 데이터를 기반으로 수학적 또는 컴퓨터화된 모델링을 통해 시스템의 반응을 예측하고 실험으로 확인하는 일련의 방법을 사용한다는 점에서 이전의 환원적 생명연구방식과 차이를 보인다. 하지만 시스템생물학의 보다 근원적인 목표는 생명시스템에서 관찰되는 네트워크를 분석하는 데 그치는 것이 아니라, 세포나 유전자가 외부 환경의 자극에 어떻게 내부적 동역학 변화를 유발하여 반응을 나타내는지에 대한 인과관계를 연구하는 일이다(조광현, 2006, 19). 새로운 기능적 특성은 비선형적 상호작용으로만 나타나며, 궁극적인 생물학적 기능은 적어도 살아있는 세포의 맥락에서 존재한다. 생리적 조건들 하에서의 양적 실험, 수학적 모델링, 광범위한 유전체 분석은 최근 시스템생물학에서 사용되는 중요한 도구이다. 시스템생물학이 수리생물학이나 유전체학과 뚜렷하게 구분되는지 이견이 많지만, 그렇다고 동일하다고 보기는 어렵다.

그렇다면 시스템생물학은 어떻게 정의되고 있는가? 시스템생물학이라는 용어가 최초로 사용된 것은 1968년 유고슬라비아 과학자 메사로비치(Mesarovic)에 의해서다. 메사로비치는 시스템생물학 연구를 위해 두 가지 사항을 제안했다. 먼저 생명과학의 문제들을 해결하기 위해 제어공학자, 수학자, 물리학자를 포함한 시스템과학자들과 실험 생물학자들이 밀접한 공동연구를 수행해야 한다는 점, 둘째로는 생물학자들이 생명현상을 시스템과 신호, 그리고 동적 네트워크의 관점에서 바라보아야 한다는 점이다(Mesarović, 1968).

일반적으로 시스템생물학은 살아있는 유기체의 구성물질 사이의 상호작용에서 나타나는 생물학적 기능의 특성들을 전체 시스템의 차원에서 연구하는 분야로 정의될 수 있다. 하지만 시스템생물학에 대한 구체적인 정의는 학자들마다 차이가 있다. 시스템생물학은 시스템이론과 세포생물학의 혼합체로 정의되기도 하며(Wolkenhauer, 2007, 2), 생명시스템의 구성요소 사이의 네트워크를 연구하고 이 네트워크들이 어떻게 생명 시스템의 기능과 행동을 유발시키는지를 연구하는 분야(Snoep, Westerhoff, Alberghina, and Westerhoff(Eds.), 2005, 7), 동력시스템이론을 분자생물학에 응용하여 학제적으로 이용된 다양한 실험적 결과들로부터 생명시스템의 네트워크에 관한 복잡한 데이터를 통합하는 분야, 생물학적 환원주의에 대한 안티테제로서의 패러다임 등 다양한 양상으로 정의된다.

특히 시스템생물학에서 시스템은 두 가지 서로 다른 방식으로 이해되고 있다. 일부 학자들은 자신들이 연구하는 네트워크 현상에 다양한 근거를 제공하는 데 유용한 시스템을 찾는다. 시스템에서 단순히 모든 세포 경로의 세부적인 설명을 찾는 것이다. 다른 일부 학자들은 단순한 네트워크에서 개별 경로들의 집합적 작용으로부터 창출된 상위 수준의 성질을 찾는다. 이들은 시스템 원리가 시스템생물학의 성공적인 발달에 필수적이라고 주장한다. 오말리와 뒤프레는 전자를 '실용적 시스템생물학자pragmatic systems biologists', 후자를 '이론적 시스템 생물학자systems-theoretic biologists'라 지칭한다(O'Malley & Dupré, 2005, 1271).

이와 같이 시스템생물학에 대한 정의가 다양하고 시스템 자체에 대한 이해가 엇갈린다는 사실은 시스템생물학이 명확히 구분된 분과 영역이라기보다는 중첩된 여러 이론들에 의거하고 있다는 점을 말해준다.

그럼에도 오늘날 시스템생물학에서 생명체 시스템을 설명하는 두 가지 중요한 특징이 공통적으로 받아들여지고 있는 듯하다. 첫째, 생명현상은 독립된 요소들의 집합체가 아닌 서로 긴밀히 상호작용하는 '복잡한 네트워크'에 의해 유지된다는 점이다. 생명체 네트워크는 분자, 단백질, 세포, 유기체의 다양한 층위로 존재한다. 예컨대 세포들의 기능은 분자들의 무수한 상호작용으로 만들어진 모듈에 의해 이루어진다(Hartwell, Hopfield, Leibler and Murray, 1999, c47-c52). 이들은 직접적인 접촉에 의해 소통하기도 하며, 신경체계나 호르몬과의 매개를 통해 소통하기도 한다. 이 거대분자를 구성하는 요소들의 작용은 다면발현성을 띤다. 즉 이들은 다양한 임무 수행을 위해 리사이클링한다. 이러한 발견들은 분자로부터 모듈생물학(Module biology)으로의 이행을 나타내준다(Morange, 2002, 57). 여기서 상이한 세포들은 각각의 특성에 따라 서로 다른 단백질을 생산하고 세포의 증식이나 평형

유지는 유기체의 총체에 복종한다. 하지만 조절의 회로들에 개입하는 분자 네트워크의 본질은 여전히 알려져 있지 않으며, 시스템생물학이 풀어야할 어려운 과제로 남겨져 있다.

두 번째, 이러한 네트워크의 집합적 성질이 시간에 따라 변화하는 동적인 메커니즘, 즉 네트워크 동역학을 지니고 있다는 것이다. 생체분자 네트워크에는 개별 분자들이 분리되어 있을 때는 존재하지 않지만 이들이 상호 작용하여 거대한 네트워크를 형성할 때 유발되는 창발적 속성이 존재하며 이것이 비로소 생명의 고유한 특징이라고 설명된다. 시스템생물학에서는 생명현상에 대한 근원적인 이해를 위해 네트워크가 지닌 창발적 속성의 원인을 밝히고자 시도한다(조광현, 2010, 29).

따라서 기타노는 생물학적 시스템에서 시스템 수준의 이해를 위한 4가지 핵심요소를 다음과 같이 요약한다. 첫째, 어떻게 구성요소들이 구조 내에서 적합하게 설치되어 있는지, 둘째, 어떻게 이 구조들이 동적 네트워크를 이루는지, 셋째, 어떻게 이 운동이 제어되고 조절되는지, 마지막으로 어떻게 이 조절로 인한 결과가 우리에게 제공될 수 있는지를 알아내야 한다는 것이다(Kitano, 2002, 1662).

다양하게 정의되는 시스템생물학의 이해를 위해 시스템생물학이 등장한 배경을 살펴보는 일도 유익할 것이다. 시스템생물학의 기원은 다양하게 이해될 수 있다. 1929년 캐논(Cannon)의 항상성 개념과 유기체의 동적 제어시스템, 20세기 중반 수학적 기술을 이용한 정보 흐름과 조절 피드백을 서술한 위너와 애슈비의 '사이버네틱스'(Weiner, 1948; Ashby, 1956), 베르탈란피(Ludwig von Bertalanffy)의 일반 시스템이론, 로젠(Robert Rosen)의 생물리학적 동력시스템이론(Rosen, 1970) 등을 비롯한 여러 시스템이론들이 시스템생물학의 등장과 관련이 있었고 영향을 주었을 것으로 평가된다. 하지만 시스템생물학을 정의내리는 일이 복잡한 만큼 그 기원을 찾는 일 역시 그렇게 단순하지 않다. 다양한 학자들과 이론들 사이의 복잡한 선후관계를 추적하는 일도 흥미롭겠지만, 여기서는 생물학에서 시스템적 접근이 한 세기 가까이 힘을 잃고 있다가 최근 학계의 재조명을 받게 된 배경을 살펴볼 것이다. 여기에는 생물학 내적 상황과 외적 상황이 맞물려 있었다. 먼저 시스템생물학이 부각되는 데 중요하게 작용했던 생물학 내부의 요인을 살펴보자.

첫째로 생물학 내부에서 분자유전학의 환원론적 접근방식에 대한 의혹이 제기되고 유전자 결정론에 대한 회의적 태도가 증대된 점을 들 수 있다. 다양한 연구들이 유전자 작용에 대한 새로운 시각을 가져다주었다. 여기에는 무엇보다도 인간유전체프로젝트의 1차적 연구결과가 결정적인 변화의 계기로 작용했다. 유기체의 복잡한 특성들을 하나 혹은 일부 구성요소들의 특성으로 설명하려는 환원론적 설명의 불충분함을 깨닫게 된 것이다. DNA상에 암호화되어 생명과정을 직접 제어하는 명백한 유전프로그램의 존재를 상정했던 이론은 부정되었다. 수백 수천 개 분자들로 이루어진 구성요소들의 특성만으로는 이들이 만들어내는 복잡한 네트워크의 구조나 기능을 설명해줄 수 없으며, 복잡한 기능이나 구조의 특성은 분자 구성요소에 내재된 것이 아니라 이들의 네트워크로부터 창출된 것이어야 했다. 이는 거대분자의 조직화 원리로 요약될 수 있다. 거대분자의 구성요소들은 여러 경로와 네트워크로 조직화되어 있다. 생명체에서 조절 네트워크의 존재가 이미 알려져 있었지만 생물학자들은 최근에야 그 중요성에 눈을 돌리게 되었다.

두 번째로는 환원적 접근의 분자유전학이 우위를 점하던 20세기 중반 프랑스 파스퇴르 연구소의 모노, 자콥, 르보프에 의해 제기된 오페론 모델의 영향을 들 수 있다. 미생물에서 조절 메커니즘이 작동하는 방식을 연구하면서 알려진 오페론 모델은 유전프로그램 이론과 네트워크 이론 사이를 매개한다. 시스템생물학의 핵심 전제는 복잡한 구조와 기능이 분자 조성 안에 포함되어 있지 않으며 구성분자들의 네트워크와 복잡한 기능으로부터 창출된다는 점이다. 유전자 조절메커니즘과 관련된 오페론 모델을 시스템생물학의 직접적인 기원으로 간주할 수는 없지만, 오페론 모델이 유전형과 표현형 사이의 관계를 설명하는 데 있어 후성유전적 조절 기제에 대한 관심을 부추김으로써 시스템적 생명인식의 확산에 기여한 점은 분명해 보인다. 이는 모델 자체보다 모델을 제공한 문제의식의 측면에서 그렇다(Morange, 2002, 50-60). 나아가 1970년 자콥과 모노는 이러한 조절단백질의 작용으로부터 세포 사이버네틱스(cell cybernetics)를 고안했고 이는 보다 직접적으로 시스템생물학의 토대로서 작용했다.

마지막 세 번째로는 기술적 진보에 따라 시스템이론의 적용이 가능한 수준의 정량적 데이터를 축적할 수 있게 된 점을 들 수 있다. 시스템생물학은 유전체학의 혁신에 힘입어 분자와 살아있는 세포 사이의 영역에서 급격히 성장할 수 있었고 여기에는 대규모 데이터 분석에 기반한 융합과학의 확산이 영향을 주었다. 분자생물학적 지식을 기반으로 밝혀진 여러 유전체의 서열들을 통해 얻어진 다양한 오믹스 데이터의 축적은 이전 생물학에서 행했던 단편적이고 환원적인 이해를 넘어서 네트워크를 이루는 시스템의 맥락에서 생명현상을 이해하고자 하는 시스템생물학의 발전을 촉진시켰다.

시스템생물학이 생물학 내부의 유전체 혁명에 대한 반응으로 발전되기는 했지만, 생물학 외부의 일반적인 네트워크를 연구하는 시스템 이론들로부터 영향을 받은 것도 사실이다. 시스템 이론은 어떤 물리적인 현상이나 그 대상체의 상태변수들 간 상호 네트워크 및 동역학적 특성 등을 규명하고 이를 바탕으로 외부로부터 인위적인 조작을 가해 원하는 출력물이나 성능 등을 획득함으로써 분석이나 예측이 가능한 모델을 정립할 수 있도록 하는 체계를 포함한다. 네트워크를 중시하는 시스템과학은 그 자체로 독립적인 영역이라기보다는 주어진 대상 시스템에 따라 다양한 영역에 걸쳐 진전되어 왔다.

시스템생물학에서 시스템 이론의 역할은 세포의 기능적 조직화를 설명해주는 것이다. 일반적인 정의로 시스템이란 서로 밀접한 관계에 있는 대상들의 집합이다. 이 정의를 따라 세포를 구성하는 거대분자나 다세포 복합체를 형성하기 위해 상호작용하는 세포들을 시스템으로 간주할 수 있다. 여기서 중요한 점은 동적 체계로 다루어져야 할 공간과 시간 속에서의 네트워크이다. 이는 세포 구성요소들을 발견하고 특성을 규명함으로써 구조적 조직화를 설명해주는 유전체학, 생물리학, 분자생물학의 역할과는 전혀 다르다. 시스템 이론이 만든 기본적인 철학개념은 물질 자체와 물질들 사이의 관계 네트워크가 동일한 존재론적 위상을 지닌다는 점이다. 여기서 생명은 분자나 세포들 사이의 관계 네트워크이지 분자나 세포 자체의 특성이 아니다(Wolkenhauer, 2007, 3). 하지만 시스템이론이 수학적 토대 위에 체계적이고 정교한 네트워크 이론을 발전시켜왔음에도 불구하고 실제 많은 산업계의 응용대상시스템은 생명시스템에 비해 단순한 동역학적 특성을 지니고 있어 이를 생명시스템에 직접적으로 적용하는 데 있어서의 한계가 지적되기도 한다.

따라서 시스템생물학의 발전에는 여전히 많은 문제들이 가로놓여 있다. 세포의 성장, 분화, 증식을 포함하는 세포 기능을 연구하는 무수히 많은 경로에서 다이나믹한 네트워크를 드러내주는 수학적 모델을 일반화하고 통합할 수 있을 것인가? 세포 기능과 세포들 사이의 네트워크를 고찰하기 위해 경로의 모델을 어떻게 통합할 것인가? 나아가 생명현상에 관여하는 복잡한 환경적 영향을 어떻게 통합하여 설명할 것인가? 산적한 문제들에도 불구하고 시스템생물학은 이미 현재진행형이다. 그렇다면 역사속의 생명체 네트워크 이론들은 우리에게 어떤 통찰을 제공해줄 수 있을 것인가?

조직화이론과 구조, 기능, 환경 네트워크

시스템생물학에서는 무엇보다도 각 생물의 다양성과 성장 환경, 구조와 기능 등을 밝혀내는 일이 중요하다. 하지만 생명체 네트워크의 구조, 기능, 조절작용 등을 지배하는 상호관계는 아직 알려져 있지 않다. 구조와 기능의 문제는 조직화와 밀접하게 맞물려있다. '유기체

organism'와 '조직화organisation' 용어가 동일한 기원을 지닌다는 사실은 우연의 일치가 아니다. 생물체의 구조와 기능의 관계가 정립되는 18-19세기 생명과학에서 조직화 개념은 유기체의 생명현상을 이해하는 핵심적 열쇠였고 이 시기 생물학은 개별 생명분자의 특성들을 넘어 살아서 기능하는 전체 안에서 생명분자들의 조직화, 즉 네트워크를 파악하고자 했다(이정희, 2005, 66).

18세기 프랑스 생물학자 뷔퐁(G. Buffon)은 조직화와 관련하여 '내부 주형interior mould' 이론을 제시했다. 그에 따르면 발생에서 부모의 형태가 보존되도록 해주고 아이의 유기적 분자들의 위치를 결정하는 것은 물질입자에 공통적인 특징이 아니라 하나의 특수한 구조이다. 구조가 배제된 입자들은 부모의 형태를 보존시킬 수 없기 때문이다. 뷔퐁에게 생명체의 생식은 신체 내부를 모방하는 유일한 방법인 '내부 주형'이 요구되는 현상이었다. 자연에서 식물이든 동물이든 보다 항상성을 띠는 것은 '주형'이나 특징이며, 그를 구성하는 물질들은 보다 가변적이고 소멸 가능한 것이었다(Buffon, 1855, 521).

뷔퐁에 의하면 무생물과 마찬가지로 살아있는 유기체들은 자연이 그의 작품을 지속적으로 변화시킬 수 있는 방법인 '단위들의 결합'이다. 따라서 유기체 연구는 이 단위들의 네트워크를 지배하는 법칙을 찾는 것이 되었다. 이로부터 18세기 후반부터는 유기체들 사이에서 관찰되는 구조, 과정, 습관 등의 다양성 이면에 존재하는 구조와 기능의 단일성을 발견하는 일이 중요하게 되었다. 살아있는 신체를 연구하는 데 있어 중요한 것은 단지 관찰 가능한 기관들이 아니라, 그들이 서로 네트화되는 방식, 즉 조직화였다.

이어지는 세기 생물학에서 조직화 개념은 생물체의 구조, 기능, 그리고 환경 간의 네트워크를 설명해주었다. 먼저 구조와 기능의 관계를 보자. 조직화란 전체성을 의미하며, 구조의 단순한 결합 이상의 그 무엇이었고, 이 조직화 개념에 따라 생물체 기관들은 표면적으로 드러나는 구조뿐만 아니라 기능적인 측면들까지 고려되어야 했다(Becquemont, 1992, 40). 퀴비에는 생물의 조직화에서 구조보다 기능을 중시했다. 비교해부학에 근거한 계통분류를 발전시킨 퀴비에의 방법론의 핵심은 기능과 형태 사이의 관계, 해부의 외적 구조뿐 아니라 내적구조의 배치에 의거한 것이었다. 그는 생물이 주어진 환경에 가장 적합하게 창조되었고 각 기관의 기능은 창조 당시에 부여되었다고 믿었다. 그는 자신의 『비교해부학』에서 생명 기능으로부터 시작한다. 먼저, 기능과 외부 세계와의 관계를 다루면서 감각력과 운동의 두 범주를 설명한다. 두 번째로는 소화, 흡수, 순환, 증산, 배출, 출산 같은 생명체의 내적 경제와 기능 사이의 관계 문제를 다룬다. 이 기능들은 각 기관의 고유성을 결정짓는다. 그 기능에 따라 각 기관의 구조가 결정되고 기관들은 기능적으로 상호 긴밀하게 연관된다. 퀴비에는 이를 "부위들의 상호 연관성Correlation of Parts"이라고 불렀다. 그는 생물체가 독립된 부분들의 단순한 집합이 아니라 하나의 통합된 전체이며, 부분은 전체의 흔적을 담고 있다고 생각했다. 이러한 유기적 통합성으로 인해 생물체의 어느 한 부분에라도 변화가 발생하면 몸 전체가 치명적인 손상을 입게 된다.

퀴비에에게 부위들의 상호 연관성 원리는 "존재의 조건"에 의해 이론적으로 정당화된다. "존재를 가능하게 만드는 조건들과 함께 연결되어 있지 않다면, 아무것도 존재할 수 없기 때문에, 각 존재의 다양한 부위들은 전체로서의 존재를 가능하게 만들도록 그 자신 안에서 뿐 아니라 그 주변을 이루는 것과의 관계에 있어서도 조화롭게 움직여야 한다."(Cuvier, 1817, 6). 퀴비에에 따르면 통합적 전체로서의 생물은 환경에 대응하여 생존 조건을 만족시켜야 하기 때문에, 예컨대 동물은 기능을 중심으로 네 가지 제한된 유형이 상정된다. 불연속적이고 변하지 않는 분류의 기본 체계를 이루는 네 가지 유형으로 제시된 것은 척추동물, 연체동물, 체절동물, 방사형 동물 문이었다.

이와 같이 퀴비에는 비교해부학을 토대로 계통분류학을 수립하기 위한 핵심적 방법으로 생물체의 해부학적 외부구조뿐 아니라 기능과 형태의 관계 및 기능적 네트워크에 근거한 분류법을 채택했다. "전체의 형태로 각기 조직화된 존재는 닫힌 시스템이자 유일한 시스템으로 그 부위는 그들의 상호작용에 의해 서로 대응하고 동일하게 결정된 작용을 유도한다. 이들의 어느 부위도 다른 부위가 변화되지 않을 경우 변화할 수 없으며, 그 결과 각기 단독으로 만들어진 이들 각각은 모든 다른 부위들을 지시하고 만들어낸다."(Cuvier, 1800, 45). 이러한 퀴비에의 작업은 생물 종 간의 체계적인 비교를 위해 알려진 모든 종의 견본을 분석하여 형태와 기능의 존재와 부재, 신체 내 다른 구조들과의 관계, 각 동물마다의 기관들, 종 특이적 구조의 중요도 및 변이를 설명하는 일이었다. 길리스피는 이를 20세기 유전체 프로젝트에 비견되는 수준의 거대 과업이었다고 평가한다(Gillispie, 2004, 661). 하지만 그 내용에 있어서는 생체 내 요소들의 기능적 네트워크를 중시하는 포스트유전체 시대의 시스템생물학과 더 닮아있다.

퀴비에와 달리 라마르크는 생물의 조직화 과정에서 구조를 중시하면서 조직화가 생물과 무생물을 구분 짓는 광범위한 원리임을 주장했다. 그는 생명체와 무기체가 동일한 물질로 구성되어 있다고 보았고, 생명현상을 설명하는 데 있어 물리적 법칙을 따르는 조직화 개념을 도입했다. 동물을 구성하는 요소는 세포 등의 '내부조직', 혈액 등의 '내부유체', 전기자기 등의 '자유유체'로 설명된다. 생명체는 무기체로부터 점진적인 조직화 과정을 통해 형성되며, 이 과정에서 조직과 유체들은 상호 작용하여 기관을 형성한다. 라마르크에게 있어 일정한 방향으로 사물의 질서를 통제해 생물을 형성하는 조직화는 생명체와 무기체를 구분하는 핵심 개념이었다. 이러한 사유를 통해 라마르크는 생명계의 질서를 규정짓는 생물학을 정초했다(이정희, 2005).

라마르크에게 조직화란 다양한 변형을 이루는 종들의 특이성을 나타내며 이들을 비교하는 수단이었다. 한 동물 개체는 이들을 이루는 부위 모두가 크고 작은 변형을 이루어 유일의 독특한 조직화를 지닌다. 조직화 개념은 전체의 이익을 위해 협력하는 다양한 부위들의 총체이며 이것은 궁극적으로 조직화에 있어서 구조의 우위성을 말해준다. 조화로운 법칙들로 이루어진 단일한 도안의 구조에 의해 적응의 완전성이 설명된다. 존재의 연쇄에는 연속성이 존재하며, 여기에는 구조의 유사성이 존재한다. 라마르크에게 적응의 완전성을 가능하게 하는 것은 바로 구조의 적응성이었으며, 구조의 형성은 환경의 작용에 의존하는 것이었다(이정희, 2005, 76).

이와 같이 생명체 네트워크 이론에서 구조적 접근과 기능적 접근은 상보적으로 기능해왔다. 리펠은 생물학에서 구조적 관점과 기능적 관점이 "인식방법"에 있어 단일화될 수 없음을 강조하면서 서로 반대되는 이 두 가지 방식은 생물학적 형태가 형성되는 과정에서 서로 다른 원인으로 작용한다고 주장한다(Rieppel, 1990, 293-295). 하지만 굴드가 지적하듯 생명체의 진화적 사유에서 구조주의와 기능주의적 접근을 이원화하는 것은 문제가 있어 보인다(Gould, 1986, 16-25). 네트워크를 이루는 시스템 내에서 구조와 기능은 상보적 관계를 이루고 있으며, 유전자를 구조적 단위로 간주했던 유전학으로부터 유전자를 복잡한 세포 네트워크 안에서의 기능적 단위로 간주하는 시스템생물학으로의 이동이 구조적 접근으로부터 기능적 접근으로의 단순한 이동을 의미한다고 보기는 어렵다.

다음으로 생명체와 환경의 관계를 생각해보자. 요소들의 네트워크를 중시하는 시스템적 생명인식에서 생명체가 환경과 지니는 관계는 중요하다. 생명에 대한 환경의 영향은 오래 전부터 학자들의 관심의 대상이었다. 환경론(environmentalism)은 인간의 모든 지식이 지각에서 온다는 정신 모형을 지지하면서 타고난 관념(본유관념, innate ideas)을 부정했던 18세기 철학자들에 의해 강화되었다. 환경이 각 인간의 삶에 영향을 준다는 로크와 콩디악의 사유는 생명개체 안에 본유의 성질이 내재되어 있음을 부정한 라마르크의 사유에서도 동일하게 드러나며, 이 점은 또한 유전자나 세포 자체로부터 생명현상을 이해하려는 시도를 거부하는 시스템생물학의 전제와도 맞닿아 있다. 환경론을 생명계의 이해에 적용하여 생명체-환경 간의 관계를 중시한 라마르크의 조직화이론은 시스템적 인식에서 개체 본유의 성질보다 주변과의 네트워크가 강조되는 측면을 잘 드러내준다.

라마르크는 지각에서 얻어진 경험이 인간의 이해를 만들어내는 것과 마찬가지로 유기체도 그들의 환경에 의해 만들어진다고 보았다. 환경에 대한 유기체의 반응을 연구한 라마르크의 이론은 반응성을 나타내는 생물학적 성질인 자극반응력과 감각력에 대한 할터(Albrecht von Halter)의 연구를 통해 수용된 18세기의 일반적인 견해와도 일치했다. 라마르크의 생명관은 반응적인 유기체와 영향력 있는 환경 사이의 동태적인 네트워크를 기초로 했다. 그는 유기체가 주위의 물리 환경에서 일어나는 우발적인 사건에 크게 영향을 받는다고 믿었기 때문에 유기체와 환경의 복잡한 네트워크를 고려하지 못한다면 어떤 생물학도 완성되지 못할 것이었다. 이것이 그가 환경에 관심을 갖게 된 원천이었다(Jordanova, 1984, 60).

라마르크의 이론에서는 두 힘의 정교한 균형이 강조된다. 그는 유기체와 환경, 즉 생물과 무생물 사이의 일반적인 네트워크를 설명했다. 이 이론에 대해 기에노, 피쇼, 길로 같은 여러 학자들은 생물과 무생물의 작용을 서로 다르고 심지어 반대되는 것으로 구분했다. 전자는 전성적이고 결정적인 유형으로 동물 조직화의 복잡성이 증가되는 경향이며, 후자는 보다 표면적이고 우연적으로 생명체가 살고 있는 환경의 교란 작용이라는 것이다(Pichot, 1994). 하지만 라마르크의 사유가 보다 성숙된 이후로는 환경 자체의 복잡성을 분리시키지 않았다. 이들 두 요소가 서로 반대방향으로 작용하는 과정에서 형성되기는 하지만 라마르크는 환경을 생물체에 '적대적'으로 작용한다고 보지 않았고 원시적인 유기체에서 환경이 생명 현상을 주로 자극하는 역할을 한다는 사실도 간과하지 않았다. 라마르크는 자연을 구성하는 부분들이 서로 다른 대응하는 힘을 나타낸다고 생각했지만 그에게 자연은 대체로 조화로운 체계였다(Jordanova, 1984, 53).

라마르크 사유의 중심 요소는 "기능이 기관을 형성한다"는 것이었다. 18세기 전성설에 전적으로 반대하면서 라마르크는 생물체 진화의 기원을 '습성(habitude)'으로 설명했다. 습성은 개체가 살고 있는 환경과의 네트워크를 통해 나타난다. 1801-1803년 사이에 쓴 미출간 원고에서 라마르크는 습성이 "동물 기관과 신체 형태를 구축한다"고 주장했다. "생명을 지닌 존재에서 사물이 생명을 구축하는 방식은 … 조직화를 복잡하게 만들고 기능을 다양화하는 기관사용의 자연적 결과에 의거한다"(Vachon, Rousseau, Laissus, 1972, 185)는 것이다. 라마르크에게 조직화는 생명체 내부 원인을 구성하는 것이 아닌 진화의 결과물이었다. 이와 같이 라마르크에 있어 조직화 복잡성의 증가는 환경과의 네트워크로부터 창출된 결과였다(Grimoult, 2008, 87).

라마르크가 제시한 동물 형성의 두 가지 요인은 '시간'과 '유리한 환경'이었다. 라마르크에 따르면 "동물 조직화의 다양한 상태는 … 그에 유리한 환경의 도움으로 오랜 시간에 걸쳐 생겨나 이제 필연적이 된 습성을 통해 차츰차츰 획득된 것이다."(Lamarck, 1802, 142). 환경은 시간의 흐름과 더불어 그 다양성이 증가하는 만큼 조직화의 복잡성을 설명해준다. 여기서 내부 조직화 현상과 환경은 분리되지 않는다. "각 조직화 내부의 체제가 변화되려면 오랜 기간 더 많은 영향을 미치는 환경들의 협력이 요구되며, 이는 외부 기관들을 변성시키고 변형시킨다."(Lamarck, 1802, 40). 라마르크에게 물질은 수동적인 반면, 생명은 능동적인 것이었다. 하지만 생명체가 외부환경에 적응하는 것은 단지 환경의 작용에 수동적으로 따르거나 혹은 생명체가 보다 능동적으로 작용함을 의미하는 것이 아니며 생명체와 환경 사이에는 평형적 네트워크 관계가 유지된다. 생명개체나 개체를 구성하는 요소들의 작동은 주변 환경에 열려있었다.

심지어 라마르크는 생물과 비활성 물질 사이의 차이를 설명하면서, 이들 사이의 상호 전환이 가능한 근본적인 두 사례를 제시했다. 비활성 물질로부터 단순한 유기체가 자연 발생하는 사례와, 생명체의 죽음 이후 무기물로 분해되는 사례다. 그는 광물이 살아있는 물질이 부패하여 만들어졌고, 살아있는 자연과 활성이 없는 자연 사이에는 순환 관계가 형성된다고 주장했다(Jordanova, 1984, 62). 외부 지각의 대부분을 구성하고 변화하면서 지각을 끊임없이 변형시키는 원물질은 모두 살아있는 유기체의 사체와 부산물에서 나오는 것이다. 따라서 물질은 무기질 상태에서 유기질 상태로 그리고 역으로 끊임없이 상호 전환된다. 생명계와 물질계의 현상은 본질적으로 서로 다르지만, 동일한 물질이 네트워크를 이루어 두 영역 사이를 순환한다는 것이 라마르크가 믿었던 자연의 통일성과 소통을 드러내는 한 측면이다.

라마르크에 있어 생명체의 복잡화 경향은 세포들과 외부 환경의 상호 네트워크를 통해 여러 분지들로 다양하게 전개되는 것이었다. 세포의 복수성과 세포분화에 따른 모든 복잡화는 유기체와 그 환경 사이의 교환이 증가됨에 따라 나타나며, 유기체와 환경 사이의 교환이 증가하는 것은 신경계의 발달에 근거하여 설명된다. 하지만 여기서 환경의 영향이 배제된다면 생명체의 복잡화 경향은 직선적이며 규칙적으로 이루어지게 될 것이다. 가장 단순한 것에서 가장 복잡한 것에 이르기까지 종의 다양성이 나타나는 현상을 라마르크는 환경의 변이를 통해 설명한다. 즉 환경의 변이는 이 환경과 상호 작용하는 동물의 욕구를 변화시키고, 그에 따라 새로운 습성을 형성하게 하며, 이 새로운 습성은 기능 및 운동을 변화시켜 결국 기관의 변화를 야기한다는 것이다. 라마르크는 이러한 환경의 영향이 모든 시간을 통하여 도처에서 생명체에 작용하고 있음에도 이 영향에 대해 우리가 인식하지 못하는 것은 매우 오랜 시간의 경과를 통해서만 그 결과가 드러나기 때문이라고 말한다. 라마르크가 특히 강조했던 "오랜 시간"이 때로 무시되거나 소홀하게 다루어짐으로써 그의 이론에 대한 오해 및 왜곡을 야기하기도 했지만, 그가 강조한 "오랜 시간"과 "환경"은 시스템생물학에서 중시되는 시간과 공간의 동역학 개념의 밑그림인 셈이다.

라마르크의 조직화이론에서 생명개체가 형성되고 변화하면서 작동하는 방식은 개체나 개체를 구성하는 요소 안에 본유적으로 내재되어 있는 것이 아니라 후성적으로 외부 환경에 열려 있다는 점에서 구성요소들 사이의 상호 네트워크를 중시하는 시스템생물학을 예견하고 있었다. 그렇다면 조직화이론으로부터 도출되는 라마르크의 후성적 발생론이 현대의 후성유전학을 통해 시스템생물학과 만나는 지점을 찾아가보자.

20세기 후성유전학과 생명-환경 네트워크

생명체의 특성을 유전자로 환원하여 설명하는 유전자 중심주의가 맹위를 떨치던 20세기에도 환경을 비롯하여 유전자 이외 요인들이 생명체의 발생현상에 미치는 중요성은 끊임없이 거론되어왔다. 특히 20세기 후반 이후로 생명체에 미친 환경적 영향이 후대 자손에게 전달될 수 있다는 새로운 연구들이 이어지면서 과학자들은 발생과정에서 후성유전적 변화가 중요한 역할을 담당한다는 사실을 깨닫게 되었다(Singer, 2009; Varmuza, 2003, 963-966). 1980년대에 비그렌은 풍부한 영양섭취와 영양실조가 아동 성장에 미치는 영향에 의문을 가지고, 자궁환경이 태아에게 미치는 영향 및 태아가 성장 후 미치는 영향, 나아가 그 태아의 자손에게 미치는 영향을 조사하는 실험을 했다. 결국 환경적 조건이 난자와 정자의 유전물질에 각인될 수 있으며 이러한 유전적 각인이 세대를 거쳐 전달될 수 있다는 연구결과가 나왔고 이러한 유전의 지속성 문제가 제기되었다. 답은 본성과 양육 두 가지 모두에 연결되어 있었다. 비그렌의 연구결과는 후성유전학(epigenetics)이라는 새로운 과학의 확산에 기여했다(Cloud, 2010).

후성유전적 변화가 발생에서 주된 역할을 수행한다는 깨달음은 유전적으로 동일한 세포들이 다양한 환경과의 네트워크를 통해 다양한 형질들로 발생될 수 있다는 사실의 광범위한 수용으로 이어졌다. 유기체의 신체적 특성이 변화하는 데 있어 후성유전의 중요성은 1970년대부터 이미 알려져 있었다. 하지만 후성유전학 연구가 신경과학 분야를 비롯하여 다양한 생명과학 분야에서 중요한 이슈가 된 것은 2000년대 이후이다. 예컨대, 2003년 듀크 대학의 종양학자 저틀(Randy Jirtle)과 워터랜드(Robert Waterland)는 쥐의 털을 노랗게 만들고 지속적으로 발현될 경우 비만과 당뇨를 일으키는 들쥐유전자를 독특하게 조절한 쥐를 대상으로 실험하여 환경이 유전자발현에 미치는 영향을 보여주었다(Cloud, 2010). 행동 후성유전학 분야에서 캐나다 신경과학자 미니(Michael Meaney)와 지프(Moshe Szyf)는 생애 초기의 경험들이 어떻게 이후 생애의 행동을 형성하는가를 연구했다. 영양실조인 어린 쥐에서 스트레스와 관련된 유전자들의 작동이 변형됨을 기술하면서 이들은 두뇌 유전자조절의 후성유전적 메커니즘에 관심을 가졌다. 미니와 지프는 후성유전학을 통해 생애 초기의 경험이 두뇌에 각인되어 이후 생애의 행동이나 신체적 건강에 영향을 미치는 방식을 설명할 수 있다고 주장했다. 그 외에 많은 학자들이 약물과 후성유전의 밀접한 관계 및 인지에 미치는 영향 등을 연구했다. 이러한 연구를 통해 건강한 어미 아래서 풍부한 영양과 애정을 받고 자란 쥐와 그렇지 않은 쥐 사이에 차이가 나타나며 이러한 차이는 관련 유전자 활성의 변화를 유발하는 것으로 설명되었다.[5]

그렇다면 후성유전학에서 네트워크를 중시하는 시스템적 인식의 양상을 살펴보자. 이를 위해 먼저 후성설과 후성유전학의 관계, 그리고 후성유전학이 진전되는 과정에서 유전학과 후성유전학 사이의 관계가 어떻게 바뀌었는지를 이해하는 일이 필요할 듯하다.

후성유전학(epigenetics)은 유전학(genetics)과 후성설(epigenesis)의 합성어로 1942년 워딩턴(C. H. Waddington)에 의해 제시되었다(Waddington, 1942, 18-20). 워딩턴이 기획한 후성유전학은 유전, 발생, 진화의 설명에 전환점을 제공해주었으며, 그의 제안은 네트워크를

[5] Miller, 2010, 24-27. 후성유전학적 설명이 인간의 사회적 환경과 유전자 사이의 관계에도 마찬가지로 적용될 수 있을지에 관해서는 여전히 논란이 일고 있다.

중시하는 시스템적 접근의 주요 전제와 맞물려 있다. 워딩턴은 유전학에서 중시되었던 표현형(phenotype)-유전형(genotype) 구분의 의미를 완화시켰다. 그는 후성유전형(epigenotype)이라는 개념을 도입하여 표현형을 유전적 과정들, 그들의 잠재력과 강제, 세포질 분화, 그리고 외부 환경 사이의 상호관계 결과로 설명했다. 즉 "표현형=유전형+환경"이라는 과거 후성설의 공식을 "표현형=유전형+후성유전형+외부환경"의 관계로 전환시켰다. 여기서 후성유전형은 유기적 물질을 조직화하는 유전적이거나 비유전적인 발생 네트워크를 의미했다(Van Speybroeck, 2002, 70).

워딩턴의 정의는 1987년 할러데이(Robin Holliday)에 의해 수용되었다. 할러데이는 후성유전학을 "복잡한 유기체가 발생하는 과정에서 유전자 작용을 조절하는 시간적 공간적 메커니즘에 관한 연구"로 정의했다(Holliday, 1990, 431-471). 여기서 후성유전학의 연구 대상은 유기체의 발생에 영향을 주는 DNA서열 및 그 이외의 다른 무엇을 포함한다. 그는 고등동물의 유전자 특성이 두 층위로 연구될 수 있다고 제안했다. 세대 간 전달의 메커니즘이 그 첫 번째이고, 두 번째는 수정란에서 성체가 되기까지 유기체 발생과정 동안의 네트워크 작동방식을 연구하는 것이다. 그는 이 정의에서 모든 유형의 DNA-단백질 네트워크를 포함시켰으며, 여기에는 DNA수준의 변화도 포함되었다(Wu & Morris, 2001, 1103-1105).

하지만 오늘날 후성유전학은 약간의 변형을 겪었다.[6] 후성유전

6 어원상으로 그리스어 epigenetics의 접두사 epi는 genetics의 '상단에(on top of)' 혹은 '더하여(in addition to)'를 의미한다. 이 경우 후성적 형질은 유전에서

학이라는 용어는 학자들마다 다양한 의미로 사용되고 있는데, 분자생물학자들은 이 용어를 유전자 발현을 변화시키는 특정한 분자 메커니즘으로 제한한다. 이들은 후성유전학을 이와 같이 좁은 의미로 사용하여, DNA 상의 염기서열에는 아무 변화를 초래하지 않으면서 유전적 변화를 일으키는 유사분열적 및 감수분열적 메커니즘을 연구하는 분야로 받아들인다(Riggs, Martienssen, and Russo(Ed.), 1996, 1). 이들에게 후성유전적 메커니즘은 DNA 메틸화와 히스톤 변형을 의미한다. 이 경우 후성유전학은 전체론적이기 보다는 여전히 환원적 성격이 짙게 나타난다.[7] 다른 한 편 기능적 형태학자들은 후성유전적 메커니즘의 의미를 형태형성과 분화를 유도하는 세포 및 세포생성물 사이의 네트워크 전체를 아우르는 헤링의 정의를 받아들인다(Herring, 1993, 472). 양쪽 모두에 있어 후성유전학 연구가 세포의 맥락으로 제한되어 있다는 한계를 보이기는 하지만, 후자의 경우에서 우리는 후성유전학의 전체론적 성격을 찾아볼 수 있다.

모랑쥐는 오늘날 후성유전학과 내용이 그 자체로는 규정될 수

전통적인 분자적 토대의 상단에 혹은 더하여 존재하는 것이다. 후성유전학의 기원에 관해서는 Haig, 2004.

7 모랑쥐는 후성유전학 개념의 다의성을 지적하면서, 이 개념이 "유전학을 포함하는(over genetics)" 개념임에도 오늘날 흔히 "유전학을 제외한(besides genetics)"의 의미로 사용되고 있음을 비판한다. 후성유전학을 DNA 서열의 변화로 설명될 수 없는 유전자 기능에 있어서의 변화를 연구하는 분야로 보는 제한된 시각에는 과거 워딩턴의 광범위한 후성유전학에 포함되었던 두 가지 현상이 배제되어 있다는 것이다. 하나는 DNA 서열상의 변화이고, 다른 하나는 발생과 분화과정에서 유전자 작용의 방식, 다시 말해서 유전형과 표현형 사이의 복잡한 관계 문제이다. Morange, 2002, 56; 2006, 358.

없으며 오로지 유전학의 환원적이고 단편적인 접근에 반대하여 등장한 한 반응으로 정의될 수 있다고 말한다(Morange, 2002, 56). 그렇다면 질문의 범주는 후성유전학에서 유전학으로, 유전자로 좁혀져야 한다. 유전학이란 무엇인가? 유전학은 '유전을 주도하는 유전자를 연구하는 분야'로 이해될 수 있다. 그러면 유전자란 무엇인가? 최초로 유전자 용어를 제시한 요한센(Wilhelm Johannsen)의 정의에서 유전자는 화학적 물질을 지칭하는 것이 아니었다. 하지만 20세기 중반 유전학을 지배하던 신다윈주의 유전이론에서는 모든 유전적 표현형질의 변화가 유전체 내에 들어있는 DNA 서열의 변성에 의해 조절된다는 개념이 전제되어 있었다. 유전자는 곧 DNA를 지칭했고, 따라서 유전학은 DNA를 연구하는 분야였다. 워딩턴 역시 유전자를 DNA 서열로 정의했다. 따라서 그가 연구한 유전체의 맥락은 세포 간 구성요소와 네트워크로 제한되어 있었다. 그럼에도 불구하고 유전될 수 있는 표현형이 또한 후성유전적 근거를 지닐 수 있다고 보았던 워딩턴의 후성유전학은 유전자결정론을 넘어서 유전자와 환경의 네트워크를 중시하는 시스템생물학으로 가는 통로를 제공하는 데 일조한 셈이다.

그렇다면 후성유전학과 시스템생물학 사이의 관계는 어떻게 자리매김 될 수 있을까? 워딩턴의 후성유전학은 특정 환경에서 발생기간 동안 유전형과 표현형을 연결시키는 모델이었다. 유전형과 표현형 사이의 관계를 밝히는 후성유전학적 문제는 분자생물학의 출현과 더불어 유전자와 단백질, 그리고 단백질과 표현형 사이의 관계 문제로 이원화되었다. 이 가운데 유전자와 단백질 사이의 관계는 비교적 명확하게 이해되었다. 하지만 단백질과 표현형 사이의 관계를 이해하는 일은 훨씬 복잡하고 난해한 문제이다. 이 지점에서 후성유전학은 시스템생물학과 만난다. 이는 비단 후성유전학과 시스템생물학의 확산 시기가 정확히 맞물려 있다는 데 국한되지 않는다. 시스템생물학은 전체론적 관점에서 유전형과 표현형 사이의 관계를 중요하게 보았던 워딩턴을 포함한 초기 후성유전학자들의 견해를 포함시켰다(Morange, 2002, 57). 시스템생물학은 거대분자들의 상호 작용과 세포의 기능을 네트워크 시스템으로 이해한다. 후성유전학 메커니즘은 유전자 조절에 대한 환원론적 접근을 시도한 유전학의 한계를 명확히 드러내주었고 이를 통해 유전자 중심주의는 복잡한 분자 네트워크 연구로 전환된 것이다. 후성유전학 연구는 차츰 생명 개체의 발생 단계 수준의 연구를 넘어서 발생 시의 세포 내 네트워크에서 세포 간 네트워크로, 조직 네트워크로, 개체 네트워크로, 나아가 개체발생의 생태학적 맥락을 보여주는 개체-환경 네트워크로 층위를 점차 높여가고 있으며, 이러한 현상은 또한 시스템생물학의 전망을 보여주는 것이기도 하다.

생명체 네트워크 연구의 전망

네트워크 과학 시대의 새로운 아이콘으로 떠오른 시스템생물학은 '21세기 과학', '혁명', '패러다임 이동'으로 간주되면서 복잡한 생물학적 조절 네트워크에 대한 혁신적인 이해를 약속해주리라는 기대를 자아내고 있다(Aderem, 2005, 511-513). 일부 생물학자들은 시스템생물학의 전체론적 접근에 비판적인 시각을 드러내기도 하지만 생명체의 기능은 구성요소들의 분석만으로 설명되지 않는다. 따라서 시스템생물학이 추구하는 네트화된 전체로서의 생명인식은 생물학사에서 중요한 축을 이룬다. 세포의 물질적 규명에 집착하면서 네트워크 문제를 배제했던 20세기의 분자생물학 이론을 넘어 시스템생물학에서는 생명물질들의 네트워크를 중시한다. 물론 네트워크를 연구하고 설명하기 위해서는 상호작용하는 구성 물질들로 네트워크 시스템을 분해해야만 한다. 하지만 복잡한 생명시스템을 만들어내는 열쇠를 찾아내기 위해서는 해체만으로는 불충분하며 네트워크의 양상을 이해해야 한다. 생명세포들의 기능적 네트워크를 이해하고자 할 때 생명세포를 어떻게 분해해야 하는가? 생리학자나 생화학자는 당 분해나 유전자발현, 미토콘드리온 같은 기능적 단위나 위계적 수준을 인지하는 데 있어서는 전문가이지만, 네트워크에 관한 지식은 거의 없다. 세포들의 기능적 단위체가 환경적 요소들과 더불어 어떻게 확장되어 네트워크를 이루는지, 이 네트워크의 단위들을 무엇으로 간주해야할 지는 여전히 명확하지 않다.

시스템생물학자들은 이 분야가 환원적인 성격의 분자생물학이나 생리학과 근본적으로 차이를 지닌다는 점에 대체로 동의한다. 그렇다면 20세기 중반 이후 분자생물학이 성공을 거둔 것처럼 시스템생물학이 성공적인 과학프로그램으로 발전할 수 있을 것인가? 시스템생물학은 아직 시작 단계에 불과하며, 시스템생물학의 철학적 이슈들을 이해하기에는 아직 이르다. 하지만 전환기에 놓인 생물학 연구에서 다양한 층위마다 중심이 되는 네트워크 시스템을 규정하고 개념화하는 일은 네트워크 과학을 표방하는 시스템생물학의 과학적 성공을 위해 없어서는 안 될 기본적인 작업이다. 이 작업의 관건은 다양한 분야의 네트워크 이론들과 생물학의 네트워크 이론들 사이의 융합이다. 네트워크 과학이 생명체를 이해하는 한 방식으로 도입되는 데는 생물학의 내적 필요성에 근거한 것이기도 하다. 하지만, 다른 한 편 네트워크 생물학이 새로운 분야로 거듭나게 된 시기가 인터넷의 광범위한 보급과 더불어 사회적 아이콘으로서의 네트워크 개념이 확산된 시기와도 정확히 맞물려 있다는 사실은 과학과 사회의 밀접한 상호 영향 관계에 대한 성찰을 우리에게 제공해준다.

| 참고문헌 |

바라바시, A. L.(강병남, 김기훈 옮김). 2002. 『링크: 21세기를 지배하는 네트워크 과학』. 동아시아.

이정희. 2005. 「19세기 생물학적 조직화개념의 재조명」. 『한국과학사학회지』. 27권 2호. 61-84.

자콥, 프랑수아(이정희 옮김). 1999. 『파리, 생쥐, 그리고 인간』. 궁리.

______(이정우 옮김). 1994. 『생명의 논리, 유전의 역사』. 민음사.

조광현. 2006. 「시스템생물학의 개념 및 국내외 연구동향」. 『보건산업기술동향』. 여름호.

______. 2010. 「시스템생물학: 생명체 네트워크의 동역학에 대한 새로운 고찰」. 『전기의 세계』. 59권 3호.

Aderem, A.. 2005. "System biology: its pratice and challenges". Cell. 121.

Ashby, W. R.. 1956. Intorduction to Cybernetics, London: Chapman & Hall.

Becquemont, D.. 1992. Darwin, Darwinisme, Evolutionnisme, Paris: Kimé.

Bothwell, John H. F.. 2006. "The Long past of Systems Biology". New Phytologist. 170/1.

Buffon, G. L.. 1855. Le Cerf: Œuvres complètes, in-40, t. II.

Burkhardt, Richard Wellington. 1977.. The Spirit of system, Cambridge: Harvard Univ. Press.

Cloud, John. 2010. "Why Your DNA Isn't Your Destiny", Time, Jan. 06.

Cuvier, G.. 1800. Leçons d'anatomie comparée. I.

______. 1817. Le Règne animal. I.

Gillispie, Charles Coulston. 2004. Science and Polity in France: The Revolutionary and Napoleonic Years. Princeton: Princeton Univ. Press.

Gould, Stephen J.. 1986. "Archetype and Adaptation", Nat. Hist.. 10.

Grimoult, Cederic, 2008. "Lamarck et Darwin dans l'histoire de l'évolutionnisme". Noesis. Travaux de Commité Roumain d'Histoire et de philosophie des sciences.

Haig, D.. 2004. "The (Dual) Origin of Epigenetics". Cold Spring Harbor Symposia on Quantitative Biology.

Hartwell, Leland/Hopfield, John/Leibler, Stanislas/Murray, Andrew. 1999. "From molecular to modular cell biology". Nature. 402.

Herring, S. W.. 1993. "Formation of the vertebrate face: Epigenetic and functional influences". Am. Zool.. 33.

Holliday, R.. 1990. "Mechanisms for the control of gene activity during development". Biol. Rev. Cambr. Philos. Soc.. 65.

Jablonka, Eva & Lamb, Marion J.. 1999. Epigenetic Inheritance and Evolution: The Lamarckian Dimension. Oxford: Oxford University Press. Chapter 1 The Legacy of Lamarckism. 1-29.

Jordanova, L. J.. 1984. Lamarck, Oxford: Oxford University Press.

Kitano, Hiroaki. 2002. "Systems Biology: A Brief Overview", Science, New Series, 295/5560.

Lamarck, J. B.. 1986(1802). Recherches sur l'organisation des corps vivants. Paris: Fayard.

Laubichler, Manfred D. & Wagner, Günter. 2000. "Organism and Character Decomposition: Steps Towards an Integrative Theory of Biology", Philosophy of Science. 67.

Mesarović, M. D.(Ed). 1968. System theory and Biology. NY: Sprunger-Verlag.

Miller, Greg. 2010. "The Seductive Allure of Behavioral Epigenetics". Science. 329.

Morange, Michel. 2002. "The Relations between Genetics and Epigenetics: A Historical Point of View". Ann. N. Y. Acad. Sci.. 981.

______. 2006. "Post-genomics, between reduction and emergence". Synthese. 151/3 New Perspectives on Reduction and Emergence in Physics, Biology and Psychology.

Noble, Denis. 2006. The Music of Life: Biology beyond the genome. Oxford: Oxford University Press.

O'Malley, Maureen A. & Dupré, John. 2005. "Fundamental issues in systems biology". BioEssays. 27/12.

Pichot, André. 1999. Histoire de la notion de gène. Paris: Flammarion.

______. 1994. "Presentation" de J. B. Lamarck, Philosophie Zoologique. Paris: G-Flammarion.

Rieppel, Olivier. 1990. "Structuralism, Functionalism, and the Four Aristotelian Causes". Journal of the History of Biology. 23/2.

Riggs, A. D., Martienssen, R. A. and Russo, V. E. A.(Ed.). 1996. Epigenetic mechanisms of gene regulation. NY: Cold Spring Harbor Laboratory Press.

Rosen, R.. 1970. Dynamical Systems Theory in Biology. NY: Wiley Interscience.

Singer, Emily. 2009. "A Comeback for Lamarckian Evolution?". Technology Review. Feb.. 04.

Snoep, J. L./Westerhoff, H. V./Alberghina, L./Westerhoff, H.V. (Eds.). 2005. "From isolation to integration, a systems biology approach for building the Silicon Cell". Systems Biology: Definitions and Perspectives. Springer-Verlag.

Vachon, M./Rousseau, G./Laissus, Y.. 1972. Inédits de Lamarck d'après les manuscrits conservés à le Bibliothèque centrale du muséum national d'histoire naturelle de Paris. Paris: Masson et Cie.

Van Speybroeck, Linda. 2002. "From Epigenesis to Epigenetics: The Case of C. H. Waddinton". Ann. N. Y. Acad. Sci.. 981.

Varmuza, Susannah. 2003. "Epigenetics and the renaissance of heresy". Genom. 46/6.

Varela, Francisco J./Maturana, Humberto R./Uribe, R.. 1974. "Autopoiesis: the organization of living systems, its characterization and a model". Biosystems. 5.

Waddington, C. H.. 1977(1942). "The epigenotype". Endeavour. 1.

Weiner, Nobert. 1948. Cybernetics or Control and Communication in the Animal and the Machine. Cambridge MA: MIT Press.

Wolkenhauer, Olaf. 2007. "Why Systems Biology is (Not) Called Systems Biology". BIOforum Europe. 4.

Wu, C. T. & Morris, J. R.. 2001. "Genes, Genetics, and Epigenetics: A Correspondence". Science. 293/5532.

| 저자소개 |

■ **임정택**

연세대학교 독문학과 및 동 대학원 졸업. 독일 콘스탄츠 대학에서 독문학과 매체사회학을 전공. 독일 계몽주의와 낭만주의에 대한 연구로 철학박사학위 취득. 연세대학교 독문과 교수 및 미디어아트 연구소장. 인문한국 사업단장

■ **유봉근**

연세대학교 독문학과 졸업. 독일 보훔대학 독문학 석사. 베를린 훔볼트 대학 문화학과에서 매체사와 매체미학 연구로 박사학위 취득. 연세대 미디어아트 연구소 HK 교수.

■ **김면**

연세대학교 독문학과 및 동 대학원 졸업. 독일 베를린 공과대학 독문학과에서 독일민속학 연구로 박사학위 취득. 연세대 미디어아트연구소 HK 연구교수.

■ **김경희**

연세대학교 독문학과 및 동 대학원 졸업. 독일 만하임대학에서 문학이론과 미디어 커뮤니케이션학을 전공한 후 미디어와 현실개념에 대한 연구로 박사학위 취득. 미디어아트연구소 HK 연구교수.

■ **오은경**

연세대학교 독문학과 및 동 대학원 졸업. 독일 베를린 자유대학에서 알렉산더 클루게 연구로 박사학위 취득. 연세대 미디어아트연구소 HK 연구교수.

■ **김혜련**

연세대학교 철학과 졸업. 미국 뉴욕주립대(SUNY-Buffalo) 연극과 석사과정(MA). 철학과 박사과정 졸업. 미적 수반과 예술 존재론으로 박사학위 취득.

백석대 겸임교수 역임. 연세대 미디어아트연구소 HK 연구교수.

■ **김은중**

연세대학교 철학과 및 동 대학원 졸업. 연세대학교 철학과에서 플라톤 이데아의 실재성 비판으로 박사학위 취득. 언론홍보대학원 졸업. 연세대 미디어아트연구소 HK 연구교수.

■ **강철**

연세대학교 노문학과 및 동 대학원 졸업. 러시아 모스크바대학에서 낭만주의 시인 레르몬토프에 대한 연구로 문학박사 학위 취득. 현재 연세대학교 미디어아트연구소 HK 연구교수.

■ **허정아**

연세대학교 불문학과 졸업. 프랑스 엑상 프로방스 대학에서 현대 불문학 석사. 프랑스 파리 8대학에서 프랑스 현대시(프랑시스 퐁주 연구)로 문학박사 학위 취득. 프랑스 파리 3대학 영상미학과 강사. 프랑스 고등사회과학원(EHESS) 객원교수 역임. 연세대학교 미디어아트연구소 HK 교수.

■ **설혜심**

연세대학교 사학과 졸업. 캘리포니아 대학(Univ. of California at Irvine) 사학과에서 석사 및 박사학위 취득. 연세대학교 사학과 교수.

■ **이정희**

인하대학교 생물학과 졸업. 프랑스 파리 7대학에서 과학사 및 과학철학 전공으로 석사(DEA)학위 취득. 프랑스 8대학 철학과에서 생물학적 기계론과 진화론을 연구하여 박사학위 취득. 연세대학교 미디어아트연구소 HK 연구교수.

테크노컬처 6

소통기계와 네트워크 인문학

저 자 임정택 외
발 행 연세대학교 출판부
주 소 서울특별시 서대문구 연세로 50
전 화 02)2123-3380~2
팩 스 02)2123-8673
http://www.yonsei.ac.kr/press
e-mail ysup@yonsei.ac.kr
등 록 1955년 10월 13일 제9-60호
인 쇄 (주)대일문예사

2011년 10월 25일 1판 1쇄
ISBN 978-89-7141-969-4 (93300)

정가 20,000원